Romance Espírita

EL TIEMPO CUIDA DE TODO

Psicografía de
MARCELO CEZAR

Por el Espíritu
MARCO AURÉLIO

Trilogía El Poder del Tiempo – Vol. I

Traducción al Español:
J.Thomas Saldias, MSc.
Lima, Perú, Abril 2024

Título Original en Portugués:
"O tempo cuida de tudo"
© Marcelo Cezar, 2022
Traducido al Español de la 1ra Edición Portuguesa, Julio 2022

World Spiritist Institute
Houston, Texas, USA
E – mail: contact@worldspiritistinstitute.org

DEL MÉDIUM

Nacido en la ciudad de São Paulo, Marcelo Cezar publicó su primera novela a fines de la década de 1990. Años más tarde relanzó "La vida siempre vence" en una versión revisada y ampliada.

En una entrevista con el diario Folha de São Paulo, el autor dice: "No es así, de un día para otro, que empiezas a publicar libros y entras en la lista de los más vendidos. El proceso comenzó en la década de 1980. Luego, más de veinte años después, salió el primer libro. Para ver lo duro que fue y sigue siendo el entrenamiento. Solo el amor no es suficiente, hay que tener disciplina para escribir."

Su novela "Trece almas", relacionada con el incendio del Edificio Joelma, ocurrido en 1974, se convirtió en best-seller y superó la marca de los cien mil ejemplares vendidos.

A través de su obra, Marcelo Cezar difunde las ideas de Allan Kardec y Louise L. Hay, una de sus principales mentoras. Fue con ella que Marcelo Cezar aprendió las bases de la espiritualidad, entre ellas, el amor y el respeto por sí mismo y, en consecuencia, por las personas que lo rodean. Sus novelas buscan retratar precisamente esto: "cuando aprendemos a amarnos y aceptarnos a nosotros mismos, somos capaces de comprender y aceptar a los demás. Así nace el respeto por las diferencias."

En enero de 2014, el libro "El Amor es para los Fuertes", uno de los éxitos de la carrera del escritor, con más de 350 mil ejemplares vendidos y 20 semanas en las listas de los más vendidos, fue mencionado en la telenovela Amor à Vida, de TV Globo. En entrevista con Publishnews, el autor de la novela, Walcyr Carrasco, dice que él personalmente elige libros que se ajusten al contexto de la trama.

En 2018, después de dieciocho años en la Editora Vida & Consciência, Marcelo Cezar publicó la novela "Ajuste de Cuentas", con el sello Academia, de la Editora Planeta. En 2020, el autor firmó una sociedad con la Editora Boa Nova para lanzar sus novelas y relanzar obras agotadas.

Participa en diversos eventos a lo largo del país, promocionando sus obras en ferias del libro, talk shows, entre otros. En 2007, fue invitado por la entonces *Livraria Siciliano* para ser patrocinador de su tienda en el Shopping Metrópole, ubicado en la ciudad de São Bernardo do Campo. Con la marca actual de dos millones doscientos mil ejemplares vendidos, Marcelo Cezar es autor de más de 20 libros y admite que tiene mucho que estudiar y escribir sobre estos temas.

Se supone que los libros están inspirados en el espíritu Marco Aurelio[1].

---

[1] Fuente: Wikipedia, la enciclopedia libre.
https://marcelocezar.com.br/o–autor/

Del Traductor

Jesus Thomas Saldias, MSc., nació en Trujillo, Perú.

Desde los años 80's conoció la doctrina espírita gracias a su estadía en Brasil donde tuvo oportunidad de interactuar a través de médiums con el Dr. Napoleón Rodriguez Laureano, quien se convirtió en su mentor y guía espiritual.

Posteriormente se mudó al Estado de Texas, en los Estados Unidos y se graduó en la carrera de Zootecnia en la Universidad de Texas A&M. Obtuvo también su Maestría en Ciencias de Fauna Silvestre siguiendo sus estudios de Doctorado en la misma universidad.

Terminada su carrera académica, estableció la empresa *Global Specialized Consultants LLC* a través de la cual promovió el Uso Sostenible de Recursos Naturales a través de Latino América y luego fue partícipe de la formación del **World Spiritist Institute**, registrado en el Estado de Texas como una ONG sin fines de lucro con la finalidad de promover la divulgación de la doctrina espírita.

Actualmente se encuentra trabajando desde Perú en la traducción de libros de varios médiums y espíritus del portugués al español, habiendo traducido más de 310 títulos, así como conduciendo el programa "La Hora de los Espíritus."

Sobre el Autor Espiritual

Marco Aurelio me acompaña desde el año 1982 cuando hice el curso de médiums en el Centro Espírita que frecuentaba.

En esa época, él simplemente dictaba algunos mensajes y, conforme me fui acostumbrando a su presencia en las sesiones de psicografía, yo quería saber más sobre él.

Años atrás, durante una de las sesiones, él me reveló que en su última

encarnación era un investigador policial, nacido y criado en la ciudad de Río de Janeiro, a finales del siglo XIX. Sus padres murieran temprano y él, hijo único, fuera adoptado por una pareja de tíos ricos, que le proporcionaron estudiar en una buena escuela y entrar en la policía.

Después de su desencarnación ocurrida a inicio de la década de los 30's, Marco Aurélio se asoció a una colonia destinada para trabajar con médiums a través de la inspiración o la psicografía, trayendo al público casos reales.

Las historias dictadas por él ayudan al lector a tomar conciencia de su grado de responsabilidad frente a la vida y activar la propia llave interior para vivir mejor consigo mismo y con los otros, haciendo así de nuestro planeta un lugar más interesante y placentero.

PRESENTACIÓN

Los hechos que ahora narramos se ubican entre las décadas de 1940 y 1950, fue la época en la que la mayoría de los personajes presentados optaron por reencarnar, con el fin de fortalecer vínculos afectivos, así como aclarar situaciones no resueltas, heridas y rencores de una vida pasada, que ocurrió un siglo antes.

Además, el desarrollo de esta historia se extiende más allá de la vida, es decir, algunos de los pasajes aquí descritos generarán desarrollos para una nueva experiencia terrena, que será presentada en otro volumen, en el que a la mayoría de los personajes se les permitió reencarnar, con la objetivo de hacer las cosas bien con su propia conciencia y unir aun más los lazos de cariño y amistad que perduran desde tiempos inmemoriales.

De hecho, estas historias de vida nos llevan a reflexionar sobre el tiempo. Porque es a través del tiempo que somos capaces de comprender y, de esta manera, evitar los errores cometidos, los errores y las locuras cometidas, restableciendo el equilibrio perdido.

Además, el tiempo nos ayuda a olvidar el sufrimiento y sanando heridas, indicando cuánto ha avanzado nuestro espíritu hacia la autoperfección. Ante esto, destacamos que el verdadero camino de la evolución es el que seguimos con el propósito de liberarnos de la negatividad, la amargura y la falta de perdón. Cuanto más dejemos de lado las críticas y juicios que nos degradan o nublan la percepción de nuestra autoestima, más capaces y conscientes seremos de entender el bien como una medicina milagrosa que garantizará el mantenimiento de nuestra salud física, emocional y espiritual. Porque la ayuda espiritual siempre nos llega cuando estamos bien, viviendo y haciendo cosas buenas.

Además, el tiempo demuestra que solo el amor a nosotros mismos, y en consecuencia a los demás, podrá conducirnos al verdadero estado de tranquilidad que tanto deseamos.

CAPÍTULO 1

Esta historia comienza en una época en la que la llovizna todavía estaba presente en la escena paulista. Gracias a ella, el viento soplaba frío y húmedo, atravesando lentamente las copas de los árboles; el vaivén de las hojas producía un zumbido continuo, rompiendo el silencio de la madrugada. Poco a poco, la oscuridad dio paso al Sol que iba saliendo en el horizonte anunciando la llegada de un día más.

Pronto, una bandada de pájaros saltaba de rama en rama y, cuando lo hacían, piaban alegremente, mirando a su alrededor, buscando comida.

Estelita escuchó los pájaros y, con los ojos muy abiertos y pegados al techo, suspiró aliviada:

– ¡Una noche menos!

Hacía algunos años que no dormía bien. Todo empezó más o menos cuando cumplió trece años. Hasta entonces era una niña como cualquier otra. Estudiaba, iba a casa de sus amigas del colegio y le gustaba hojear revistas propias de las jóvenes de su época, como *El Periódico de las Jóvenes* o *Yo sé Todo*.

De repente, una noche, se despertó asustada, sintiéndose mal; tenía náuseas, dolor en la garganta. Estaba segura que alguien había intentado estrangularla. La madre apenas prestó atención a sus delirios, creyendo que se trataba de un simple resfriado; sin embargo, en la cita con el médico no se encontró nada inusual. El médico afirmó que los síntomas que presentaba la niña indicaban signos de su primera menstruación; le recetó un tónico para tomar dos veces al día. No ayudó en nada.

Las noches siguientes, los mismos síntomas, a veces más fuertes, a veces más débiles. Prepararse para ir a dormir se convirtió en una pesadilla y Estelita luchaba noche tras noche contra el sueño.

A veces se imaginaba viendo figuras o siendo tocada por alguien; otras, al verse vencida por el cansancio, dormía un poco, tenían una pesadilla recurrente en la que sentían que las lanzaban con fuerza al aire y, posteriormente, les caían gotas de agua en la cara. A partir de entonces evitó bañarse, para horror de su madre y su hermana. Estelita fue obligada a lavarse y, de mala gana, se metió en la ducha y se lavó muy rápido, evitando que el agua le llegara a la cara. Para limpiarla utilizó un algodón empapado en agua de colonia o leche de rosas.

La rutina por la noche era siempre la misma: apagar las luces de su habitación, mantuvo encendida la lampara de la mesilla de noche. Se acostaba, hacía la señal de la cruz y a menudo intentaba entretenerse con álbumes de pegatinas – una distracción que cultivaba desde pequeña –, para retrasar el sueño. Hasta que sus párpados se volvieron pesados, se quedó dormida y luego despertaba asustada. A veces eran pesadillas, a veces sentía como si unas manos pesadas sacudieran su cuerpo. Se despertó jadeando, con el sudor corriendo por su frente. Miraba a su alrededor y no veía a nadie. De vez en cuando sentía una presencia al lado de la cama.

Creyendo que podría resolver este problema de una vez por todas, su madre había traído recientemente a un sacerdote para que la bendijera. Nada cambió. Sin embargo, tal vez impresionada por el ritual utilizado por el clérigo mientras la bendecía, tuvo un sueño diferente. Esta vez soñó con estar en un convento. Despertó en mitad de la noche y ya no podía conciliar el sueño. Prefería no contarle a su madre que había tenido un sueño extraño.

– Quizás vuelva a traer al sacerdote para que me bendiga. No quiero. No me gustan los padres – se confió a sí misma mientras se levantaba de la cama.

María Estela Bueno de Albuquerque Carvalho, o simplemente Estelita, había llegado a ser una niña bonita, pero no cuidaba su apariencia. Era delgada y tenía el pelo grasiento y sin brillo; los ojos, ligeramente verdosos, estaban ocultos detrás de unas gafas de cristales gruesos. Su rostro estaba pesado, serio. Prefería vestidos oscuros, preferiblemente sin estampados, diseños ni rayas. Maquillarse o pintarse las uñas, por ejemplo, no formaban parte de su universo.

De hecho, como siempre estaba cansada, no tenía ganas ni placer de hacer las cosas. Todo era aburrido y monótono. Con el paso del tiempo, habiendo adquirido este comportamiento, había ido alejando de su vida social a las chicas de su edad y, lamentablemente, no tenía amigos. Sola y sin perspectivas de una vida mejor, se había dejado llevar por el desánimo y la apatía.

Pronto cumpliría dieciocho años. Otras chicas de su edad ya estarían radiantes pensando en una gran fiesta, ya sea en casa o en una discoteca exquisita. Pero no. Ella no había dicho ni pedido nada. Cuando su madre le informó que haría una recepción para algunos invitados, ella negó con la cabeza. Prefería estar sola en su habitación, con sus álbumes de figuritas. Estelita había completado el equivalente de la escuela secundaria.

Fue una lucha terminar el curso y graduarse. Había dado gracias a Dios cuando tomó el certificado de manos del director. Su madre había pensado que tal vez querría tomar un curso de corte y costura o clases de pintura; sin embargo, el cansancio y las ganas de no hacer nada eran más fuertes.

Al enterarse que la habían llevado por primera vez al médico y éste solo había supuesto que su hija padecía los efectos de su primera menstruación, Bernarda, su madre, creyó que se trataba de berrinches o desequilibrio relativo a la fase por la que estaba pasando.

Sin embargo, cuando notó que Estelita claramente se estaba debilitando y tenía profundas ojeras, se preocupó. Arrastró a la niña a todo tipo de especialistas. Sacaron citas, solicitaron varios exámenes. Las conclusiones de los médicos fueron innumerables: desnutrición, enfermedades nerviosas, debilidad psíquica, fragilidad emocional, genio irritable y otros términos que podrían, de alguna manera, explicar su estado físico y mental.

Cuando uno de los médicos sugirió ver a un psiquiatra, Bernarda casi sufre una crisis nerviosa. Estaba indignada. El médico, amablemente, le explicó que tal apatía y disgusto por la vida podría estar relacionado con algún problema surgido en la primera infancia.

– Mi hija tuvo una infancia normal. Ella lo tuvo todo, ¡nunca le faltó nada!

– No me refiero a eso...

Ella ni siquiera le dejó terminar de hablar. Agarró la mano de Estelita y salió de la oficina acelerando el paso, sumamente irritada. Recordando éste y otros episodios, apenas se levantó, Estelita caminó por la habitación mientras se frotaba los ojos con el dorso de las manos. El sueño con que tuvo volvió con fuerza a su mente, como si allí estuvieran proyectando una película.

CAPÍTULO 2

En el sueño era de noche y hacía frío, mucho frío. Estelita observó la escena como espectadora, aunque se sentía dentro de una película cinematográfica. Una mujer de aspecto hosco, sosteniendo una lámpara, apareció frente a él y atravesó un largo pasillo húmedo y que olía a moho. Estelita sintió miedo y, al mismo tiempo, cierta atracción por aquella figura de aspecto serio. Justo detrás de la mujer, una joven se frotó las manos y suplicó con ojos llenos de compasión:

- Está desesperada, Madre Verónica. Necesita tu presencia para calmarla. Llevo más de seis meses intentando calmarla. ¿Qué más quieres que haga, hermana?

El nacimiento del bebé está cerca. Ella dijo que no lo entregará. Quiere quedarse con él.

La madre se rio con desdén.

- Ella no tiene que hacer nada. Su padre la dejó aquí y arreglamos todo. El bebé pasa a los brazos del Conde. Su hermana está seca y su cuñado necesita un heredero. Esta chica tiene rasgos similares a los de la familia del Conde.

- No sabemos quién es el padre - la joven monja se sonrojó mientras hablaba.

La Madre Verónica detuvo su paso y la reprendió:

- Se está entrometiendo en asuntos que no le conciernen, sor Inés. Tu función es cuidarla hasta que nazca el bebé. Si continúas haciéndome preguntas impertinentes o quejándote, me veré obligada a trasladarte de este convento.

La monja sintió miedo. No quería irse de allí. Entonces la escena cambió y Estelita se vio transportada a una pequeña habitación, iluminada por antorchas. Estaban presentes la Madre Verónica, Inés y otra monja. Una niña, acostada y aullando de dolor, estaba a punto de dar a luz. Sor Inés le tomó la mano de la niña para darle fuerzas.

– Todo estará bien.

– Gracias – dijo con la voz cansada por tanto esfuerzo.

La Madre Verónica observaba los movimientos, parada en un rincón. La otra monja hacía de partera y, cuando el bebé lloró, mamá también lo hizo.

– ¿Puedo sostenerlo? – preguntó con voz débil.

Madre Verónica ordenó secamente:

– Vamos. El Conde espera – y, dirigiéndose a Inés, concluyó –. Hazla descansar. Necesita reponer fuerzas porque tiene que irse la semana que viene.

Inés se asustó:

– Usted dijo que se quedaría. Se convertiría en una de nosotras.

– Recibí órdenes del Conde.

Antes que Inés hablara, rápidamente la interrumpió:

– El convento se mantiene gracias a su ayuda. No puedo contradecirlo.

La hermana que había dado a luz al bebé se fue con el bebé en brazos sin decir una palabra. Debería limpiar y entregar el bebé al Conde. Mientras Inés estaba indignada con la madre, la niña que acababa de dar a luz suplicó:

– No me siento bien...

Inés se dio vuelta y el catre estaba empapado de sangre. Ella se sintió horrorizada. Apeló a la madre:

– Por favor llame a un médico para que la vea y luego déjela quedarse aquí, que se convierta en una de nosotras. Prometo ayudar en lo que necesite.

– Negativo. Ella se recuperará y pronto se irá.

Inés miró a la niña y se dio cuenta que si no recibía atención médica moriría. Desesperada, avanzó hacia la madre para quitarle el juego de llaves que colgaba de su hábito en un cinturón; quería correr lo más rápido posible, abrir las puertas del convento y llamar al médico lo antes posible.

La Madre Verónica fue fuerte y trató de detenerla; las dos se pelearon. La lámpara que sostenía la madre cayó al suelo y el fuego se extendió...

~ O ~

Estelita volvió en sí y sintió un ligero temblor en todo el cuerpo. Se acercó a la ventana y murmuró:

- Al menos fue un sueño. Extraño, pero fue solo un sueño.

Y es que hay que aclarar que la relación con su madre no fue fácil. Estelita no quería escuchar sermones ni consultar médicos o ser bendecida por sacerdotes. Prefería guardarse sus problemas y preocupaciones para sí misma. En ocasiones se sinceró con Felisberto, su padrastro. Sí, él la entendió. Fue con él con quien hablaría de este nuevo sueño. Se sintió ansiosa y contó con los dedos los días que faltaban para que él regresara de sus habituales viajes de trabajo.

CAPÍTULO 3

Estelita quitó con delicadeza la cortina de la ventana del dormitorio y la descorrió para observar los pájaros. Intentó sonreír.

Se pasaba el tiempo pensando en nada o, cuando se cansaba de no pensar ni hacer nada, llenaba sus álbumes de pegatinas. Le encantaba abrir el paquete, quitar las láminas y luego esperar que no hubiera repeticiones. Luego, con cuidado, las pegaba. Tenía todo tipo de álbumes: fauna, flora, animales, personajes históricos, artistas de cine. Esto último era lo que la hacía sentir menos aburrida.

Felisberto, el padrastro, trajo los paquetitos cuando llegó de uno de sus viajes. Era ingeniero y trabajaba para una multinacional cuyas obras se extendían por todas las ciudades del interior del país. Apenas regresaba de un viaje, iba directamente a la habitación de Estelita, sacaba los paquetes del bolsillo de su chaqueta y se los entregaba. De hecho, era el único que venía a verla con frecuencia. No le gustaba el modo en que Bernarda trataba a su hija. Unos días antes de uno de sus viajes, por ejemplo, tuvo otra discusión con su esposa.

- Ella es mi hija - respondió Bernarda, con énfasis, manteniendo su pose altiva.

- Nuestra hija. La he estado criando desde que tenía dos años. Ni siquiera recuerda a su padre biológico. Tenía meses cuando murió Eurico.

- Mejor que ella no hubiera nacido.

- No digas tonterías, Bernarda. Estelita es un primor de niña. Un encanto.

- ¡Que nada! Una molestia. Si mi familia no hubiera tenido relaciones con Don Mota, juro que habría hecho una locura en cuanto me enteré que estaba embarazada.

- Tú no cambias - le reprochó -. No te permito hablar así de ella. La considero mi hija y siempre la amaré. La veo como una plantita delicada que necesita ser bien cuidada, que solo necesita nuestro cariño y apoyo para ganar confianza en sí misma.

- Solo tú lo ves así.

¿No lo ves así? ¿Y qué pasó con ella cuando aun era un bebé, eso no cuenta?

- ¿Cuenta para qué? Ella era una pequeña bebé. ¿Crees que recordaría algo? Claro que no.

- No lo sabemos. Nuestra mente sigue siendo un misterio. Si Freud estuviera vivo, creo que habríamos dado mayores pasos en la comprensión de nuestro aparato psíquico.

- Aquí vienes otra vez con esa conversación. ¡Influenciado por su amigo Jorge, obviamente! Mi hija no está loca, simplemente está débil, tiene mala salud. ¿Qué hacer?

- Nunca dije que nuestra hija esté loca. Estelita solo necesita fortalecer su mente. Y Jorge lleva años estudiando la mente humana. Nos sugirió llevar a Estelita a una consulta con un amigo suyo, un reconocido profesional en Río de Janeiro.

Bernarda se rio a carcajadas.

- ¿Llevar a María Estela a Río? ¿Ser tratada por un médico de locos?

- Si es para solucionar sus problemas, claro que sí. De hecho, ¿por qué la tratas diferente? ¿Por qué no la tratas como tratas a Alfredo y Antoinette?

- Porque ella siempre fue diferente. Extraña.

- ¿Será que por eso?

- El mundo entero lo sabe. Siempre quise tener solo dos hijos. Y lo hice. Mi príncipe Alfredo. Dos años después llegó Antoinette, mi princesita. Yo era feliz así. Todo estuvo bien. Nunca pude imaginar ni soñar que, casi cinco años después, quedaría embarazada. Estaba poseída. Amenacé a Eurico. Si no fuera tan católica... – se quedó en silencio.

Felisberto insistió:

– ¿Qué ibas a hacer? ¿Un aborto?

Ella dejó de hablar y continuó, irritada:

– Fueron los peores nueve meses de mi vida. Luego nació ella, hubo el accidente, murió Eurico. Nadie pensó en lo que pasé. Viuda, con dos hijos pequeños.

– Y un pequeño bebé.

Ella se encogió de hombros.

– Teresa siempre me avisó, afirmando que María Estela crecería con problemas. Al principio no quería creerlo, pero el tiempo demostró que mi amiga tenía razón.

– ¿Amiga? Teresa es una mujer fútil, superficial y extremadamente atrapada por los dictados sociales. Nunca vi con buenos ojos esta amistad.

– Ese no es tu problema. Somos amigas desde la infancia.

– Ella te llena la cabeza de caramelos. ¿No fue idea suya internar a Estelita en un sanatorio?

– Lo fue. Pero me di por vencida. ¿Qué pensarían los demás?

– ¿Es la reputación más importante que la salud de su hija?

Ella no respondió. Continuó:

– Necesitas mirar a tu hija desde otro ángulo.

Siempre con los nervios de punta, continuó, sin prestar atención a las palabras de Felisberto.

– Hasta los trece años era normal. Pensé que, aunque fuera rara, se convertiría en una copia de Antoinette. Pero no. María Estela – siempre llamó así a su hija –, se transformó de la noche a la mañana. Se convirtió en una chica aburrida, irritante y llena de rarezas. Se convirtió en un animal salvaje. A veces la miro y no la reconozco como mi hija. Tengo la idea fija que se viste mal y evita ducharse solo para insultarme. ¿Dónde lo has visto? A una chica normal le gusta bañarse. Simplemente me da asco.

- Pero Bernarda...

- Nada más, Felisberto. Sabes cuánto tiempo y dinero gasté para arreglar a esta chica. Nadie descubrió nada. Creo que es una rabieta, un berrinche, un capricho, lo que sea.

- Ya lo dije. Ella no necesita reparación. Necesita amor.

Bernarda se rio.

- ¿Amor? Ella siempre fue bien criada, lo tenía todo. Voy a jugar mi última carta.

- ¿Cuál?

- Voy a traer un sacerdote aquí a la casa. Tal vez la visita de un clérigo me ayude a lidiar mejor con su temperamento.

- ¿Crees que un sacerdote puede resolver el problema? ¿En qué mundo vives, Bernarda?

- En el mundo de la gente normal y sana. ¿Has notado cómo le ha ido últimamente? Parece una canalla, una mendiga. Pero tú solo viajas, ¿no? No te quedes en casa.

- Es parte de mi trabajo. Cuando nos casamos, yo ya viajaba por trabajo. ¿Lo has olvidado?

- ¿Realmente viajas solo por negocios? Teresa me dijo que te vigilara.

- Es una pena que tu mejor amiga tenga el poder de influirte de forma tremendamente negativa.

- Ella es la única que me entiende. ¿Crees que es fácil ser madre de una niña... - se quedó en silencio.

- Continúa. Solo te refieres a tu hija en tono despectivo - se rascó la cabeza y dijo -. Vuelvo a insistir en que necesita ver a un psiquiatra o psicoanalista.

- Dije y repito: no.

Felisberto no tuvo respuesta, pero estaba seguro que aun así encontraría la manera de ayudar a su hija. ¡Sí, Estelita era su hija!

CAPÍTULO 4

Lamentablemente, es necesario resaltar que Felisberto fue quien, en ese momento, se interesó por el bienestar de Estelita. Alfredo, el hermano mayor, estudiaba su último año de ingeniería en la ciudad de Río de Janeiro, en ese momento la capital del país, y vivía en la casa de la ex cuñada de Bernarda. En los primeros años visitaba a la familia en vacaciones ahora que estaba terminando la universidad y había comenzado a realizar prácticas en la oficina de una reconocida empresa constructora, las visitas se hicieron cada vez más escasas. Le gustaría verlo más a menudo. A Bernarda no le agradaba su ex cuñada, Angelina, hermana de su primer marido. Desde que se convirtió en viuda de Eurico, Bernarda había cortado relaciones con ella. Al escuchar al hijo informar que al reencontrarse con su tía y decidir vivir en su casa mientras asistía a la universidad, Bernarda pensó que iba a sufrir un derrame cerebral.

También estaba Antoinette, la hermana mediana, cinco años mayor que Estelita. Estaba a punto de casarse. Apenas tuvo tiempo para su hermana menor. De hecho, pensó – nunca lo había dicho –, que Estelita necesitaba un tratamiento psiquiátrico intensivo y ser excluida de la vida social. En medio de todo esto, para evitar disgustos y terminar su vida con su hija enclaustrada en un sanatorio o como solterona, Bernarda pensó que sería prudente buscar un pretendiente para esta línea. Fue idea de Teresa, la amiga de la alta sociedad que marcaba las reglas. Teresa tenía poder de persuasión, era seductora en todos los sentidos y no se dejaba contradecir. Las mujeres de la sociedad aceptaban todo lo que ella determinaba sin pestañear. Bernarda la consideraba su mejor amiga y evitaba en lo posible contradecirla.

Una tarde, mientras tomaban el té en el club, Teresa comentó:

– Vi nacer a tu hija. He visto mucho en tu vida y en la de ella. Al principio pensé que Estelita sería como Antoinette; es decir, una niña bella, educada, hermosa. Lamentablemente, con el paso de los años, quedó claro que ella tomó un camino diferente. Una lástima. Tenemos que admitir que tiene problemas psicológicos.

– Lo sé. Peleo todos los días, peleo conmigo misma, no quiero pensar en eso. Felisberto quiere llevarla a un psiquiatra. No puedo admitirlo.

Teresa estrechó suavemente la mano de Bernarda.

– No sé si admitirla, sería una buena solución.

– ¡Fue idea tuya! – Exclamó Bernarda.

– Lo sé. Quizás sería una buena idea, pero he estado pensando, ¿sabes? No sé si esto sería bueno para ti. Imagínate los malos comentarios que podrían afectar su reputación y la de tus hijos... me preocupa lo que digan de ti, de Estelita...

A Bernarda se le llenaron los ojos de lágrimas.

– Me di cuenta de uno de ellos el otro día – señaló a un pequeño grupo de señoras sentadas más adelante – mirándome y riéndose. Sé que soy madre de una loca, pero es difícil lidiar con eso.

– El otro día pensaba: ¿qué podría hacer para ayudar a mi amigo de tantos años, de hecho, mi mejor amiga?

– ¡Tú, siempre preocupada por mí! – Bernarda se emocionó.

– El problema de tu hija se resuelve fácilmente – dijo Teresa, mientras tomaba un sorbo de su té.

Bernarda estaba muy interesada.

– ¿Cómo, por ejemplo? Confieso que admitirla, como ya te dije, no me convendría. Tampoco llevarla a un médico de locos. Ella simplemente está débil de cuerpo y cabeza.

– No tendrías que pasar por esta vergüenza.

– ¿No?

– De ninguna manera. Todo se puede solucionar de la mejor forma posible.

– No entiendo, Teresa.

– Arreglemos un matrimonio para Estelita.

– ¡¿Como?! ¿Dijiste matrimonio?

– Sí.

– Apenas la dejo salir de casa por miedo a que se rieran de mí. Tan diferente a Antoinette – suspiró.

– No compares a una princesa con un plebeyo – ambas se rieron –. Antoinette es incomparable. Se casará con mi hijastro y será una maravillosa nuera –. Bernarda asintió y continuó:

– Hay un solo hombre en la plaza. No es así, pero proviene de una familia tradicional de cuatrocientos años. Tener una buena cuna y muchísimo dinero.

– ¿Quién es? – Quiso saber Bernarda.

– Decio. Hijo de Yolanda y Evaristo Lisboa Nunes. La familia de Yolanda es muy rica y Evaristo, un renombrado funcionario del gobierno, trabaja para João Neves da Fontoura.

– ¿Quién es?

– El Ministro de Relaciones Exteriores.

– ¡Oh! – exclamó Bernarda y asintió.

Inmediatamente se acordó del muchacho. ¿Quién no lo recordaría? Decio fue una figura constante en los escándalos de la sociedad. Nervioso, petulante y arrogante, no tenía límites. Era el tipo de persona que trataba mal a cualquiera que no fuera de su clase social; es decir, los millonarios.

Hijo de herederos que también eran herederos natos, Decio había crecido entre niñeras y sirvientas francesas. Había aprendido a hablar francés antes que el portugués y nunca en su vida le habían dicho "no." Yolanda no tuvo mucha paciencia para lidiar con su hijo. Tan pronto como se casó, evitó en la medida de lo posible quedar embarazada. Hasta que Evaristo empezó a sospechar y le exigió que le diera un hijo. Yolanda cedió y Decio nació cuando ella ya tenía treinta y tantos años, algo inusual para la época. Sin muchas ganas de ser madre, hizo todo lo que él le exigía, solo para complacerlo y dejarla en paz.

Aunque era alto, fuerte, guapo, atractivo y considerado un tipo, las chicas de buenas familias lo evitaban. Huyeron de él como el diablo de la cruz. Estar con Decio era un pasaporte para meterse en problemas.

– Este chico tiene una vida irregular e incierta, ¿verdad?

No más que tu hija – los ojos de Bernarda se abrieron y Teresa contemporizó:

– Perdón por ser franca. Quiero decir que tu hija tiene un trastorno de conducta. Él también tiene el suyo. Además, Decio es de familia millonaria, es guapo, habla francés con fluidez y estudió inglés en Londres...

No terminó la universidad – interrumpió Bernarda.

– No lo necesita. Es heredero.

– No lo sé, no lo sé... Escuché comentarios desagradables sobre este tipo. Dicen que es... – se quedó en silencio.

Bernarda había sido educada. Lo que se dijo de Decio, los rumores, era que coqueteaba con chicas y chicos. Muchos lo acusaron de ser desviado o un fresco. En el fondo, sus preferencias sexuales eran fluidas; se interesaba tanto en hombres como en mujeres. No hubo ningún filtro interno que le impidiera expresar su sexualidad. Pero la sociedad de aquella época era despiadada. Había ojos por todas partes; es decir, personas observando cuidadosamente el comportamiento moral de todos alrededor.

El padre, un hombre respetado y de alto cargo en el gobierno de Vargas, pasaba toda la semana en la capital y regresaba a São Paulo los fines de semana; a menudo no regresaba porque viajaba mucho con el ministro. Evaristo evitó interactuar con su hijo. Se dio cuenta de las tendencias de Decio y se horrorizó al saber que había engendrado un hijo "invertido."

Incomprendido, sin saber cómo ser aceptado por una sociedad hipócrita y despiadada, para demostrar que era un "hombre de verdad", Decio demostró un comportamiento estúpido y violento con sus compañeros.

Teresa sabía todo esto y un poco más. Observó a Bernarda y, como la conocía muy bien, al notar su inseguridad, echó más leña al fuego:

– Verás, si este matrimonio se concreta, cualquier problema que presente Estelita será responsabilidad de su marido. Ya no tendrás que preocuparte por ella. Además, es preferible tener un yerno un poco loco, pero que cuide de su mujer, que tener una hija solterona y extraña. Ten en cuenta que tú – señaló con el dedo a Bernarda –, tendrás que cuidarla y vivir con ella hasta el final de tus días. Piensa en eso. Consejo amistoso.

Bernarda lo consideró todo y, aunque sintió que se le oprimía el pecho, vio en el chico la salvación para mejorar la reputación de su hija, o mejor dicho, la de su familia. No era mala idea... Deshacerse de Estelita era como quitarse un gran peso de encima. Además, Bernarda tuvo en cuenta los dictados sociales. Las apariencias valían demasiado.

CAPÍTULO 5

Al llegar de uno de sus largos viajes, después de escuchar toda la conversación de su esposa con Teresa, Felisberto advirtió a Bernarda sobre el muchacho:

- Ya se le prohibió la entrada al club. Dicen que es un alborotador.

No es muy educado.

- No me importa lo que digan - replicó Bernarda -. Él tiene cuna. Además, todo lo que oímos sobre él son rumores. Los rumores desaparecen con el tiempo, con el viento... - filosofó.

- No sé. Algo me dice que nuestra Estelita merece algo mejor. Debemos consultarle.

- Ella no puede elegir. No ha sabido mantener su equilibrio emocional desde los trece años, ¿cómo podría tener la capacidad de saber qué es lo mejor para ella? Yo sé lo que es mejor para ella. Lo sé.

Felisberto movió la cabeza hacia un lado. Era imposible continuar el discurso. Bernarda siempre daba y tenía la última palabra. Mejor parar ahí. Decidió subir y hablar con Estelita.

Él entró en la habitación y ella estaba allí, con el pelo revuelto, blanca como la cera, estudiando un álbum de figuritas. Felisberto llamó a la puerta ya abierta.

- ¿Puedo entrar?

Ella se volvió hacia él, se levantó y corrió a abrazarlo.

- ¡Papá!

Él se emocionó.

- Me encanta cuando me llame así.

- Pero tú eres mi padre. Siempre lo fuiste. Mamá se casó cuando apenas tenía dos años.

- Es verdad.

- No tengo recuerdos de mi padre "real." Debo confesar que, cuando veo una fotografía de Eurico, siento algo extraño.

- Ya me lo has mencionado otras veces. ¿Qué tipo de extrañeza sientes? - Preguntó con interés.

- Una sensación extraña aquí: se tocó el pecho -. No es nada sobre Eurico, específicamente. Es algo con él. No sé cómo explicarlo.

- Entiendo. Estaba con un amigo que vive en Río de Janeiro, Jorge. Es un tipo raro. Amable, de buena suerte. Tienen una sensibilidad en la piel y en el corazón, ni siquiera se menciona. Es muy amable, generoso.

- ¿Es el que estudió en Suiza?

Felisberto asintió.

- Él mismo. Fue alumno del profesor Jung. Hablé un poco de lo que te pasa. Como vive en Río, nos recomendó consultar a un psicoanalista aquí en la ciudad.

- ¿Y? - Preguntó sin interés.

- ¿Quieres que busque un profesional que te ayude?

- Voy a pensarlo.

- Si pudieras conversar con mi amigo... ¡Me encantaría!

- Ah... ¿cuál es el punto? ¿Cómo me podrían tratar en Río?

Se llevó el dedo a la barbilla y dijo sonriendo:

- También podría pasar un rato en casa de tía Angelina.

- Apenas la conoces.

- Pero Alfredo vive con ella.

- Está casi listo para graduarse.

- ¿Has hablado con él? Lo extraño mucho.

– Cuando paso por Río, intentamos encontrarnos. Está pensando en mudarse porque ahora…. – se interrumpió Felisberto. No quería decir demasiado.

– Mejor aun. Me voy a vivir con él.

– ¿Y dejarme? – Hizo un puchero.

Ella se rio y lo abrazó.

– Nunca te dejaría, papá.

– Me haces muy feliz, Estelita.

– Alfredo y tú me llaman así. Antoinette, cuando me habla, también me llama así. Me gusta. Mamá ya me llama María Estela.

Ambos se rieron. Se sentó en la cama y le pidió que se sentara a su lado.

– ¿Has logrado dormir?

Ella asintió, luciendo cansada.

– Duermo poco, pero duermo. Mientras viajabas, mamá trajo un sacerdote para que me bendijera.

Ella me lo mencionó antes de irme. Pensé que era una exageración, pero ya sabes cómo es tu madre.

– Algo extraño ocurrió.

– ¿Qué?

El sacerdote vino y me bendijo. Esa misma noche soñé que estaba en un convento...

Estelita relató el sueño y concluyó:

– No me gustan los sacerdotes, ¿sabes?

Felisberto la acercó a él.

– Debes haber quedado impresionada por su visita.

– Puede ser.

– Pensaré en una manera de ayudarte.

– No más sacerdotes, por favor. No necesito que me exorcicen.

- No, no es necesario.

Los dos se rieron.

- El otro día escuché a mamá comentarle a Antoinette que iba a traer otro sacerdote aquí. No dejes que ella haga eso, papá. Por favor.

- Mantén la calma.

Ella quería cambiar de tema.

- Sabes, el otro día mamá limpió una de las habitaciones de invitados y separó muchas cosas para donar. Fui a echar un vistazo y encontré varias revistas viejas. Sin que ella lo supiera, traje algunas copias a la habitación.

Estelita abrió un cajón de su cómoda y sacó algunas copias. Cogió una revista en particular y se la entregó a Felisberto.

- Hojeando este ejemplar de *El Cruceiro* me encontré con el artículo sobre el médium Chico Xavier.

- Es conocido. Es de Minas Gerais. Parece una buena persona.

- Sí papá. El artículo cuenta un poco sobre su vida, su labor asistencial y también habla sobre el Espiritismo.

- Interesante.

Mientras leía, tuve la clara sensación que mis sueños podrían estar relacionados con las enseñanzas de esta Doctrina.

Felisberto frunció el ceño.

- ¿De verdad piensas eso?

- Creo que sí.

- Podemos comprobar si hay alguien que conozcamos que entienda el tema.

- ¿Prometes ayudarme?

- Claro. Pero no podemos decirle nada a tu madre. Ya sabes lo apegada que está a la iglesia.

- Sí, señor.

– Estelita...

– ¿Que pasó?

Felisberto iba a hablar de los planos de Bernarda y acercar a la hija de Decio, pero no quería acabar con esa hermosa sonrisa. Prefirió quedarse callado.

– Nada. Quédate con la revista. No se la muestres a Bernarda.

CAPÍTULO 6

Unos días después, en una tarde soleada, Bernarda entró en la habitación de Estelita acompañada de una modista y otras dos mujeres. Antoinette estaba justo detrás. Estelita estaba asustada:

– ¿Qué pasó?

– Nada. Necesitamos que luzcas decente.

– ¿Decente? ¿Cómo así?

Antoinette intervino:

– Presentable. Pareces una criatura de las cavernas. ¿No te miras al espejo?

Estelita se levantó del sillón y dejó el álbum de figuritas en la mesa auxiliar. Se miró en el gran espejo ovalado en el tocador. No se creía tan bella como las estrellas de su tiempo, como Joan Crawford o Fada Santoro, pero no se sentía fea. No importa lo que su madre dijera que haría. Era inapropiado, Estelita intentaba no verse así. Se volvió hacia Antoinette y respondió:

– Estás fuera de forma.

Antoinette se tapó la boca con la mano. Luego empezó a sentirse a sí misma.

– ¿Cómo te atreves? - Preguntó ella, insegura. Se volvió hacia Bernarda:

– Mamá, ¿estoy fuera de forma?

– Claro que no. María Estela hace esto para que te levantes.

– Soy linda. Todos me quieren - Antoinette levantó la barbilla mientras hablaba.

– Y se va a casar con el feo de Rami. Dios no lo quiera. Solo porque el padre es inmensamente rico.

– Mentira. Me caso porque él me ama.

– Y tú, ¿lo amas? – Preguntó Estelita.

Antoinette no respondió. Salió de la habitación y golpeó la puerta.

Bernarda le reprochó:

– ¿Cómo puedes ser tan grosera con tu hermana?

– Ella fue quien empezó.

Bernarda volvió la cabeza hacia un lado. Miró a la modista:

– A ver si puedes hacer un vestido así – apretó la cadera de Estelita –, con cintura ceñida y falda voluminosa y amplia. Podría ser tafetán. De color claro. No olvides las mangas plisadas y los guantes – midió el brazo de Estelita con la palma – ; tal vez tres pies. ¿Qué opinas?

– No me gustan los colores claros. Quiero un vestido negro.

– ¡Imagina! – protestó Bernarda –. Es una fiesta, no un funeral.

– Entonces quiero un color oscuro.

– No eliges nada. Decidí y aprobé.

Mientras la modista comprobaba las medidas, Bernarda hizo una señal a las otras dos. Una era peluquera y la otra manicurista.

– ¿Por qué tanta cosa? ¿Getulio Vargas vendrá a cenar a casa esta noche?

– No es exactamente un presidente, pero vamos a recibir invitados para el cumpleaños de Antoinette. Ella y Rami anunciarán la fecha de su boda. Y te voy a sorprender.

– ¿Qué sorpresa?

– Si te lo digo, ya no será una sorpresa.

Después de arreglar todo con Bernarda, las mujeres se despidieron. Se quedó sola con su hija.

- No quiero que hagas escenas ni hables de tus sueños.

- ¿Por qué?

- Porque te lo estoy ordenando. Te prohíbo hablar de tus rarezas. Tendrás que comportarte como una princesa. ¡Admira a tu hermana, por el amor de Dios!

- Prometo que no te decepcionaré.

Midió a su hija de arriba a abajo y comentó:

- Eso espero.

- Estoy cansada, pero si necesitas que te ayude con los preparativos de la fiesta...

- Empiezas algo y luego lo dejas, no lo terminas. No puedo contar contigo. Es mejor quedarte callada en tu habitación. Además, Teresa me está ayudando con los preparativos.

Estelita lanzó un suspiro que Bernarda no notó. A ella no le agradaba Teresa. A sus ojos, ella era una mujer arrogante, pedante y manipuladora. Aceptaba el no de Estelita cada vez que encontraba una oportunidad. A decir verdad, la presencia de Teresa la hacía sentir un poco incómoda. Apartó ese pensamiento con el dorso de la mano y preguntó:

- ¿Alfredo también vendrá?

- Felisberto me contó que tu hermano consiguió una pasantía y está por graduarse. No pude venir, una pena.

- Podríamos visitarlo algún día.

Bernarda la interrumpió exasperada:

- ¿"Nosotras", Estelita? Habla bien.

Bernarda movió la cabeza hacia un lado y concluyó:

- Ah, ya me estaba olvidándome. Lamentablemente, ante la insistencia de Teresa, me vi obligada a invitar a la hermana de tu padre. Ella vendrá a la fiesta.

– ¿Qué hermana? Nunca escuché a papá decir que tenía una hermana.

– Felisberto no es tu padre, sino tu padrastro – enfatizó –. Hablo de la hermana de Eurico, Angelina. Tendremos que tragarnos a la criatura.

Bernarda salió de la habitación y Estelita se quedó pensando. Nunca había tenido contacto con Angelina. Solo la conocía por una fotografía, tomada durante la primera boda de su madre, hace casi veinticinco años. ¿Por qué Bernarda hablaba así de su tía?

~ O ~

Dos días antes de la recepción, Bernarda entró en la habitación de Estelita, esta vez acompañada de un caballero. Estelita estaba asustada.

– Entonces doctor. Lleva estas terribles gafas. Las odio. Fue idea de mi marido, ¿sabe? ¿No tiene nada mejor que hacer?

Miró a Estelita y le sujetó la barbilla con fuerza.

– Ah – dijo Estelita.

– Cállate la boca. No distraigas al doctor Aguilar. Fue difícil conseguir una cita.

– Podemos usar los lentes que usan las jovencitas – dijo Aguilar entrecerrando los ojos.

– Quería algo más suave. Aunque sea incómodo, ¿no podría usar lentes de contacto? – sugirió Estelita.

Bernarda iba a hablar, pero Aguiar habló primero:

– Un científico estadounidense creó hace unos años lentes más cómodos. Si quieres puedo encargarlos.

– ¡Sí quiero! – Estelita se emocionó. Bernarda intervino:

– ¿Tardan mucho en llegar?

– Sí – dijo Aguilar –. No hay lentes por ahora. Por ahora, sugiero un marco más juvenil.

– Perfecto, doctor – asintió Bernarda.

Al día siguiente, le entregaron unas gafas en la residencia. Bernarda corrió al cuarto de su hija.

- Cambiemos ya los lentes - ordenó Bernarda.

Estelita se puso sus lentes. El rostro adquirió un aspecto más juvenil, destacando los ojos verdosos. El resultado estaba más allá de lo esperado. Hasta Bernarda tuvo que estar de acuerdo, pero no se rindió.

- Tiré el dinero a la basura. Este marco te hizo más fea.

- ¿Qué más fea? No me siento fea. Me gustó. Es moderno, se adapta a mi edad.

- No importa lo que sientas, sino cómo te ve la gente. No conozco a nadie que piense que eres hermosa. Antoinette es hermosa. Alfredo es guapo.

- ¿Por qué me hablas así? - Gritó Estelita -. ¿Por qué siempre me menosprecias?

- Porque esa es la realidad. Y la realidad no es como esos álbumes de figuritas que coleccionas. El mundo es cruel. La gente es cruel. Prefiero tratarte así para que, cuando vivas en sociedad, sepas comportarte como una chica modesta, educada, pero nunca hermosa. Bueno, traté de mejorar tu apariencia. Sin embargo, mañana tendrás que bajar a la fiesta de tu hermana con esas terribles gafas - mintió.

Bernarda agarró los viejos anteojos y se fue. Estelita se miró en el espejo y, aunque se sentía más bonita, pensaba que era una de las peores criaturas del mundo.

- A mamá no le agrado. A ella nunca le agrado.

CAPÍTULO 7

Llegó el cumpleaños de Antoinette. La casa estaba alborotada. Los empleados corrieron de un lado a otro para que el salón de fiestas y las mesas alrededor de la piscina estuvieran listas para recibir a los invitados.

Estelita volvió a tener ese sueño del convento. Se despertó antes que saliera el Sol. Las ojeras estaban bien marcadas. Su aspecto no era el mejor. Quería hablar con Felisberto, pero no llegaría de otro viaje hasta el final del día. Se acercó al borde de la ventana y observó a la gente ir y venir, entregas, flores, comida...

Se estaba alejando de la ventana cuando vio que se acercaba un auto de alquiler y de él saltó una mujer muy elegante. Era alta, delgada y llevaba un hermoso sombrero. Llevaba un bolso en un brazo y en el otro un abrigo de piel. El conductor sacó una maleta y un bolso del portaequipajes. Ambos ingresaron a la residencia.

Estelita se preguntó en voz alta:

– ¿Quién será?

Abrió la puerta del dormitorio suavemente y bajó las escaleras. Cuando se detuvo en el primer escalón, escuchó de la mujer:

– Debes ser Estelita.

– Sí – se sorprendió –. Solo mi padre y mis hermanos me llaman así.

– Lo sé. Espero no haber sido invasiva.

– De ninguna manera.

– Un gusto. Soy tu tía Angelina.

Estelita le tendió la mano y Angelina la abrazó.

– No sabes cómo es bueno conocerte finalmente. Me recuerdas mucho a tu padre.

Estelita se sonrojó.

– ¿Yo, como mi padre?

– Tienes rastros de Eurico. Estoy segura que él, esté donde esté, estará orgulloso de ti.

No estaba acostumbrada a los elogios. Se sonrojó aun más.

– Mi madre siempre decía que yo no me parecía a nadie de la familia.

– Préstale tus lentes a tu madre – Angelina habló más tranquilamente, sonriendo –. Por cierto, esos lentes están preciosos.

– Gracias.

Bernarda apareció en la sala y al ver a Angelina fingió sonreír.

– ¿Cómo estás? – La saludó sin tocarla. Luego comentó:

– No podré prestarte mucha atención, pero uno de los empleados te llevará a la habitación de invitados.

Bernarda le hizo una señal a Raimundo, un chico que trabajaba para ella desde hacía algunos años. Era obediente y servicial. Llegó corriendo y subió con la maleta y el bolso de Angelina.

Bernarda empezó a alejarse y dijo:

– La recepción comienza a las siete y media. En punto.

– Voy a descansar y, a la hora señalada, bajaré al salón.

Estelita notó que su tía hablaba de manera jovial. Ella estaba sonriendo, educada, hermosa. Muy bonita. Debía tener unos cuarenta años. Tenía rasgos finos y delicados. Había algo en Angelina que la hacía sentir bien. Acompañó a Angelina a la habitación de invitados. Raimundo acababa de dejar sus pertenencias sobre la cama y, al salir, se topó con Angelina.

– Su sombrero es hermoso.

– Gracias. Usted es muy gentil.

Raimundo bajó la cabeza y se fue. Si el jefe lo viera hablando con un invitado... sería culpa suya, pobrecito. Bernarda no permitía que los empleados le dirigieran la palabra a cualquiera, solo a ella.

– Raimundo es muy callado. Pero me gusta. Me quedé asustada que te dirigió la palabra.

– ¿Por qué? ¿Soy un animal?

No – ella se rio –. Es que a mamá no le gusta que los empleados se mezclen con los invitados.

Angelina negó con la cabeza.

– Pensé que los años le harían bien a Bernarda. Parece que no. De todos modos...

– ¿Tuviste un buen viaje, tía?

– Sí. Vine en avión.

– Nunca he viajado en avión.

Un día, cuando quieras visitarme, podrás ir en avión.

– Mamá no lo permitiría. Imagínate viajando a la capital...

– ¿Por qué no? – Estelita no supo responder.

Angelina preguntó:

– ¿Cuántos años tienes?

– Cumplo dieciocho el próximo mes.

– Serás dueña de tu propia nariz. Podrás viajar, tomar tus propias decisiones.

– Aquí en casa las cosas no funcionan así. Mamá mencionó el otro día que tengo edad suficiente para casarme.

– Eso es una completa tontería. No existe una edad adecuada para casarse.

– ¿No? – Estelita volvió a sorprenderse. Angelina habló todo lo contrario de lo que dijo su madre.

– Claro que no. Tómame, por ejemplo. Me acerco a los cuarenta y nunca me he casado. ¿Tuve pretendientes? Por supuesto los tuve. Pero mi espíritu quería aprender, estudiar, trabajar. Y fui tras todo esto y un poco más.

- Me gustaría mucho estudiar, aprender a hacer algo útil, pero mi madre dice que... - dejó de hablar y ambas se rieron.

- Creo que mi venida aquí podría ser beneficiosa para ti. Sabes, Estelita - dijo mientras deshacía la maleta -, yo me parecía mucho a ti.

- ¿En serio? ¡Pero qué hermoso!

Angelina se acercó y le tocó ligeramente la barbilla.

- Tú también eres muy bonita.

- ¡Imagínate!

- Sí. Todo es cuestión de sentirse bien.

- No tengo muchas ganas de hacer cosas. Me aburro.

- ¿Por qué? Nunca pensaste en hacer lo que te gusta.

- ¿De verdad piensas eso?

- Si mantienes ese pensamiento, no cambiarás tu comportamiento. Necesitas ser dueña de tu propia nariz, perseguir lo que puede brindarte satisfacción y placer.

- Es que mi madre...

- ¡Exactamente! - Interrumpió Angelina -. Tu madre determina cómo te peinas, la ropa que usas, la forma cómo comportarse, si estudiar o casarse. ¿No tienes deseos, anhelos?

- Los tengo. Claro que tengo. Es que mamá... - ambas se rieron de nuevo -. Tienes razón. Nunca elegí nada en la vida.

- Por eso no te gusta nada. Te sientes atrapada. Y es horrible vivir según la voluntad de otra persona.

- ¡Caramba! Nunca pensé así.

- Empieza a pensar de esta manera. Si vas a convertirte en adulto, podrás tomar acciones que sean buenas para ti.

Angelina se acomodó el vestido confeccionado en crepe, con la falda en espiral, que usaría en el cumpleaños de Antoinette. Era hermoso.

- ¡Qué vestido tan maravilloso!

- Lo mandé a hacer para una fiesta. Solo lo usé una vez. ¿Te gusta?

- Me gustó - Estelita notó los cortes rectos, la costura bien hecha, estaba atenta a los detalles.

Angelina notó su interés y preguntó:

- ¿Te gusta coser?

- Sí. Es interesante crear un outfit o incluso transformarlo, ponerlo en otra pieza.

- ¿Ves?

- ¿Qué?

- Tienes don para cortar y coser.

- Mamá iba a inscribirme en la escuela; sin embargo, yo estaba tan cansada que perdí la voluntad.

- Tienes que reaccionar, Estelita. Toma posesión de ti misma, toma las riendas de la tu propia vida.

Estelita estaba pensativa. Las palabras de Angelina la conmovieron de manera especial. La tía, observando de reojo a su sobrina, sacó de su maleta dos libros que llamaron su atención.

- ¿Son romances?

- No, querida - respondió Angelina -. ¿Alguna vez has oído hablar del Espiritismo?

Estelita estaba tan pensativa que ni siquiera se dio cuenta cuando Felisberto dio el último paso del escalón y giró hacia el pasillo. Casi lo derriba.

- ¿Qué pasó? - Cuando vio la sonrisa en el rostro de Estelita, quiso saber:

- ¿Por qué esta chica sonríe tanto? ¿Y esos nuevos lentes?

- ¿Te diste cuenta?

- ¡Claro! ¡Esos son tan hermosos!

Ella lo abrazó con ternura.

- ¡Oh papi! Estoy tan feliz. Acabo de conocer a la tía Angelina - se llevó el dedo a la barbilla -. No recuerdo haberla conocido.

Ella es la hermana de mi padre Eurico. Alfredo vive en su casa.

- Ah sí. Hermana de Eurico. Tu madre apenas me habló de ella en todos estos años. Nunca tuvimos relaciones. Y los encuentros con Alfredo son siempre en cafés y pastelerías. Nunca fui a su casa.

- Ella es maravillosa, papá. Un amor.

- Parece que ella te hizo mucho bien.

- De hecho sí. Solo hablamos un poco, pero lo suficiente como para que me guste mucho.

- Me quedo feliz. Si te hizo algún bien, por eso debe ser una gran persona. Tengo muchas ganas de conocerla.

- Está descansando. Más tarde bajaré con ella a la recepción. Estoy seguro que te encantará.

- Si a ti te cayó bien, a mí también me caerá bien. Puedes creerlo.

- Ahora tengo que irme - lo besó en la mejilla -, porque mamá me llamó para probarme el vestido.

Corrió a la habitación y, al cerrar la puerta, Felisberto sonrió ampliamente. Era muy raro ver a su hija emocionada. Y, si alguien había despertado alegría en Estelita, solo podía ser una buena persona.

CAPÍTULO 8

A las siete en punto, Estelita tocó suavemente la puerta y escuchó una voz delicada desde adentro:

– Entre.

Estelita abrió la puerta y encontró a Angelina arreglando sus zapatos. Al verla, sus ojos se abrieron como platos.

– ¡Eres hermosa!

– Gracias.

– ¿Cómo lograste lucir tan hermosa? Tu peinado está diferente.

– Estoy acostumbrada. Desde joven elegí mi propia ropa, me peiné, me maquillé. Mamá siempre me hizo sentir libre para tomar decisiones.

– Es una pena que no conozco a nadie más del lado de la familia de mi padre Eurico.

– Desafortunadamente, tus abuelos murieron en un accidente de tren incluso antes que Eurico se casara con tu madre. Otros miembros de la familia están dispersos. Soy amiga de una amiga muy querida, Claudette. Trabajamos juntas.

– Realmente me gustaría visitar Río de Janeiro. La capital del país. Debe ser un lujo.

Angelina se rio de buena gana.

– Es una ciudad hermosa. Nací y crecí allí, por lo tanto, se me sospecha que digo algo inapropiado. Pero me gusta mucho São Paulo. Vine aquí muchas veces.

– Podrías haber venido a visitarnos.

- Seré honesta: nunca me llevé bien con tu madre. La conocí el día de su boda con Eurico. No nos gustamos mucho. Cuestión de afinidades.

- Ella nunca mencionó tu nombre. Sabía de ti por una de las fotos de la boda. Y sé que mamá se molestó mucho cuando Alfredo decidió irse a vivir contigo.

- Alfredo me lo dijo. Tu hermano es una excelente persona. Se está graduando y consiguió un buen trabajo. Está enamorado.

- ¡Ay, tía Angelina! ¡Estoy tan feliz! Me gusta mucho Alfredo.

Lo extraño mucho.

Angelina sacó una carta de su bolso y se la entregó a Estelita.

- Alfredo no tenía forma de venir. Pero no se olvidó de la hermanita. Me pidió que te entregara esta carta.

Estelita tomó el sobre con franca emoción.

- La leeré más tarde, sino arruinaré mi maquillaje - dijo y se miró en el espejo -. No puedo arreglarme como tú.

- Es cuestión de práctica - dijo Angelina -. Ven aquí.

Yo te ayudaré.

Con delicadeza y paciencia, Angelina le desató el moño y creó un peinado para su sobrina. Luego tomó el kit de maquillaje y comenzó a trabajar en el rostro de Estelita.

- Dime - quiso saber Angelina -, ¿realmente necesitas esos lentes todo el tiempo?

- ¿Por qué? ¿Estoy fea?

- De ninguna manera. Los lentes combinan con tu rostro.

¡Pero tus ojos son tan expresivos!

Estelita se los quitó y vio el entorno ligeramente borroso.

- Veo más o menos. Reconozco a las personas, pero no veo detalles ni puedo leer señales a distancia.

— ¡Genial! — Tomó con delicadeza los lentes de Estelita —. Tienes ojos verdosos. Son hermosos y, como dije, expresivos.

Estelita se sonrojó.

— ¿Verdad? Mamá siempre decía...

— ¿Vamos a hacer un trato?

— ¿Cuál?

— ¿Dejamos a tu madre a un lado y pensamos en las cosas que te hacen bien, que te hacen sentirte bien?

— De hecho, nunca quise hacerlo; es decir, el deseo de hacer cosas y elegir, siempre lo he tenido. Mamá siempre decía que no sé elegir, que soy inadecuada.

— Y apuesto a que dice que Antoinette es una princesita.

— ¿Cómo lo sabes?

— Simple deducción.

Mientras se retocaba el maquillaje, Angelina notó los profundos círculos oscuros bajo sus ojos.

— ¿No has dormido bien?

— No.

— ¿Qué pasa? ¿Ansiedad, insomnio, miedo a la oscuridad?

Estelita se mordió los labios. ¿Debería decírselo a tía o no sobre los sueños extraños? Sintió que podía confiar en Angelina.

— Tengo sueños extraños, casi pesadillas.

— Cuéntame sobre ellos.

Estelita rápidamente contó el sueño en el que se dio cuenta que la lanzaban por los aires. Angelina movió la cabeza arriba y abajo. Luego continuó:

El otro, que lo tuve hace poco, transcurre en un convento, en una época lejana. Era como si yo fuera una de esas personas, a pesar que las escenas se desarrollaban frente a mí.

Angelina asintió de nuevo. Notó una presencia espiritual y sonrió para sí misma.

- Estas preocupaciones debieron haber comenzado alrededor de los trece años.

- ¡Así es! - Exclamó Estelita -. Fue justo cuando comencé a usar toallas sanitarias. Cuando yo… - se sonrojó.

- ¿Cuándo menstruaste por primera vez?

- Sí.

- No es necesario que te inhibas. Pasaste por un proceso por el que pasa toda niña cuando llega a esa edad. A veces las reglas son lo primero, pero es natural. Una señal que tu cuerpo entendió que ya no eras una niña.

- Lo sé. Y mi madre no me explicó mucho. Justo me llevó al médico y luego me dio una caja de toallas sanitarias.

- ¿Y los sueños han persistido desde entonces?

- Sí. El sueño en el que me siento arrojada al aire empezó en ese momento. Hace semanas mamá llamó a un sacerdote y vino a bendecirme. Fue entonces cuando comencé a soñar con el convento.

- Esto puede ser un recuerdo de una vida pasada.

- ¿Vida pasada? - A Estelita le pareció gracioso -. ¿Tuve otras vidas?

- Eso creo - dijo Angelina mientras terminaba de maquillarla -. Después de la muerte de mis padres, un amigo me llevó a la Federación Espírita de Río. Fui bien recibida, comencé a interesarme por los estudios espirituales y estaba, de hecho estoy, segura que he vivido muchas vidas y viviré muchas más.

- Eso es fascinante.

- Y profundamente inquietante. Porque activa la llave interior que nos permite ponernos en contacto con nuestra verdadera esencia y hacernos responsables de todo lo que sucede en nuestra vida.

- Tiene sentido. Pero, ¿cómo puedo ser responsable de todo lo que me pasa si mi madre decide todo por mí?

– Buena pregunta. Ella decide por ti porque tú no decides por ti misma. Después de todo, solo tú tienes la capacidad de tomar decisiones que sean más asertivas en tu vida y, después de todo, eres tú quien vive contigo misma todo el día, toda tu vida. Otros no tienen forma de saber qué está pasando aquí en esa cabecita y en ese corazoncito.

– Siento que es tan difícil, tía...

– Imagina.

– ¿El Espiritismo es capaz de ayudarme?

– Puede ser un facilitador. Llevamos muchos conceptos erróneos sobre nosotros mismos, así como entendemos que Dios es una figura paterna que está más allá de las estrellas mirándonos todo el tiempo.

¿Y qué oyes aquí en casa?

– Entonces, ¿todo lo que aprendí está mal el catolicismo?

– Ni bien ni mal. Es una forma de interpretar las fuerzas que gobiernan el universo y, por ello, determina cómo debemos vernos a nosotros mismos y actuar como individuos. Para los católicos y los judíos, por ejemplo, tienen un Dios único. Para los musulmanes, está Mahoma. Y así cada persona vive según las enseñanzas y preceptos de la religión que más le agrada.

– ¿Y qué pasa con el Espiritismo?

– Está basado en el cristianismo. El Evangelio utilizado por los espíritas está enteramente basado en el Nuevo Testamento.

– Interesante.

– Puedo explicar más sobre esto durante la recepción.

– Realmente bueno, tía. Porque no tengo amigos cercanos. Será genial estar contigo en la fiesta.

Oyeron el portazo. Estelita se levantó y la abrió. Era Felisberto.

– ¡Papá! – Estaba realmente sorprendida.

– Dios mío, ¿qué te hicieron?

La inseguridad la golpeó con fuerza y se mordió los labios, aprensiva.

— La tía Angelina me ayudó y... — Él la interrumpió:

— ¡Estás hermosa! Nunca había notado tus ojos. ¡Son casi verdes! ¿Y ese peinado?

Estelita estaba a punto de hablar, pero Angelina se levantó y lo saludó.

— ¿Cómo estás Felisberto? Soy Angelina, la hermana de Eurico.

— Mucho gusto. Eres muy bienvenida a nuestra casa.

— Gracias.

— ¿Te gustó, papá? — Se aclaró la garganta y miró a Angelina —. Sé que soy hija de Eurico, pero fue Felisberto quien me crio.

— Bueno — interrumpió Angelina amablemente — tu padre murió cuando tenías meses. Naturalmente, Felisberto es, en realidad, tu padre. Después de todo, el padre es quien cria, quien educa, da amor, cariño...

— Amo a esta niña como a mi propia hija — Felisberto se emocionó —. Estelita es un bálsamo en mi vida.

Los tres quedaron conmovidos; sin embargo, la voz alterada de Bernarda los trajo a la realidad.

— ¡Felisberto! — Lo llamó en tono quejoso —. Los invitados ya están llegando. Deberías estar listo.

— Me preparo rápidamente.

¿Y tú? — Miró a su hija —. ¿Justo hoy decidiste cambiar tu peinado? ¿Dónde están los lentes? No lo apruebo.

Estelita bajó los ojos, entristecida.

— La tía Angelina dijo que era mejor así.

Felisberto respondió:

— Verdad. ¡Ella está muy hermosa!

Bernarda los miró furiosa y se fue sin decir nada. Caminó por el pasillo y llamó suavemente a la puerta del dormitorio de Antoinette. No diría que la hija se veía bonita. Eso ella nunca lo admitiría. Pero se confesó, pensativa, que Estelita estaba diferente.

- ¿Qué pasó, mamá? Apuesto a que Estelita aun no ha terminado de arreglarse.

- Ya terminó, Antoinette. Está allí en la habitación de invitados con esa mujer.

- Saludé a la hermana de papá. No me gustaba mucho.

- Tiene una pose arrogante.

Y estos cariocas creen que somos provincianos.

- Para ser honesta, nunca me gustó Angelina.

- No deberíamos invitarla.

Bernarda iba a censurar a su hija del mismo modo que había hecho con Estelita. Le pediría a Antoinette que cambiara por "nosotros." Sin embargo… la hija era su princesa. No es que amara a Antoinette más allá de la vida. No. Bernarda simplemente pensaba que era hermosa y amaba el impacto positivo que su presencia joven, elegante y discreta tenía en las personas. Nunca regañaba a Antoinette. Además, era su cumpleaños.

- Me obligaron - respondió Bernarda, de mala gana -. Tu hermano, lamentablemente, vive con ella. No quería vivir solo. Encontré un apartamento tan hermoso en Copacabana.

- ¡Caramba! Copacabana. ¡Un sueño! Allí estuvo la luna de miel de Isaurita. Se alojó en el Palacio de Copacabana.

- Va a Buenos Aires. Chic de la misma manera.

- Eso es todo - asintió Antoinette -. Volviendo con mi hermano, bueno, siempre cedes cuando Alfredo te pide algo.

- Es mi primogénito, mi hijo. No puedo contradecirlo.

- Nunca fue un buen hermano. Él siempre se metía conmigo.

De hecho, ella fue quien se metió con Alfredo. Antoinette siempre había sido mimada, molestaba; sin embargo, ella juraba que los demás eran aburridos. Bernarda se quedó callada para no iniciar una discusión. Cambió el rumbo de la conversación y dijo:

- Teresa dijo que debería invitar a la hermana de tu padre. Más por educación. Estaba segura que Angelina rechazaría la invitación.

- Si Teresa lo dijo - Antoinette fue enfática -, entonces debemos cumplir. Ella es una dama y una gran inspiración para mí y mis amigas. Es muy respetada y querida en la sociedad.
Si ella pensaba que era natural invitar a la hermana de papá...

- Probablemente se irá mañana. Apenas notaremos su presencia en la casa.

- Eso espero. Hoy anunciaremos oficialmente la fecha de la boda. A partir de ahora será uno de esos bullicios.

Bernarda se conmovió.

- ¡Mi princesita se va a casar!

- No te emociones, mamá. Tu maquillaje es hermoso.
Bernarda se pasó el dedo por debajo del ojo y se secó una lágrima. Se recompuso y cambió de tema:

- Voy a presentarle a Decio Nunes a tu hermana.

Antoinette suspiró.

- Coqueteó conmigo en el club.

- Nunca me dijiste.

- Fue antes de conocer a Rami. Decio es muy lindo, pero muy irresponsable. Parece que no ha crecido.

- A Teresa se le ocurrió la idea de presentarle a tu hermana.

- Pobrecito. Lo siento por él. ¿Querer emparejarlo con una chica tan extraña y poco atractiva? ¿Estelita lo sabe?

- No. Le dije que se llevaría una sorpresa.

- Ella no querrá tener nada que ver con él. Mejor aun, no querrá tener nada que ver con ella. Como dije, Estelita no es atractiva.

Es sin sal.

– Es uno de mis últimos intentos de solucionarlo. No sé qué más hacer para que tu hermana se comporte como una persona normal.

Antoinette iba a decir que lo mejor sería internar a su hermana en un sanatorio; sin embargo, sabía que el comentario entristecería a su madre. Solo comentó:

– Tienes razón. Sabes lo que estás haciendo.

– Además, la noche será toda tuya. Demostrémosle a esta ciudad que sabemos hacer una hermosa fiesta y entretener como nadie.

CAPÍTULO 9

La brisa soplaba ligeramente y había un agradable olor a damas de la noche abrazando delicadamente el ambiente. Las estrellas salpicaban el cielo y dos espíritus observaban a los invitados.

Deodato y Corina hacían una hermosa pareja. Su amor era tan profundo, tan armonioso, que había un aura rosada que los rodeaba. De la mano, caminaron entre los invitados.

Se acercaron a Bernarda y Corina comentó:

– Ella todavía está muy apegada a las ilusiones del mundo terrenal.

– A veces nos llevamos un golpe para volver al camino que decidimos recorrer antes de la reencarnación.

– Sí. Pero no vinimos aquí solo para ver a Bernarda.

Corina señaló suavemente y los ojos de Deodato la siguieron. Él sonrió:

– Angelina está radiante. ¡Mira qué clara es su aura!

Se acercaron a una mesa y allí estaban Angelina y Estelita. Corina pasó suavemente su mano por el cabello de Estelita.

– Se está volviendo una belleza – dijo entristecida.

– No seas así, mi amor – dijo Deodato –. Planeamos que ella regresaría sola. Necesita aprender a apoyarse en sí misma.

– Lo sé. No me gustaría que ella tuviera que afrontar lo que viene.

- Si Estelita tuviera una postura diferente, otro comportamiento, tal vez podría vivir la experiencia de otra manera. No podemos olvidar que fue ella quien nos pidió pasar por esto.

- Es verdad. Nadie la obligó a hacer nada. Tiene una forma un tanto distorsionada de verse a sí misma.

- No es de extrañar que lleve lentes desde que era pequeña. Estelita siempre tuvo dificultades para afrontar la realidad. Nunca fue alguien que enfrentara sus problemas. Ahora ha llegado un momento en el que su espíritu clama por un cambio en su patrón de conducta.

- Soñó con el convento... ¿Necesitaba tener contacto con el pasado en ese momento?

- Todo sigue por el buen camino. El pasado se manifestó porque ha llegado el momento que ella comience a limpiar su corazón de todo lo que fue desagradable en esa vida. Estelita no puede continuar su camino con el corazón endurecido.

- En cualquier caso, su espíritu sabe que puede contar con nosotros. Me alegra que hayas encontrado a alguien que estará a tu lado. Nuestra querida Angelina.

Las besaron a ambas y se fueron. Angelina sintió la presencia espiritual. Cerró los ojos, respiró hondo y, soltándolo por la boca, comentó alegremente:

- ¡Qué noche tan magnífica! ¿Sientes el aroma que las damas de la noche exhalan?

- Me gusta mucho. Es un olor que recuerda al del jazmín. Aporta suavidad a la noche.

Felisberto se acercó con un vaso de whisky en la mano.

Se sentó al lado de su hija.

- ¿Y luego, hija mía? ¿Estás disfrutando la fiesta?

- Así es como le gusta a Antoinette. Lleno de chicas de sociedad, figuras importantes, muchos camareros sirviendo mesas.

– Todo va muy bien – dijo Angelina –. También hay fiestas así en Río. No me gustan mucho, prefiero reuniones más pequeñas, con poca gente.

Felisberto la miró y le preguntó:

– ¿Cómo está Alfredo? Hace tiempo que no hablamos.

– Se adaptó muy bien a la ciudad. Se está convirtiendo en un carioca natural – dijo Angelina.

– Eso ya lo había notado – recordó Felisberto –. La última vez que lo vi caminaba por la ciudad como si hubiera nacido allí.

– Está saliendo con alguien, papá – confió Estelita.

– ¿Es cierto? – Confirmó con Angelina y él continuó –. Eso es nuevo. ¿Tu madre sabe sobre esto?

– Perdón si fui grosera – dijo Angelina – ; sin embargo, Alfredo pidió no comentar. Me emocioné y sentí confianza al contárselo a Estelita.

– Puedes estar seguro que no habrá ninguna nota en esta mesa sobre esta relación. Si Bernarda se entera de esto, querrá ir a Río, conocer a la chica, a su familia...

Bernarda apareció de repente y quiso saber:

– ¿Saber qué?

Felisberto dijo:

– Nada de más. Me refería al hecho que Estelita no usa lentes.

– ¡Imagina! – Suspiró y puso los ojos en blanco –. María Estela no puede ver un pie delante de su nariz. Ahora lo único que necesitaba era empezar a tropezar.

– Veo bien. Solo no puedo leer a distancia.

– El doctor Aguilar ya encargó los lentes a Estados Unidos. Pagué una fortuna.

– Leí en una revista que los lentes son duros. No pedí los lentes. No me interesa.

– Ya los compré y, cuando lleguen, los usarás. Por cierto, levántate.

– ¿Por qué?

– Tu sorpresa ha llegado.

Bernarda dio un paso hacia un lado y un chico guapo les sonrió.

– Hola Estelita –. Luego saludó a Felisberto –. ¿Cómo estás Felisberto?

Felisberto se levantó de repente y, de mala gana, estrechó la mano del muchacho.

– ¿Cómo estás, Decio?

– Muy bien, gracias.

– ¿Y tu padre?

A Decio no le gustaba hablar de su padre. Él sonrió alegremente y respondió:

– Viajó con el ministro a Estados Unidos. No sé cuándo volverá.

Angelina también se levantó y, apenas estrechó la mano del chico, sintió algo extraño. Muy extraño. Ella fingió una sonrisa y no dijo nada.

Bernarda atrajo a Estelita hacia ella.

– Ven. Decio quiere hablar contigo.

Miró a su padre pidiendo ayuda y Felisberto dijo:

– Estamos terminando algo. Ella irá pronto.

Decio estaba un poco avergonzado. Bernarda resopló y aceleró el paso, mientras tiraba de su hija.

– Es mi hija y yo decido si habla o no con Decio. Ven, María Estela. ¡Ahora!

La poca seguridad que había adquirido se esfumó. Esta pequeñita bajó la vista y siguió a su madre al interior de la casa. Felisberto se quedó sin palabras. Angelina le tocó el brazo y le dijo amablemente:

– No te pongas así.

– Me siento impotente frente a ella. Bernarda siempre encuentra la oportunidad de echarme en cara que no soy el padre de Estelita.

– Ni de Antoinette o Alfredo.

– No me importa. Cuando nos casamos, Alfredo tenía nueve años y Antoinette estaba por cumplir siete. No me rechazaron, pero nunca me llamaron padre. Siempre he sido "Felisberto." El marido de su madre. Con Estelita fue diferente. Ella era una niña. Yo era quien organizaba su fiesta de cumpleaños de dos años. Ella siempre me llamaba papá – dijo emocionado –. Se nota que tienes una conexión fuerte.

– Sé que eres hermana de Eurico, sin embargo...

Ella lo interrumpió con amabilidad en su voz:

– Una cosa no tiene nada que ver con la otra. Eurico mal tuvo tiempo de llevar a Estelita en brazos. Eres su padre. Tenía que ser así.

– ¿Así cómo?

– De esta manera. La vida lo dispone todo para que podamos crecer, evolucionar como mejores personas.

– ¿De verdad crees eso?

– ¿Por qué la vida los uniría a ti y a Estelita? – Él no supo responder y ella dijo:

– Por los vínculos afectivos que han mantenido durante muchas vidas.

– Esta forma de interpretar la vida es interesante.

– También creo. Estelita me contó que leyó un artículo sobre el médium Chico Xavier y se interesó por el tema.

– Ah, te comentó, ¿y?

– Tenía que encontrar a alguien que supiera del asunto. Tengo un amigo en Río que podría ayudarme; sin embargo, hace tiempo que no voy.

– Estelita me contó sobre tu conversación. Por eso me preguntó si conocía a alguien que estudiara la Doctrina Espírita.

– ¿Sabes? – Quiso saber.

– Sí – se rio Angelina –. Ya sé de sueños.

– ¿Estelita se abrió contigo? – Ella asintió.

– Ella no es alguien que se abra a los extraños. Aunque eres familia, nunca has tenido contacto.

– Fue natural que nos conociéramos. He estado estudiando la Doctrina de los Espíritus durante años. Quizás pueda ayudar a Estelita a entender lo que le está pasando.

– Estoy muy feliz que estés aquí. Gracias.

Felisberto se conmovió. Amaba a Estelita como si fuera su propia hija; es decir, como si él la hubiera procreado. Era algo que no podía explicar. Simplemente los sentía.

CAPÍTULO 10

Bernarda llevó a su hija y al muchacho a la biblioteca.

- Pediré que te traigan un refrigerio.

- Podría ser whisky - pidió Decio -. Es lo que he estado bebiendo desde que llegué a la fiesta - levantó el vaso.

- Está bien - Bernarda accedió y se fue.

Se volvió hacia Estelita, con los ojos ya enrojecidos por el exceso de trago. Encendió un cigarrillo, hizo una broma con el humo y le tendió el vaso.

- Bebe conmigo, amiga. Vamos a brindar.

- No me gusta beber - dijo Estelita.

- Así es como me gusta. De chicas que no beben. ¿Fumas?

- Tampoco. No me gusta el olor a cigarro.

Dio una profunda calada, exhaló y se acercó a ella.

- Tendrás que acostumbrarte.

¿Acostumbrarse a qué? ¿Con qué?

Se lamió los labios y se acercó tanto que Estelita sintió el fuerte aliento del alcohol mezclado con cigarrillos. Hizo una mueca y se alejó.

- Pronto lo verás. ¿No ves que nacimos el uno para el otro?

Estelita se rio.

- Sinceramente, Decio. Nunca me miraste. Las pocas veces que nos vimos, solo tenías ojos para Antoinette.

- Claro que sí. Tu hermana y yo prácticamente crecimos juntos. Si no fuera por ese turco Rami, podríamos ser cuñados y...

Ella lo interrumpió con sequedad en su voz:

- El padre de Rami no es turco, sino libanés.

- Es lo mismo.

- ¿Y cómo podemos creer que brasileños y argentinos somos parte de un mismo país?

Decio se encogió de hombros.

- Nunca nací para la geografía o historia.

- Pero un poco de cultura nunca hace daño a nadie.

- Yo soy bonito. Y soy heredero de una de las mayores fortunas de esta ciudad, de aquí del país.

- La belleza y el patrimonio pueden desaparecer con el tiempo.

Golpeó el escritorio tres veces y dijo sonriente:

- ¡Eso no es todo! Tienes que esperar que siga siendo hermoso y rico.

Estelita estaba extremadamente exasperada.

- ¿De qué quieres hablarme? - Preguntó con voz irritada.

- ¿Tu mamá Bernarda no te lo dijo?

- ¿Me dijo qué?

- Que tú y yo, bueno... ya sabes. Nuestras familias quieren que salgamos.

Estelita estaba horrorizada.

- ¿Salir contigo?

- Sí. Podemos juntar el dinero familiar.

- ¡Qué horror!

Además, al casarte conmigo, solo tendrás ventajas. Te vas a casar con uno de los hombres más deseados del país.

- Qué arrogante, Decio.

Él sonrió y volvió a inhalar el cigarrillo.

- Mi madre y tu madre ya hablaron de la fecha, de la iglesia...

- Quien tiene que decidir eso soy yo.

- No es lo que parece. Ya sabes – caminó por la habitación, bebió el vaso de whisky y lo colocó sobre el escritorio, apagando su cigarrillo en el cenicero – Estoy un poco loco. Me gustan las aventuras.

- Sé bien de ti. Siempre te metes en problemas. Peleas con todos. He oído a gente decir que te gusta... – se quedó en silencio.

Decio sintió que se le subía la sangre.

- ¿A qué viene esto? ¡Vamos, dilo!

Ella se sonrojó. Había escuchado a su madre y a Teresa hablar sobre las preferencias sexuales de Decio. Sin embargo, Estelita no tuvo nada que ver con su vida privada. Cada uno debe cuidarse. Trató de solucionar el problema:

- Vivir libremente. No te imagino casado.

- Un hombre casado es un hombre respetable.

- Además, recuerdo que de vez en cuando actuaste violentamente. No me gusta la gente violenta.

Se calmó y dijo en tono alterado:

- Me gusta que las cosas se hagan a mi manera. De lo contrario, me irrito. ¿Entiendes? Son los demás los que me molestan. No soy violento. Necesito defenderme.

- ¿A través del caos, las peleas, la falta de educación? No estoy de acuerdo con eso, Decio. Y aun hay más: desprecias a las personas que no forman parte de tu círculo.

- Seamos realistas, Estelita. Nacemos blancos, hermosos y ricos. Algunas personas son más inteligentes que el promedio.

- ¿Cómo puedes decir eso? ¿Crees que la cuna y el dinero nos dan inteligencia? Qué forma tan estrecha de ver la vida.

- Lo que importa es que no me mezclo con gente pobre, negra o de clase media. No me gusta esta gente. Nacimos para ser idolatrados, bien servidos, y ese tipo de gente vino al mundo para servirnos.

Raimundo llamó a la puerta y entró con una bandeja. Decio tomó otro vaso de whisky. Luego preguntó:

– ¿Donde vives?

El chico bajó los ojos e hizo un gesto para irse. Si en casa no podían hablar con los invitados, el protocolo creado por Bernarda para las fiestas exigía que ni siquiera miraran a los invitados. Los empleados deben comportarse como si no existieran. Estaban allí única y exclusivamente para servir. Nada más.

Decio lo sujetó fuertemente por el brazo y al casi casi se le cae la bandeja.

– ¿Eres sordo?

El chico volvió a bajar la vista, mirando al suelo. Tímidamente dijo:

– No señor.

– Te pregunté dónde vives, insolente.

– Durante la semana, aquí. Los fines de semana que tengo libres voy a casa.

– No me importa tu rutina. Quiero saber dónde vives. Responder.

– En Canindé.

Soltó el brazo del chico y se rio con desdén.

– Vives en la favela de Canindé. ¿Es eso?

– Sí, señor.

– ¿Y cómo te llamas?

– Raimundo.

Decio negó con la cabeza.

– ¿Está ahí y su nombre? No es más que un don nadie. Puedes irte.

El chico salió avergonzado. Estelita lo reprendió:

– Qué forma tan estúpida de tratar a una persona, Decio.

Raimundo es un excelente empleado. Una persona encantadora.

- ¿Una persona? ¿Llamas persona a este mulatito de favela? No. Él es un sirviente. Nacido para servir. Eso es todo. Vivirá en la pobreza, se casará con una mujer miserable y probablemente sus hijos también nacerán y vivirán en la pobreza. De esta manera perpetúan la especie que nació para servirnos, lo que es bello.

- Eres patético.

Ella hizo un gesto para irse. Decio la tomó del brazo con fuerza.

- Yo decido qué granja dejarás.

- Me estás lastimando. Suéltame.

- No. Primero quiero esto...

Atrajo a Estelita hacia él y la besó. Intentó separarse del beso. Tan pronto como logró liberarse, lo abofeteó. Ella se alejó furiosa.

- ¡Me das asco!

- Así me gustan a mí, las nerviosas.

- ¡Estúpido! ¡Imbécil!

- Eso me emociona.

Estelita sacudió la cabeza hacia un lado. Sin decir nada más, giró sobre sus talones y cerró la puerta de golpe.

Decio se llevó la mano a su rostro enrojecido y, con los ojos inyectados en sangre, furioso, murmuró:

- Estelita, Estelita. Todavía te daré cambio.

CAPÍTULO 11

Estelita aceleró el paso y casi derriba la bandeja de Raimundo, el empleado que hacía un rato estaba en la biblioteca. Él hizo malabares y ella dijo, con lágrimas en los ojos:

- Perdóname. No fue mi intención.
- Señora está pálida. ¿Quiere un vaso de agua con azúcar?

Se sentó en uno de los sillones del pasillo y pidió:

- Sí, por favor, Raimundo. Me encantaría.

Corrió hacia la cocina cuando Angelina se acercó, aprensiva.

- Te busqué por todas partes. No me gustó la forma en que tu madre te llevó a la biblioteca.

Estelita, sentada, agarró a Angelina por la cintura.

- ¡Ay tía! ¡Me sentí tan asustada!
- ¿Qué pasó?
- Ese... idiota besó mi boca.
- ¡Qué descarado! Es bueno que tu padre me lo haya mencionado... aunque este chico viene de una familia tradicional y muy respetada, y es un sinvergüenza.
- Decio es horrible.

Apareció Bernarda y al ver a su hija abrazada a su tía, preguntó:

- ¿Qué hiciste?

Estelita se secó las lágrimas con el dorso de la mano. Se quedó atónita.

- ¿Yo? ¿Cómo así?

- Decio vino hace un rato y me dijo que lo trataste mal, que lo abofeteaste.

- Bueno, es que él...

Bernarda la interrumpió secamente:

- ¿Esos son modales, María Estela? ¿Dónde has visto alguna vez a un invitado tratado así? Bueno, Decio es hijo de Yolanda, mi amiga. ¿Qué pensarán de nosotros? ¿Que somos un montón de salvajes?

Angelina soltó a su sobrina y dio un paso adelante.

- Actuó frívolamente. Intentó besar a Estelita a la fuerza.

- ¡Claro! Yolanda y yo realmente queremos que nuestros hijos comiencen a salir juntos. Decio es un excelente partido. Las chicas compiten por él. Y María Estela, nada atractiva, lo cautivó. Debería levantar las manos al cielo porque él estaba interesado en ella.

- Mamá, estás viendo todo mal. Quería aprovecharse de mí.

Bernarda se rio y la miró con desprecio:

- ¿O era al revés? Tú, siempre extraña...

Angelina intervino:

- ¡No puedo creer que, en lugar de defender a tu hija, estés defendiendo a ese sinvergüenza!

Bernarda se acercó a ella y señalándole con el dedo le dijo:

- Nunca fuimos mejores amigas. Solo te invité al cumpleaños de Antoinette por cortesía. Estaba segura que no vendrías.

- Pero te equivocaste, Bernarda. Aquí estoy.

- Y no te invito a salir de mi casa ahora porque mi hijo, lamentablemente, vive en tu casa. Sepa que nunca aprobé la decisión de Alfredo de vivir contigo. Sin embargo, como se está graduando, probablemente se mudará. Entonces ya no tendremos que aguantar más.

- No tengo problemas contigo. No soy tu amiga y creo que nunca lo seré. Pero me importan mis sobrinos, especialmente Alfredo y Estelita - miró a su sobrina y sonrió.

- María Estela es mi hija y vivirá respetando mis órdenes mientras viva aquí.

Estelita intervino:

- Pronto cumpliré dieciocho años. Seré mayor de edad y dueña de mí misma.

Bernarda meneó la cabeza hacia los lados.

- Eres tan ingenua. ¿De qué vas a vivir? Solo andas viendo tus álbumes de figuritas. No estás preparada para la vida, María Estela. Por eso me preocupo por tu futuro y quiero asegurarme que tengas un buen matrimonio antes de convertirte en tía. Eso sería la muerte para mí. Una hija... varada.

Bernarda giró sobre sus talones y se dirigió hacia Teresa, que venía derecho a verla.

Tan pronto como Bernarda se fue, Estelita abrazó a su tía.

- ¿Viste cómo me trata? Nunca nos llevamos bien.

- ¡Calma! No seas así, querida - respondió Angelina, mientras le alisaba el cabello.

- Lo que más me duele es que ella crea las mentiras de Decio y desconfíe de su propia hija.

- Eso pasa.

- ¿Subimos y hablamos?

- Sí, querida. Me gustaría. Pero tu hermana, ¿qué pasa con los invitados?

- Antoinette se alegrará que yo no esté presente. Los invitados se divierten. Ni siquiera notarán mi ausencia.

- Yo no conozco a nadie. Prefiero estar contigo que aguantar una conversación inútil.

Vamos, tía.

Estelita abrazó la cintura de Angelina.

- Pero, antes de subir, ¿podríamos pasar por la cocina y charlar?

- Gran idea.

~ O ~

Tan pronto como llegaron a la puerta del dormitorio, Estelita giró la manija y le indicó a Angelina, que sostenía la bandeja, que entrara primero. Colocó la bandeja sobre una mesa pequeña y se sentaron cómodamente en dos sillones cercanos.

- Si no estuvieras aquí en casa, no sé qué sería de mí.

- ¿La relación entre tú y tu madre siempre fue así, digamos, distante? - Quiso saber Angelina, mientras servía el té.

- Sí. Desde que nací. Cuando era pequeña, mi madre se aseguraba que una niñera me cuidara. Tuve innumerables.

- ¿Y la relación con tu padre?

Estelita tomó un sorbo de té y suspiró alegremente:

- ¡Feliz y maravilloso! Como sabes, no tengo idea de cómo era mi padre Eurico. Solo lo conocí a través de fotos. Me gustaría saber más sobre él. Mamá nunca mencionó su nombre. De vez en cuando oigo a Antoinette decir algo, pero es raro. ¿Puedes hablarme de él?

- ¡Claro! - Angelina estaba emocionada -. Eurico era diez años mayor que yo. Cuando se casó con tu madre, acababa de cumplir veinticuatro años. Poco antes de la boda, perdimos a nuestros padres en un accidente.

- ¡Ay qué triste! ¿Y estabas sola?

- Yo acababa de cumplir catorce años. Tu padre insistió en que viniera a vivir con él a São Paulo. No quise. Se casaría y comenzaría una nueva vida. Por eso decidí vivir con una tía que me gustaba mucho. Continué mis estudios, terminé mi carrera de literatura y conseguí un trabajo en una revista de gran circulación.

- ¿Y tu tía? ¿Aun vive?

- Lamentablemente, ella falleció hace mucho tiempo.

- ¿Nunca te casaste?

- No - ella se rio -. No faltaron pretendientes, pero nunca me sentí atraída por un hombre al punto de querer casarme con él.

- Me gustaría ser como tú, tía. Independiente, que no necesita que nadie le diga lo que debe o no debe hacer.

- Puedes ser lo que quieras.

¿Como? - Terminó el té y, tras colocar la taza en la bandeja, comentó:

- ¿No viste lo que dijo mamá? Que no estoy preparado para la vida.

- Era lo que ella quería. No creas todo lo que te dice tu madre. Pronto cumplirás dieciocho años y serás libre de hacer lo que quieras con tu vida.

- Sin casa, sin dinero... y no tengo habilidades.

- ¿En qué te gustaría trabajar? Siempre hay una manera de empezar. Lo primero que debes hacer es creer que puedes tomar decisiones por ti misma.

Pensar así me emociona. Quizás mamá no lo apruebe y...

Angelina la hizo callar con un gesto delicado.

- Estás muy apegada a tu madre. ¿Por qué no intentas decidir por ti misma?

- No sé. Nunca hice nada sola.

- Bueno, ahora está en el hora. O te haces cargo de tu vida o dejas que otros la dirijan. Al parecer, si no eres firme en tus decisiones, cuando nos volvamos a ver estarás casada con Decio.

- ¡Nunca! - Exclamó Estelita. Se levantó de repente y dijo horrorizada:

- No me gusta Decio. Tiene algo que me asusta.

- Habla con tu padre. Dile que no quieres volver a estar con este chico. Estoy segura que Felisberto te apoyará.

– Quizás – respondió sin convicción. Luego, Estelita caminó pensativa por la habitación. La mirada se posó en uno de los libros de Allan Kardec. Ella tomó la copia y comentó:

– *El Libro de los Espíritus*. Título intrigante.

– Es uno de los pilares que sostienen la Doctrina Espírita, codificada por Allan Kardec.

– Interesante – dijo Estelita.

– Tiene que ver con el material que lees en la revista. Algo en mí despertó mi interés por la Doctrina.

– Una señal que tu espíritu, de hecho, está clamando por un cambio.

– ¿De veras lo crees? – Y, cambiando de tema, quiso saber:

– Cuéntame, quiero aprender más sobre el médium Chico Xavier.

– Él es de Minas Gerais. Hace un trabajo maravilloso ayudando a los necesitados. Paralelamente, es autor de libros que enriquecen el Espiritismo.

– Entonces, ¿es esto algo bueno?

– ¿Qué? No entendí.

– Eso del Espiritismo. Mamá comentó una vez que cualquiera que evoca a los muertos no está bien, no se puede confiar en ellos.

– Lamentablemente tu madre, como mucha gente, condena el Espiritismo sin siquiera haber asistido a un Centro espiritista ni haber leído un solo libro. Sí, hay enormes prejuicios en la sociedad.

– Dijiste que un amigo te llevó a... Olvidé el nombre.

– Federación Espírita. Es la organización más importante representante del Espiritismo. Ofrece reuniones de mediumnidad y estudio, conferencias, pases, servicios de asistencia y promoción social, y además cuenta con una librería.

Angelina contó la historia de Kardec, el nacimiento de la codificación, habló de los pases, finalmente, hizo un resumen de la Doctrina. Estelita estaba emocionada:

- Cuando vaya a Río, ¿me llevarás allí para que pueda ver todo esto?

- Sin duda.

¿Será que... - bajó la voz - podría comunicarme con mi padre Eurico?

- Todo es posible. Para que haya manifestación de Eurico es necesario que tanto él como tú se encuentren bien anímicamente. Cuando hay permisos para estos encuentros, no podemos volvernos discordantes. También es posible tener comunicación, un encuentro, por así decirlo, a través de los sueños.

- Yo, que siempre tuve sueños extraños, pero nunca soñé con él.

- Puede que hayas soñado y no lo recuerdes. Nuestro inconsciente, aunque debidamente estudiado por Sigmund Freud, sigue siendo un misterio.

- ¡Eres tan culta y hablas con tanta naturalidad!

- Estelita, tú también puedes ser así. Tiene todas las cualidades para convertirte en una mujer culta.

- Gracias -. Se llevó la mano a la boca y dijo:

- Estoy un poco cansada. ¿Podemos desayunar juntas?

- Sí.

- Mañana podremos dar un paseo por la ciudad. Puedo llevarte a ver los talleres de moda en Barão de Itapetininga y los grandes almacenes. Los escaparates son alucinantes. ¡Cada vestido más hermoso!

- Me encantaría. Sin embargo, tengo intención de volver a casa después del desayuno.

- ¿Apenas te quedaste un día y ya te vas? - Estelita se entristeció.

– Estaba claro que no le agradaba a tu madre –. Estelita iba a decir algo, pero Angelina la censuró con la mano y procedió:

– No me afecta en absoluto. Es que estoy en su casa. No me siento bien con Bernarda. Pero prométeme que me visitarás en Río. A Alfredo y a mí nos encantará recibirte.

– Lo veo con mucho gusto. Si mamá... – se quedó en silencio, y ambas rieron –. Y la fuente habitual.

Y, tomando los ejemplares de *El Evangelio según el Espiritismo* y *El Libro de los Espíritus*, preguntó:

– ¿Puedo llevarme estos libros para leer un poco? Prometo devolverlos mañana.

Angelina se levantó y tomó los libros de las manos de Estelita. Se sentó en la mesa pequeña y les hizo una dedicatoria a cada uno de ellos. Luego se los entregó a su sobrina.

– Quiero que tengas estos libros, como regalo. Estoy segura que te serán de gran utilidad.

Estelita la abrazó con genuino cariño.

– Gracias tía. Eres adorable.

– Lo mismo digo de ti.

Se despidieron y, apenas se cerró la puerta, Angelina se sintió un poco incómoda. Dijo una delicada oración, se puso el camisón y se acostó. Estelita, a su vez, entró en la habitación y colocó los libros sobre la cómoda. Se cambió, se puso el camisón y cogió el Evangelio. Lo abrió al azar y se encontró con el Capítulo 6, "El Cristo Consolador." Estelita se entretenía leyendo.

– Me gustó – se dijo. Se estiró. Luego cerró el libro con un suspiro y se quedó dormida. Fue la primera noche en años que durmió sin sueños o perturbaciones.

Junto a su cama, un espíritu la miraba emocionado.

Él simplemente murmuró "te amo" y desapareció.

CAPÍTULO 12

Después del desayuno, Angelina se despidió de Estelita y programaron una reunión pronto.

— Quería decir que ayer leí un poquito del Evangelio y, por increíble que parezca, dormí bien. Me desperté sin haber tenido un sueño ni una pesadilla.

— Me encantaría estar más cerca para ayudarte a cuidarte mejor y comprender mejor el Espiritismo. Te pido que intentes leer un fragmento del Evangelio antes de irte a dormir. Él tiene la capacidad de calmarnos, de hacer que nuestro espíritu se calme ante los problemas. Además, cuando hacemos una lectura edificante, terminamos creando condiciones para que nuestros queridos amigos y benefactores espirituales puedan acercarse a nosotros y garantizarnos un buen descanso nocturno. En algunos casos, es posible que nos inviten a ver a nuestros seres queridos.

— ¿En verdad? ¿Eso significa que puedo soñar con mi padre Eurico?

— Sin duda. Apuesto a que realmente quiere comunicarse contigo. Aun no he encontrado una manera de acercarme. Sin embargo, si mantienes un hábito de lectura saludable antes de acostarte, quién sabe, tal vez aparezca.

Estelita se sintió invadida por una fuerte emoción. Los ojos se llenaron de lágrimas.

— Es una pena que tengas que irte tan rápido. No tienes idea de lo feliz que estaba de conocerte.

— Yo también estaba feliz. Sepa que siempre podrás contar conmigo.

– Gracias – Estelita tomó un sobre de la mesa y se lo entregó a Angelina –. Es para Alfredo. Dile que me encantó su carta y lo extraño mucho.

– Se lo diré.

Siguieron hablando un poco más. Aprovecharon la charla porque ni Bernarda ni Antoinette bajaron a desayunar ni a despedirse.

Felisberto insistió en llevarla al aeropuerto, pero Angelina ya había alquilado un auto.

– El chofer ya me está esperando – respondió ella.

– Sería un placer llevarte. Eres familia.

– Lo sé. Por favor. Está en la hora. Adiós.

Se despidieron y Felisberto abrazó a Estelita. Entraron y, volviendo a la despensa, pidieron más café. Ella comentó:

– Amo a la tía Angelina. Tan hermosa e inteligente. Ella es espiritista, papá.

– Ella me lo mencionó en la fiesta. Y luego, ¿te explicó cómo funciona esta Doctrina o religión?

Ella comentó muy superficialmente. Me regaló dos libros. Uno de ellos es *El Evangelio según el Espiritismo*. Leí un tramo antes de acostarme y créeme: dormí muy bien. Sin sueños ni pesadillas.

– Qué buenas noticias, hija mía. Bien se puede ver que te despertaste mejor, más sonrojada.

– Sí. Me desperté muy bien. Leí la carta de Alfredo y aproveché para responderle. En la carta decía que está saliendo y que está enamorado.

– Mejor no se lo digas a tu madre.

– Me pidió secreto. No revelaré nada.

Conversaron amenamente y Felisberto tomó la palabra:

– ¿Pasó algo más?

– ¿Qué?

– ¿Por qué Angelina ya se fue? – Estelita bajó la cabeza.

No quería hablar de la rápida conversación entre Bernarda y Angelina la noche anterior. Y tampoco quería hablar del beso profundo que le había dado Decio. Se sintió avergonzada.

Él insistió:

– Te conozco, hija mía. ¿Qué pasó?

Estelita estaba a punto de abrir la boca, pero Bernarda entró en la despensa y empezó a hablar:

– Angelina fue invitada al cumpleaños de Antoinette.

No vino para la temporada.

– ¿Sería difícil ser amable e invitarla a quedarse unos días más? – Preguntó Felisberto –. Ella y Estelita se llevaban muy bien. Además, es la única pariente viva por parte de Eurico.

Bernarda se encogió de hombros.

– Estelita estaba en pañales cuando Eurico murió. Angelina es como una extraña.

Y luego lo confieso: no me gusta.

– A mí me gusta – intervino Estelita.

Bernarda la miró irónicamente.

– ¿Desde cuándo vale tu gusto, María Estela? Soy yo quien da la voz en esta casa.

– Y yo – protestó Felisberto.

– No. Vives en mi casa, en la casa que mis padres me regalaron cuando me casé con Eurico. Solo estás aquí... – dejó de hablar.

– ¿Solo eso? – Felisberto se indignó.

Bernarda lo miró con tres ojos y, antes de salir de la despensa, dijo:

– Eres solo un marido, eso es todo.

Salió ajustándose la bata. Estelita puso su mano sobre la de Felisberto.

– No estés triste, papá. Mamá tiene esta manera...

– Si no fuera por ti, Estelita...

Dejó la frase en el aire. Se levantó y caminó hacia el jardín. Estelita sacudió la cabeza hacia un lado. No le gustaba cómo su madre maltrataba a Felisberto. Era un hombre bueno, un padre amoroso, se esforzó por ser un marido atento. ¿Por qué Bernarda era tan fría con él?

Pensó mientras terminaba de cortar un trozo de pastel. Luego, Estelita se encogió de hombros, terminó su café y regresó a su habitación.

CAPÍTULO 13

Angelina llegó a Río de Janeiro alrededor de la medianoche. Tomó un taxi y dio la dirección. Pronto, el coche la dejó frente a un encantador edificio en Playa de Flamengo. El portero acudió rápidamente para ayudarla a cargar las maletas.

– ¡Señora se fue y volvió rápido! – Dijo Jacinto, el portero.

– Fue solo un evento social, nada más.

– Alfredo acaba de llegar con su novia. Muy bonita, por cierto.

Angelina sonrió y charlaron agradablemente. Tan pronto como entró al departamento, Alfredo vino corriendo hacia ella.

– ¡Tía! ¿Ya estás de vuelta?

Ella lo saludó con un abrazo y respondió:

– Era justo el cumpleaños de tu hermana.

– ¿Y anunciaron la fecha?

– Se casarán en seis meses. Tu futuro cuñado es un buen tipo.

– – Me gusta Rami. Pero lo siento por él.

¿Por qué? - quiso saber Angelina, mientras se quitaba los guantes y los colocó sobre una cómoda.

– Rami ama a Antoinette. En cuanto a ella, no lo sé, no. Ella nunca mostró entusiasmo cuando estaban juntos.

– No entendí nada. Estuve hablando con Estelita todo el tiempo.

Los labios de Alfredo se abrieron en una enorme sonrisa. Mientras tanto, Angelina le entregó la carta que Estelita le había escrito.

- Si hay alguien que extraño en casa es Estelita - dijo, mientras recibía la carta de su tía.

- Ella también te adora. La invité a venir a visitarnos.

Alfredo hizo un gesto con la mano.

- Si es por mi madre, Estelita no pondrá un pie fuera de casa. Controla a Estelita como si mi hermanita fuera una marioneta.

- Bernarda tiene una influencia muy fuerte sobre tu hermana.

Me preocupo por ella.

- - ¿Cómo? ¿Con mi madre o con Estelita?

Con Estelita. Tu madre la obliga a salir con un chico que no me hace sentir bien.

- ¡Ah, y por supuesto! Estelita cumplirá dieciocho años. Apuesto a que mamá debe estar muriendo por casar a su hija menor. Más aun Estelita, pobrecita.

- Me di cuenta que no tienen muchas afinidades.

Mamá siempre tuvo ojos solo para mí y Antoinette. Recuerdo cuando quedó embarazada de Estelita.

- ¿Si? ¿Cómo fue?

- Ya era grande, tenía casi siete años. Recuerdo que un día pasaba por el pasillo y escuché una discusión proveniente de la habitación de mis padres. La puerta estaba entreabierta y lo oí.

Alfredo dejó de hablar y miró al infinito. Fue como si estuviera intentando acceder a recuerdos olvidados hace mucho tiempo. Después, la tía le confió:

- Mi madre, le gritaba a mi padre. Ella dijo que estaba poseída con él y que la única razón por la que no se quitaría al bebé era porque era católica.

- ¿Bernarda dijo eso?

- Eso fue lo que oí. Nunca lo olvidé. Después del nacimiento de Estelita, noté la distancia. Mi madre nunca tuvo tiempo para su pequeña hija. Siempre estaba ocupada con algo que pensaba que era más importante.

- Un buen caso de espíritus que tienen mucho trabajo por hacer.

- ¿De verdad lo crees, tía?

Angelina asintió con la cabeza con convicción.

- Generalmente, antes de reencarnar, elegimos a nuestros padres. Dije "en general" porque no todos somos plenamente conscientes de lo que queremos a la hora de establecer una nueva llegada al mundo. El caso de Bernarda y Estelita se asemeja a historias en las que las enemigas renacen como madre e hija para que el amor filial transforme los malos sentimientos que una tiene por la otra.

- Yo también lo creo: se escuchó una voz dulce y femenina.

Angelina sonrió y abrazó efusivamente a la niña.

- ¡Dirce! ¿Cómo estás?

- Bien, Sra. Angelina.

- ¿Qué cara es esa?

Ella bajó los ojos y Alfredo dijo con rencor:

- Le faltaron el respeto al salir de una revista.

– ¿Cómo? – Angelina quedó atónita.

– Porque yo soy así – Dirce hizo un gesto señalándose a sí misma.

– Tía, pararon a Dirce en la salida de la tienda porque es negra.

– Esto es absurdo.

– Aplomo, Sra. Angelina. Es absurdo, pero sabemos que hay prejuicios ocultos en nuestra sociedad. Dicen que los brasileños, en general, son amables entre sí. Siento la discriminación de primera mano.

– Ya se lo dije, tía. Dirce tiene un buen trabajo como enfermera, trabaja con un médico brillante y no puede ser tratada de esta manera hostil.

– No es que fuera lavandera. No importa la profesión, importa que me traten y respeten – aclaró Dirce.

– Necesitamos ir a esta revista –. Angelina todavía estaba en shock.

– Fue un gran problema – informó Alfredo –. Una desafortunada mujer que no acepta que Dirce frecuenta el mismo lugar que ella. ¿Ya no nos llegan las miradas de desaprobación cuando estamos juntos? La sociedad es prejuiciosa e intolerante.

– Eso lo sé – asintió Angelina –. Eres valiente y sabes que siempre estaré a tu lado. Nunca permitiré que nadie hable mal o maltrate a Dirce.

– Gracias, Sra. Angelina. Simplemente no quisiera que me maltrataran ni me ofendieran por ser negra. Soy una persona como cualquier otra.

– El color de la piel no puede ser una diferencia, no puede servir como termómetro para tratar a alguien de tal o cual manera. Una de las razones que nos traen de regreso al mundo es para que podamos aprender a lidiar con las diferencias, a respetarnos a nosotros mismos y a los demás, a mirar a los demás como iguales.

– Yo pienso lo mismo, tía. Amo a Dirce por lo que ella es... Dirce.

– Gracias, cariño – respondió dócilmente.

– ¿Quieres saber? – Preguntó Angelina –. El amor es lo que anula el prejuicio, ira, odio. El amor es capaz de sanar el espíritu más endurecido que existe.

Alfredo y Dirce se emocionaron. Los tres se abrazaron y una luz diáfana apareció a su alrededor. Los amigos espirituales estaban allí para ayudarlos a enfrentar esa mala hierba llamada prejuicio que, si no se poda apenas germina, puede impregnar el espíritu de creencias y actitudes que obstaculizan su desarrollo, esparciendo discordia y juicio por donde pasa.

CAPÍTULO 14

Al cabo de unas semanas, la prisa había llegado y era parte de la rutina en la casa de Estelita. Los preparativos para la boda de Antoinette avanzaban a toda velocidad. Ella y Bernarda apenas se detuvieron en casa, arreglando cada detalle de la boda.

Sonó el timbre. Raimundo respondió y Teresa se enojó. No le gustaba. Ella nunca contrataría a un empleado negro; sin embargo, según ella misma, era mano de obra barata.

- "Al menos esta gente decorativa sirve para algo" – pensó.

No dice nada. Bajó la cabeza y, sin decir palabra, pasó como un torbellino por delante de Raimundo y caminó hacia el patio jardín de la parte trasera de la casa. Bernarda la estaba esperando para tomar un café. Después de los saludos, Bernarda preguntó:

- ¿Que cara es esa?

- Ese empleadito tuyo de decoración, Severino.

- Raimundo. ¿Hizo algo?

- No. No tiene que hacer nada que me moleste. Su presencia y color me irritan.

- Hace todo lo que le digo. No se queja. Me gusta un empleado que no abre la boca.

- Tiene una manera... Bueno, no vine aquí para hablar de esta gente. ¿Pusiste los nombres de las familias que mencioné en la lista de bodas?

- Las coloqué. Antoinette estaba encantada y me pidió que te diera las gracias. Siento que será la boda del año.

- Mis amigas están tan entusiasmados con esta boda que apenas hablan de televisión.

Bernarda sacudió la cabeza hacia un lado.

- Eso fue una tontería. ¿Haciendo escándalo por una caja que reproduce imagen y sonido? ¿Lleno de llovizna? ¿Viste el tamaño y el peso del dispositivo? Esta moda pronto pasa.

- Ocurra o no - observó Teresa -, hice que mi marido importara un aparato.

- ¿En serio?

- Y nuevo. Noticias caras. Solo los ricos pueden comprar un dispositivo. En Estados Unidos, casi la mitad de los hogares tienen televisor. En la sala de estar.

- ¡Qué horror, Teresa! La sala se utiliza para recibir personas, charlar y organizar veladas. No es un lugar apropiado para ver lo que sucede dentro de una pequeña caja de cristal, incluso en blanco y negro.

- Los tiempos están cambiando. Eres un amigo de la sociedad que no tiene dispositivo, ¿sabes?

Esto fue demasiado para Bernarda. ¿Era la chica que no tenía televisión? Era una tontería. Se tragó su orgullo y preguntó:

- Quiero hablar con tu marido. Decidí que voy a importar un dispositivo. El mejor y el más caro.

- Así es. Puedes dejarme hablar con Samir. Ahora, cambiando de tema, ¿cuándo vamos a reunir a tu hija menor y a Decio para siempre?

- Su reunión no fue muy bien. Conoces bien a María Estela. Ella no es tan sociable.

- Una pena - respondió Teresa deliberadamente. Abrió su pitillera, sacó un cigarrillo y lo encendió. Después de soltar el humo por la boca, comentó:

- La hija de Esther lo está vigilando. Y lo que dicen en el club.

- No creo. Decio no tiene buena reputación entre las buenas familias.

- Ya te dije que esto es envidia de la chica que fue rechazad por él. Quiero decir, las madres que querían que su hija se casara con un chico elegante, que habla francés e inglés fluido, heredero de una de las mayores fortunas del país.

Los ojos de Bernarda giraban en sus cuencas.

- ¿Cómo voy a lograr que María Estela acepte una nueva conversación?

- Eres su madre. Tienes que hacer que te obedezca.

- Tienes razón.

- Además, Felisberto siempre está viajando. Antoinette no se queda en casa, preocupada por los detalles de no quedar fea en la sociedad.

- No entendí tu razonamiento.

- Pues invita a Decio a cenar. Aprovecha que Felisberto siempre está de viaje y Antoinette solo tiene ojos para casarse. Pides que te preparen una bonita cena, utilizas porcelana inglesa, decoras la mesa con gusto y los dejas en paz. Mi conductor lo recogerá. Podemos cenar en casa y al final de la noche te trae de vuelta a casa. Apuesto a que una cena refinada e íntima despertaría el deseo de Estelita por Decio.

- María Estela, por favor, Teresa. No me gusta que la llamen Estelita. Suena infantil.

Teresa no dijo nada, miró a Bernarda y el pasado se hizo presente en su mente. Conocí a Bernarda desde que estudiaban en el tradicional *Des Oiseaux*, una escuela dedicada a para la educación de las niñas pertenecientes a la élite. Teresa estaba enamorada de Eurico y estaba segura que algún día se casaría con él. Bernarda llegó adelante y se lo quitó. Este malestar todavía estaba atrapado en su garganta, no podía tragar el hecho que la habían pasado por alto. Ella creía que ya se había vengado de Bernarda; sin embargo, quería ver a su amiga - lo sé... amiga -, pasando por todas las vergüenzas que pudiera soportar. En Estelita encontró a la persona que avergonzaría a la familia. Teresa quería ver a Bernarda socialmente destruida y ahora vio una manera de lograr su objetivo.

Tan pronto como pensó, dijo:

– Apuesto que si pides una cena excelente, Decio vendrá. Puedo llamar a Yolanda y decirle que crees que su hijo es un tesoro. Yolanda, aunque es una mujer fría, sería feliz.

– Eso es todo. No tengo intimidad con Yolanda. Si dices que siempre estoy elogiando a su hijo, estoy seguro que valdría la pena.

– Claro que sí. Confía en mí.

Bernarda confió. Confiaba en Teresa sin pestañear. Ella siempre quiso complacerla y, perdida en sus ilusiones, no se dio cuenta que la otra solo quería destruir su vida, nada más.

~ O ~

Desde la partida de Angelina, Estelita había logrado dormir mejor algunas noches. Las noches que leía el Evangelio dormía relativamente bien. Cuando se olvidaba de leer, volvía a soñar. No mantuvo coherencia en sus hábitos de lectura. Tanto es así que, al cabo de quince días, el libro yacía inerte sobre la mesita de noche. Estelita había olvidado *El Libro de los Espíritus*.

Estaba desperezándose, después de una mala noche de sueño, cuando Bernarda entró en la habitación diciendo ya:

– Esta noche cenarás con Decio.

– No lo haré. Es poco elegante y grosero. Él no me gusta.

– No tiene por qué gustarte o no. Mientras vivas bajo este techo, tendrás que hacer lo que yo te diga. ¿Entendiste?

Estelita asintió.

– No tengo ropa para ponerme.

– No es necesario. Elegiré un vestido menos feo – abrió el armario mientras hablaba y tomó uno –. Este luce bien. Te queda bien.

– No me gusta, es floral. Como algodón. No me gustan los estampados.

– Pero usarás este – lo arrojó sobre la cama.

– ¿Me llevará el conductor?

– No. La cena será aquí en casa.

– Estarás presente, por supuesto.

– Claro que no. Necesito dejarlos tranquilos.

– No se puede confiar en él, mamá.

– ¿Que podría hacer? ¿Besarte? Francamente, María Estela, ¿qué hay en un simple beso inocente?

– ¿Beso inocente? Él me forzó...

Bernarda la interrumpió:

– No empieces. Odio cuando te haces la víctima.

Estelita suspiró, impotente.

– Él fuma. Su boca huele a cigarrillo, parece un cenicero.

– Nada de reclamos. Él vendrá a las ocho en punto.

Estelita iba a protestar pero se sintió derrotada. Bernarda salió de la habitación y pronto cogió uno de sus álbumes y empezó a llenarlo de figuritas. Se olvidó de todo.

Recién a media tarde Bernarda abrió la puerta del dormitorio acompañada de una peluquera.

– Hazle un peinado decente – ordenó.

La mujer asintió y Estelita quiso protestar:

– Me gusta mi cabello así, liso.

– Suave y grasoso. Ten santa paciencia, María Estela. Parece una mendiga –. Bernarda dio instrucciones a la peluquera y concluyó:

– Necesita estar lista a las siete. Luego ve a darte una ducha y te ayudaré a vestirte.

– No soy un bebé. Puedo hacer todo sola++++.

Bernarda ni siquiera respondió. Salió de la habitación y llegó al pasillo. Encontró a Antoinette.

– Mamá, Rami quiere llevarme al teatro hoy.

– ¡Que sorpresa! ¡Rami solo tiene ojos para el trabajo!

– Me quejé que solo trabaja. Llamó hace un rato y me dijo que iba a terminar el trabajo temprano.

– Él realmente te ama.

– Lo sé – respondió triunfalmente.

– ¿Qué pieza van a ver?

– *Entre cuatro paredes*, de Jean- Paul Sartre.

– ¡Claro que no! La iglesia prohibió a los católicos verlo.

– ¡Mami! ¿Qué es esto? ¿Una mujer de la sociedad moderna, que me llevó a la 1ª Bienal de São Paulo, me dice que no puedo ver una obra que lleva más de un año de éxito?

Puedes hacer cualquier cosa menos ir a...

Antoinette pensó rápidamente y lo lanzó al aire:

– Solo díselo a Teresa. Fue ella, allí en el club, quien me sugirió la pieza.

– Teresa la recomendó, ¿y?

– No solo la recomendó sino que también fue a verla.

– Ella no me dijo nada.

– Porque estás muy apegado a las cosas de la iglesia. Quiero ver actuar a Sérgio Cardoso, Cacilda Becker y Nidia Ucia. Y luego vamos a TBC, el teatro de la moda.

Bernarda se rindió. Si insistía en prohibirle a su hija ir al teatro, tal vez el plan de la cena no funcionara. Consideró:

– Está bien. Que el cardenal Mota no lo sepa.

– Solo si le |cuentas –. Antoinette le besó la mejilla y añadió:

– Iba a recogerme a las siete de la noche.

– Puedes volver tarde si quieres.

– ¿Cómo así?

Ya dije que puedes volver tarde, al fin y al cabo ya estás comprometida, la boda está por realizarse. Deberías aprovechar este momento.

- ¡Ay, mami! Gracias – Antoinette volvió a besarla en la cara, efusivamente –. Entonces, después del espectáculo, le voy a proponer a Rami que vayamos a una discoteca.

Se despidieron y Bernarda subió a su habitación.

Se dio por vencida y durmió un poco. Soñó que vivía en un convento...

CAPÍTULO 15

Antoinette subió al elegante Buick de Rami, luego el auto caliente del momento desapareció en la curva. Después, el conductor de Teresa recogió a Bernarda y se fueron. A las ocho en punto llegó Decio. Iba elegantemente vestido y perfumado. Su cabello rubio estaba cuidadosamente peinado hacia atrás; la barba estaba recién afeitada. Raimundo estaba fuera de servicio y una de las criadas abrió la puerta. Ella se maravilló ante tan rara belleza. Con una sonrisa tonta en su rostro, llevó al chico a la sala de estar.

Estelita bajó y lo encontró admirando los cuadros de la galería.

- He visto que te gusta husmear – dijo en tono de broma.

- Mi noble y bella Estelita – se acercó a ella y le besó la mano –. Tengo satisfacción al volver a verte.

Ella forzó una sonrisa. Él continuó:

- Tienes un nuevo peinado. Te pusiste más bonita.

- ¿Bonita? ¿Es esa la forma de hablar? – Decio se rio.

- Esto es tierno. Una hermosa joven. O un hermoso brote.

- ¿Aceptas una bebida?

- Un whisky, por favor.

Estelita fue a la barra, cogió una botella de yaca y vertió parte de su contenido en una copa. Se lo entregó a Decio. Pronto vino una de las camareras a anunciar que la cena estaba servida.

La mesa estaba impecablemente bien dispuesta. Bernarda había encargado que se usara el juego de manteles de la isla de Madeira que había recibido en su boda. Usó vajilla inglesa y cubiertos de plata. Sobre una mesa auxiliar, un precioso ramo de rosas perfumaba delicadamente la estancia. Decio no podía quejarse: amaba los ambientes sofisticados.

- Está perfecto. Me gustó el escenario.

- Cosas de mi madre.

- Mamá Bernarda tiene un gusto excelente.

- ¿Por qué siempre te refieres a mi madre como Mamá Bernarda? ¿Qué tan íntimo es eso?

- Bueno, ninguno, cariño. Me gusta llamarla así.

- De la misma manera que me gusta llamarte malcriado.

- ¡Qué mal gusto!

- ¿Sabes que me gustas nerviosa? Me encanta la gente nerviosa y de mal genio.

- No estoy nerviosa. Es que a veces dices cosas sin sentido.

- Quizás no tengan sentido para ti, pero para mí sí.

Comieron en silencio. Hasta que entró la criada a quitar la platería. Decio tomó la servilleta, se secó los labios y discretamente se la metió en el bolsillo del pantalón.

- Estelita, no quiero quitarte el tiempo. Solo me gustaría ir a la biblioteca y pedir prestado un libro.

- ¿Te has convertido en un buen hombre ahora?

- Casi no me conoces. ¿Por qué me juzgas así?

- Perdón. Y que no te pareces a nadie más.

Decio se rio.

- Bien, bien. ¿Y necesito tener una cara específica?

- No, bueno... quise decir... - se confundió toda. Él continuó:

Vamos. Sígueme a la biblioteca, ayúdame a encontrar una buena novela y te prometo que me iré enseguida. Parece que no te estoy agradando.

- No es eso. Es que nuestro encuentro en el cumpleaños de Antoinette no acabó bien.

- Perdóname. Me excedí.

- Intentaste besarme a la fuerza. Esos no son los modales de un caballero.

Quería reírse. No creía que hablara en lo más mínimo en serio. Contuvo la risa y asintió:

- Estás absolutamente en lo correcto. Prometo comportarme. ¿Vamos?

- Está bien - estuvo de acuerdo.

Se levantaron y se dirigieron hacia la biblioteca. Al llegar allí, Estelita se dirigió directamente al estante de novelas.

Entonces, sin darse cuenta, Decio cerró la puerta de la biblioteca y se guardó la llave en el bolsillo.

Estelita cogió un libro al azar y, al darse la vuelta, se encontró cara a cara con Decio. Él la miró con ojos codiciosos.

- Elegí este ejemplar de Machado de Assis... - dijo y se alejó.

Decio volvió a mirarla:

- Tenemos todo el tiempo del mundo. Nuestras familias quieren que nos casemos.

- Ya me dijiste eso. Y es una locura. Tendré dieciocho años pasado mañana. Voy a ser mayor de edad. Y podré decidir si quiero casarme o no.

- Cuando las familias quieren que sus hijos se casen, no importan las edades ni los deseos.

- No me siento preparada para casarme - colocó el libro sobre el escritorio y se alejó, dirigiéndose hacia la puerta.

- Estelita, ¿no ves lo bueno que nuestras familias son para nosotros?

- No. ¿De qué sirve eso?

- Ahora. Soy un alborotador y siempre me meto en problemas. Es mi naturaleza. Soy impulsivo, sí. ¿Y eso? Mi dinero lo compra todo. Compra el silencio de la policía, de esas personas que pasan a mi lado y se creen víctimas, en definitiva, mi dinero cubre mis huellas. Tú, por otro lado, eres la pieza extraña y rara.

- No entendí.

- Eres una chica hermosa, pero muy aburrida. Eso es todo para empezar.

- Si no soy atractiva, ¿para qué me quieres?

Él se rio.

- ¡¿Yo?! ¿Lo crees? ¿Estás loca, Estelita? ¿A quién, en conciencia, le podría gustar una chica esquelética y sin color como tú? Además, no sabe cómo mantener una conversación. No creo que ni siquiera ese empleadito, Romualdo, se sienta atraído por ti.

- Su nombre es Raimundo.

- ¡Lo que sea! Estoy aquí porque, si nos casamos, nuestras familias quedarán libres de dos cargas; es decir, tú y yo.

- No soy una molestia.

- Claro que lo eres. ¿Crees que es fácil tener una hermana extraña?
Niñita que no duerme bien y de la que todo el mundo se burla por detrás.
Soy el alborotador que, después de casarme, mejoró en la vida. Mira que genial. Combinemos lo útil con lo agradable.

- No soy raro y no estoy a la venta.

- ¿Mencionaste comprar?

Estelita se animó:

- He oído que te gusta...

Él se sonrojó.

- ¿Que me gusta? Puedes hablar. Seamos honestos unos con otros.

- Que te gustan las chicas y los chicos.

- Es verdad. Me gustan. ¿Y entonces?

Ella lo miró por un breve momento.

- Y entonces, nada. Cada uno se ocupa de sus propios asuntos. ¿Y por qué te molestas? Ella pensó rápidamente.

- Bueno, si me caso contigo...

Decio se rio.

- Ese es el punto.

- No entendí.

- Nuestras familias quieren que nos casemos para acabar con los rumores que nos rodean. Si tú y yo subimos al altar dejaremos de ser invertidos y locos. Pensarán que somos normales como otras parejas. Podemos representar. Después de casarte, continúas con tu vida, tus caprichos y puedo salir con quien quiera. Después de todo, seré un hombre casado. Y hombre casado y visto como un hombre respetable, incluso casado con una mujer extraña.

- No quiero una vida de mentiras.

- No creo que haya muchas opciones. Si no te casas conmigo, quedarás abandonada.

- No. Puedo estudiar, ser independiente. No necesito el matrimonio para construir mi vida.

- ¿Qué vida? ¿Has vivido hasta ahora? Atrapada en una habitación, sin amigos, sin atracciones... Tu madre me confesó que si no nos casamos, está pensando en encerrarte en un sanatorio.

- No la voy a dejar.

- No me convenció. No eres lo suficientemente fuerte para enfrentar a tu madre. Piensa, casarte conmigo será tu premio, tu billete para ser lo que quieras. Realmente te prometo que, si te casas conmigo, podrás ser dueña de tu nariz. No me importará lo que hagas. ¿Alguna vez has imaginado estar libre de tu madre?

Estelita reflexionó. La idea no era mala. Aunque era guapo, a Estelita no le gustaba Decio. Era algo que no podía definir. Él le provocó inseguridad, miedo...

Él se acercó a ella y trató de besarla. Ella lo apartó con fuerza.

Dijo irritada:

- No me casaré contigo ni siquiera atada. Te odio.

Corrió hacia la puerta y giró el pomo. Cuando se dio cuenta que la puerta estaba cerrada con llave, sintió mariposas en el estómago. Se volvió hacia Decio. La abrazó con fuerza y la empujó hacia el sofá. Estelita se asustó, pero antes de poder reflexionar, sintió un peso enorme en el rostro y se desmayó.

Decio ya la había tapado, tenía la mano con la servilleta y le había dado un puñetazo. Él sonrió enigmáticamente.

- Estúpida. ¿Crees que me atraes? Me gustan las chicas calientes y los chicos grandes. Eres un idiota loca. No he olvidado la bofetada que recibí aquí mismo. Ahora te daré cambio. Vine a cenar y no me voy sin la mesa, en este caso tú.

Aprovechó que Estelita se había desmayado y, hábilmente, se subió la falda. Luego le quitó las bragas. Él se bajó los pantalones y la penetró sin piedad.

Terminado el acto abyecto, Decio sacó un pañuelo del bolsillo del pantalón y limpió la sangre que corría entre las piernas de Estelita.

- Una virgen menos en el mundo - se burló.

La vistió de nuevo y la acomodó en el sofá, como si estuviera durmiendo plácidamente. A continuación, se subió los pantalones, se quitó la camisa y la remera y se rascó. Se pasó las uñas por el pecho y los brazos, se abofeteó, se golpeó la cabeza contra la pared y se mordió el labio con fuerza. Dejó que un poco de sangre goteara de la comisura de su labio. Abrió bruscamente la puerta de la biblioteca y corrió por la casa, armando un escándalo. Vio a una de las criadas y la agarró con fuerza.

Llama a doña Bernarda. Algo horrible sucedió.

CAPÍTULO 16

Poco a poco Estelita recuperó la memoria. Abrió lentamente los ojos y, tras acostumbrarse a la luz, vio a Bernarda. Intentó decir algo pero le dolía la garganta.

- No digas nada por ahora. ¿Te sientes mejor? - Preguntó con voz fría.

Ella negó con la cabeza.

Dije que es una farsante - Antoinette estaba exasperada.

- Ve la vergüenza por la que nos hizo pasar.

- Solo sé que Teresa se llevó a Decio de aquí. Si vieras su condición... todo arañado, su camisa estaba goteando sangre. Horrible.

Antoinette añadió nerviosamente:

- Siempre pensé que debería ser hospitalizada. Nadie nunca me escuchó. ¿Ves la vergüenza, madre? Esa ahí - señaló a Estelita -, había que hacerlo, ¿no? Estaba tardando demasiado. Ella simplemente se hace la tonta. Pero no tienes nada de tonta, ¿verdad Estelita?

Esperemos que realmente despierte. María Estela tendrá que aclarar.

- ¿Aclarar qué? - Gritó Antoinette -. ¿Que Estelita no sabe controlarse y, cuando se presenta la oportunidad, se lanza a los hombres como una perra en celo?

Estelita no entendió nada. Intenté decir:

- Él me pegó...

- Sinceramente - Bernarda intentó mantener el tono -, ¿has perdido la cabeza? ¿Cómo puedes hacer lo que le hiciste a Decio? El chico salió de aquí llorando, avergonzado, sin entender por qué lo atacaron de esa manera.

- No entiendo. Él me pegó.

¿Por qué lo atacaste? - explotó Antoinette -. Siempre pensé que estabas callada porque tenías problemas.

- Ella nunca fue una chica normal. Pero, ¿arrojarse sobre un chico, ofrecerse a él? ¿Intentar seducirlo por la boca? ¿Quieres que te tengamos lástima? ¿Quieres tirar el nombre de nuestra familia al barro?

Las lágrimas corrían y Estelita estaba tan aturdida, tan dolorida - en su cuerpo y en su espíritu - que no podía articular las palabras.

Bernarda la miró y se levantó.

- Necesitamos llevarla a su habitación. Ella no está bien.

- Creo que es mejor llamar a un médico.

- Solo si hay que admitirla - dijo Antoinette -. No encaja bien en la cabeza.

Muy a su pesar, Antoinette ayudó a su madre a llevar a Estelita a la habitación. La acostaron en la cama. Entonces Bernarda dijo:

- Llamen al doctor Aguilar.

Es su especialidad...

Antoinette, no quiero que se difunda este horrible hecho.

El Doctor Aguilar es mi confianza. Baja y llama.

Antoinette estuvo de acuerdo. Salió con la cabeza gacha, dándole a su hermana una mirada mortal.

- ¡Vergonzoso! Voy a ir a este, pero este no va a mi boda. No quiero. No me gustas - pensó mientras bajaba al pasillo.

Se emocionó de alegría cuando el médico le informó que se encontraba en una emergencia y que solo podría visitar a Estelita al día siguiente.

Mientras tanto, Bernarda pasó su mano por la frente de la niña. Tenía un poco de calor.

Esperemos al médico.

– Mamá... necesito decirte...

Nada por ahora, María Estela. Estoy muy consternada por tu comportamiento. Mañana hablaremos. Quiero saber todo lo que pasó. Lo dije todo, ¿entiendes?

Tan pronto como habló, Bernarda giró sobre sus talones y se fue. Estelita yacía allí, sintiéndose como la peor criatura. Había sido violada en cuerpo y alma. Se sentía destruida afuera y dentro. Decio había sido extremadamente violento. Si en aquella época hubiera leyes que protegieran a las mujeres, lo denunciarían y, ciertamente, lo arrestarían. Desafortunadamente, ni a la justicia Estelita podría apelar. Y no le importaba si se iba a dormir o no, si tendría pesadillas o no. En ese momento sintió ganas de morir.

~ O ~

Al día siguiente, a primera hora de la mañana, Yolanda y Teresa llamaron a la puerta.

Bernarda quedó impactada apenas les dio la bienvenida.

¡Teresa! ¿Por qué no me llamaste?

– Te iba a llamar, pero estuve mucho tiempo esperando que Decio se calmara. El chico estaba hecho un manojo de nervios. Pobrecito. Nunca antes lo habían atacado así.

Yolanda estaba poseída.

– Qué venal era tu hija. ¿Seducir a mi hijo y, cuando se negó, arañarlo por todas partes? ¿Tu hija y qué? ¿Una salvaje?

– Cálmate – reflexionó Bernarda –, hablemos.

– No hay nada de qué hablar. Solo quiero que tu hija se mantenga alejada de Decito. ¡Bien lejos!

- Te garantizo - dijo Bernarda -, que María Estela no creará ningún problema.

- Está muy conmocionado. Incluso me pidió que se fuera de viaje para recuperarse del ataque.

Es lo mejor que podemos hacer por ahora - añadió Teresa -. Esta situación tiene que quedar entre nosotras. Nadie puede saberlo.

- Creo que está bien - asintió Yolanda -. No quiero que estés chismorreando sobre mi hijo y tu... hija - concluyó con desdén -. Ya dije lo que tenía que decir.

Yolanda se puso el bolso en el brazo y se fue. Teresa la siguió poco después.

- Yo la calmaré, Bernarda. En cuanto sea posible volveré.

Se fueron y Bernarda quedó sin acción. ¿Qué hacer? Parecía que el mundo estaba en su contra. Había organizado una cena inocente - en su cabeza -, y su hija la había obligado a usar una falda ajustada como esa. Fue demasiado. Estaba poseída. Subió y entró en la habitación de Estelita.

- Ahora que los ánimos se han calmado, ¿puedo saber qué pasó?

Estelita se puso a llorar. Se sentía mal. Muy mal.

- No me siento bien.

- ¿Y yo? ¿No quieres saber cómo me siento? Yolanda acaba de salir de aquí. Dijo que su hijo está muy conmocionado - Se llevó las manos a la cara y se la cubrió con lágrimas de corazón -. Ya no sé qué hacer contigo, María Estela. Lo juro.

Estelita sintió que su cuerpo temblaba y un enorme vacío se apoderó de ella. Su madre y su hermana estaban en contra de ella. Respiró hondo y trató de ser franca:

- Decio me llevó a la biblioteca, fingiendo que me prestaba un libro. No sé lo que pasó. Solo recuerdo que me dio un puñetazo...

- Tienes la cara magullada, sí. Pero Decio dijo que era porque estabas actuando tan locamente que tuvo que presionarte. Te caíste y te lastimaste. Solo eso.

- No me acuerdo. Me desperté y me diste palmaditas en la cara.

- Pues bien. Decio llamó a la casa de Teresa. Estaba lloriqueando, nervioso, petrificado por lo sucedido.

- Abusó de mí.

- ¿O fuiste tú quien abusó de él?

- No... no.. - Estelita no podía articular sus ideas.

Todo era realmente confuso. Estaba segura que había sido violada por ese animal Decio, pero nadie quería siquiera escuchar su versión de los hechos. ¿Cómo defenderse?

- Mira - apartó la sábana. Su suéter tenía sangre. Me hizo cosas.

- ¿Qué cosas? Tú no sabes. Dijiste que te desmayaste todo el tiempo. ¿Quieres asegurarte que no estás mintiendo?

- Pero, ¿eso es todo? - Señaló la sangre -. ¿Esto no cuenta?

- No tienes hábitos de higiene saludables. Llegaron las reglas y ni siquiera te molestaste en usar las toallas sanitarias.

- No es eso...

Bernarda la interrumpió bruscamente.

- Realmente no haces las paces, ¿verdad, María Estela? Te insto a que abandones esta habitación. Solo vas a ir a ducharte. La comida, bueno, la haré servir aquí mismo.

Bernarda salió y cerró la puerta. Estelita se volvió hacia un lado y abrazó la almohada. Se sintió impotente. Las lágrimas corrieron incontrolablemente. Nadie le creyó. En fin, ¿cómo demostrar que Decio fue el verdugo y ella la víctima?

CAPÍTULO 17

Pasaron los días y temiendo que la noticia se difundiera, Bernarda decidió cancelar la visita del Dr. Aguilar.

- Es mejor internarla en un hospital - gritó Antoinette.

- No lo sé. Esperemos.

- ¿Qué estamos esperando? Ella ya ha demostrado que no está bien y trata de actuar como una víctima. No la quiero en mi boda, mamá.

- Es tu hermana. No se vería bien.

- No me interesa. A menos que Teresa me lo ruegue, no permitiré que esta perra arruine el día más feliz de mi vida.

- No hables así de tu hermana. Ten modales.

- ¿Modales? ¿Cómo lidiar con una chica loca y venal, mamá? Dime.

Bernarda no dijo nada. Estuvo de acuerdo con Antoinette. En la boda encontraría una buena excusa para justificar la ausencia de Estelita. Tal vez ni siquiera notarían su desaparición.

En el tiempo que siguió, Estelita siguió siendo juzgada por su madre y su hermana. Pronto Antoinette se olvidó de su hermana y se concentró en los preparativos de la boda. Bernarda, a su vez, tuvo a Teresa como amiga y confidente. Después del episodio evitó ir al club, no quería encontrarse con Yolanda.

- Ella me odia - se quejó a Teresa.

- No. Ella no te odia. Ya sabes esto... María Estela no es normal. Ella la perdonó. Yolanda puede parecer una mujer fría, pero tiene un gran corazón.

- Están hablando de mi hija como si no fuera madre. Dicen que su actitud tonta es solo una cortina de humo para que la gente no vea lo lasciva que es.

- ¡Imagínate! ¿Quién diría semejante barbaridad? Nadie podría saber lo que pasó. Incluso prohibiste que el médico la viera para evitar chismes.

Teresa era excelente fingiendo. Y por supuesto ella corrió la voz, lo había contado detalladamente; es decir, según sus propios detalles inventados, todo lo que había sucedido esa noche. Distorsionó la historia y creó una versión en la que Estelita permanecía encerrada en su habitación, no porque estuviera loca, sino porque no podía contenerse cuando estaba sola frente a un hombre.

Fue un horror. Bernarda había ido a comprar tela para aumentar el alto de una falda. La famosa modista la trató con frialdad y, cuando fue a pagar la tela, notó a los asistentes susurrando y sonriendo. Ella salió de allí muerta de vergüenza.

- Si no fuera por ti - respondió entrelazando sus manos con las de Teresa - estaría en el fondo del pozo.

- Calma. El chisme pasa. Mañana surgirá un nuevo escándalo.
Pronto olvidan este mal paso de su hija.

- Ella afirma, categóricamente, que él le hizo cosas.

- ¿Cómo demostrarlo? Es su palabra contra la de Decio. ¿Viste su cara?

- La vi. Estaba bastante herido.

- Entonces. Su suerte es que su padre tiene influencia, y está bien relacionado. Encontró un gran médico en el extranjero. Parece que Decio viajó para curarse la lesión.

- Me alegro que ya no vinieran a por mí. Me sentía muy mal por todo lo desagradable que mi hija le había causado a esta familia. ¿Dónde se o ha visto?

Felisberto había regresado de su viaje unos días antes de este encuentro entre Bernarda y Teresa. Notó que Estelita estaba mucho más apática que de costumbre. Hizo todo lo posible por descubrir qué había sucedido. Pero le resultó doloroso contarle a su padre la fatídica noche. Se sintió avergonzada. Sobre todo, su madre, su hermana y Teresa fueron tan categóricas al arrojarle sobre ella los desastres de esa noche, que Estelita dudó de su propia cordura. ¿Había sucedido todo como ella sentía o como otros atestiguaban? ¿Quién decía la verdad? ¿Fue Decio o fue ella? Su cabecita estaba muy confundida. Por eso decidió que no se abriría con Felisberto.

Aun así, los síntomas no tardaron en aparecer. Primero fueron las náuseas. Luego, sus pechos se hincharon, su vientre mostró un ligero signo de crecimiento. Estelita podría ser una chica apática, pero no era estúpida. Los cambios en su cuerpo solo indicaban una cosa: estaba embarazada. ¿Cómo saberlo con seguridad? ¿A quién recurrir? No podía abrirse a Felisberto. Era un hombre y tal vez no entendía lo que le estaba pasando. ¿Consultar a su madre sobre esa situación en particular? Estaba fuera de discusión.

Bernarda no tardó mucho en darse cuenta de lo que estaba pasando. Fue un susto. Palpó el vientre de Estelita y observó con atención el cuerpo de su hija.

– Vayamos al médico. Inmediatamente.

La confirmación del embarazo fue un shock. Al mismo tiempo, Bernarda tuvo un destello de lucidez. Si su hija estaba embarazada era porque Decio había mantenido relaciones íntimas con ella. Tan pronto como entraron a la casa, Bernarda corrió con ella hacia la sala.

– ¡Por Jesús! – Bernarda no sabía qué hacer –. Cuéntame todo, absolutamente todo lo que pasó esa noche. Prometo que no interferiré. Solo di la verdad.

Estelita cerró los ojos y pronto las lágrimas cayeron.

Intentó contener el llanto y habló lentamente:

- Después de cenar, fuimos a la biblioteca. Pidió alguna novela. Fui a la estantería y, cuando me di cuenta, él estaba detrás de mí. Dijo que nos íbamos a casar... - tartamudeó.

- ¿Y? ¿Qué más?

- Intenté irme. La puerta estaba cerrada. Me agarró y... todo se volvió confuso. Sentí un fuerte dolor en la cara y me desmayé. Cuando desperté, fueron Antoinette y tú a quienes vi. No recuerdo nada más.

- No puede ser. No bebes. No la emborrachó. ¿Cómo no ser consciente de lo que pasó?

- Pero no recuerdo nada - Estelita volvió a gemir.

- En cuanto Felisberto regrese de su viaje, los tres programaremos una reunión con la familia de Decio.

- ¿Programar una reunión para qué?

- Para acertar en la boda. ¿Crees que voy a quedarme con una hija en este estado? ¿Has perdido la cabeza para siempre

- No quiero casarme con él.

- Es la solución. Si recuerdas o no lo que hiciste, no me interesa. Ahora, ¿empañar nuestro apellido? Nunca. Te casarás con él, aunque sea por la fuerza.

Estelita se acostó en la cama y abrazó la almohada. Se sentía como la criatura más infeliz sobre la faz de la Tierra. A su lado, un espíritu habló en tono emotivo:

- Pobrecita. Tenía muchas ganas de estar en su mundo y consolarla, decirle que todo saldrá bien. Que pronto tendrá buenas personas a su lado, que realmente se preocuparán por ella.

- Entiendo cómo te sientes - asintió Deodato -. Ver el lado bueno. Estás aquí solo para enviarle energías de equilibrio y paz.

- En otros momentos fui muy duro con ella. En mi última existencia, le di la espalda. Contribuí a su desgracia.

- Sin embargo, no fuiste responsable de su muerte. No la mataste, simplemente hiciste lo que tu conciencia te permitió hacer en ese momento. Entendemos que te sentiste mal después de su fallecimiento. Y, en una nueva existencia, prometiste darle vida.

- Tal resolución hizo que mi espíritu sintiera alivio. Haberle dado vida a Estelita fue gratificante.

- Una de las razones por las que te traje aquí fue para volverla a ver y ayudarla con buenas vibraciones. No darle a Estelita sentimientos de angustia.

- Tienes razón, Deodato. Ella necesita mi energía de amor, paz y tranquilidad. Y eso es lo que me propuse hacer.

- Así es, Eurico - dijo Deodato -. Cerremos los ojos y veamos luz en el corazón de Estelita. Enviémosle efluvios de amor y de paz.

Así lo hicieron. Los dos espíritus se tomaron de la mano y cerraron los ojos. Visualizaron el corazón de Estelita y enviaron las vibraciones. Estelita los sintió inmediatamente. Poco a poco el llanto cesó, se sintió cansada y se quedó dormida.

Deodato solicitó:

- Aprovechemos su descanso. Enviemos buenas vibraciones al espíritu que ya está conectado a Estelita.

- Bien - pensó, Deodato -. Sé de su conexión y...

Deodato lo interrumpió con amabilidad en su voz.

- No pensamientos que puedan causar perturbación.

- Perdón.

- Vibremos por el espíritu que fue agraciado con una nueva oportunidad de reencarnar.

- Tienes razón...

Ambos se volvieron hacia Estelita. Ella dormía boca arriba.

Deodato se frotó las manos y de ellas salieron chispas de luz que fueron absorbidas por el cuerpo de Estelita. Eurico hizo lo mismo y pronto un color rosa, muy claro, lleno de amor, envolvió a Estelita y al bebé. Después que las vibraciones terminaron de emanar, Deodato consideró:

– Puedes acercarte y besarla.

– Gracias.

Eurico se acercó a Estelita y la besó en la frente.

– Confía, porque todo terminará bien, querida. Ve con Dios.

Los dos espíritus sonrieron y desaparecieron, dejando una sensación de calma y bienestar en el ambiente.

CAPÍTULO 18

Felisberto llegó de su viaje y Bernarda lo esperaba en la sala. Él la saludó y, cuando llegó el momento de besarla en la mejilla, Bernarda se levantó impaciente.

- El asunto es serio. Muy serio.

- ¿Qué fue? - Quiso saber inmediatamente. Dejó la maleta en el sofá y se quitó la chaqueta -. ¿Es algo con Estelita?

- Solo podría ser. ¿Antoinette, por casualidad, me da trabajo? De ninguna manera. Ahora María Estela...

- ¿Qué pasó?

Estelita apareció en la habitación y lo saludó con indiferencia. Se sentó y Bernarda continuó:

- ¿No notas la diferencia?

- No entiendo - dijo -. ¿Qué diferencia? ¿Dónde?

- Las transformaciones en su cuerpo.

Felisberto todavía no entendía. Bernarda estalló:

- ¡Ella está embarazada! ¡Embarazada!

- ¡¿Como?!

- ¿Necesito dar explicaciones? - La voz de Bernarda sonó irónica -. Quien necesita explicar algo y esto es sin sentido.

Estelita se levantó y abrazó a Felisberto.

- Tengo miedo, papi. No sé qué hacer.

Felisberto la abrazó y suavemente pasó su mano por su cabello.

– Cálmate, querida. Siéntate – la llevó de nuevo al sofá –. Dime lo que pasó.

Bernarda empezó a hablar y él la interrumpió:

– ¿Puedes dejar hablar a Estelita? ¡Por favor!

Ella guardó silencio, irritada. Se sentó, cruzó las piernas y golpeó el suelo con los talones, tratando de controlar su nerviosismo. Estelita se secó las lágrimas y luego volvió a decir:

– Fue en la cena que mi madre nos invitó a recibir a Decio.

– ¿Qué cena? – Miró a Bernarda y ella volvió la cara –. ¿Qué pasó?

– Él... él.. – Estelita estaba muy emocionada.

No quería recordar esa noche. Lo poco que le vino a la mente la desestabilizó emocionalmente. Se aferró a Felisberto.

– Me violó.

Felisberto sintió que se le subía la sangre. Tenía los ojos inyectados en sangre de furia.

– No puede quedar así. ¿Por qué no intentaste localizarme y llamarme, Bernarda? ¡El tema es muy serio!

– Lo dije bien cuando llegaste. Que el asunto era serio.

– Tenemos que hablar con esta... ¡la familia de este bastardo! Tiene que asumir la responsabilidad de lo que hizo.

– No sé –. La voz de Bernarda mantuvo un tono gélido.

Necesitaría contar toda la historia. Tu pequeña hija es culpable ante el registro civil. Al parecer, ella sedujo al chico.

– ¡Esto es absurdo! ¿Cómo te atreves a pensar eso de nuestra hija?

Bernarda iba a decir "mi hija", pero transigió. No quería causar más confusión.

– En pocas palabras, fue Estelita quien sedujo a Decio. No satisfecha, le arañó la cara y el pecho. Estaba fuera de sí. Entiendo que lo mejor sería que hablemos con Yolanda y su marido.

– Entonces vamos a conversar.

– Teresa me orientó a:...

Felisberto gritó enojado:

– No quiero escuchar más el nombre de esa mujer. Todo lo malo que nos pasa tiene que ver con el nombre de Teresa.

Bernarda estaba asustada. Felisberto nunca había actuado de esa manera con ella. Pensó que lo mejor era mantener la calma, aunque así lo pareciera.

– Llamaré a Yolanda. Programaremos una reunión.

– Papá... papá – balbuceó Estelita.

– ¿Qué pasó, cariño?

– No quiero casarme con Decio. Él no me gusta. Por favor, no me obligues a casarme con él. Prefiero ser madre soltera y enfrentarme a la sociedad que casarme con ese monstruo, sinvergüenza.

Felisberto la abrazó con más fuerza.

– Resolvamos esto de la mejor manera, querida. No te preocupes por ahora.

– ¿Crees que esto es posible? – Bernarda no pudo controlarse –. Conténtate. ¿Quiere ser madre soltera? ¡Madre soltera! ¿Merezco este desamor? ¿Toda la sociedad se burla de nosotros? ¿No es suficiente lo que dicen sobre tu comportamiento? Ahora me van a coronar como la peor madre del mundo. No puedo admitirlo.

– Pensando solo en tu reputación, ¿verdad? – Felisberto apenas podía creer lo que había escuchado.

– Es lo que cuenta. En la sociedad, la reputación lo es todo. No voy a hablar de la reputación empañada por esta mala jugadora. María Estela no tiene deseos, tiene deberes. Ella se va a casar, sí. Así la tenga que arrastrar a la iglesia.

Felisberto meneó la cabeza hacia los lados. No tenía sentido discutir con Bernarda. Cuando se le metió una idea en la cabeza, nadie se la quitaba. Envolvió a Estelita alrededor de la cintura.

– Vamos a subir. Papá le trajo un montón de paquetitos de figuritas. Y también un regalo por tu cumpleaños tardío.

– No hubo fiesta, no hubo nada – dijo Bernarda.

– María Estela recibió un bonito regalo de cumpleaños – señaló la barriga de su hija.

– Basta ya de desamor.

~ O ~

En la habitación, Felisberto le pidió a su hija que le contara todo lo sucedido. Estelita se esforzó y, aunque lloraba de vez en cuando, le contó todo. Terminada la conversación, Felisberto no pudo contenerse:

– Este chico merece ir a la cárcel.

– Mamá y Antoinette no me creen. Dicen que miento cuando digo que no recuerdo cómo pasó todo. Antoinette ya no me habla y dijo que no me dejará ir a su boda. Dijo que soy la vergüenza de la familia.

– No querida. No eres ninguna vergüenza – la abrazó de nuevo y le confió –. Acepto que no puedes casarte con este sinvergüenza.

– Él es malo. Él no me gusta.

– Sabes que tendrás que enfrentarte a muchos dedos acusadores.
Te llamarán como sea.

– Lo sé. Pero contigo a mi lado me siento fuerte para afrontar la situación.

La besó en la frente.

– Ahora descansa. Necesito descansar.

– Sí. He podido dormir mejor. Ha pasado un tiempo desde que tuve sueños o pesadillas.

- Qué bien.

Se despidió y bajó las escaleras. Encontró a Bernarda sentada en el sillón, taconeando.

- ¿Y entonces? - Quiso saber -. ¿Convenciste a tu amada hija para que entrara en razón y aceptara el matrimonio?

- No es así. Según me dijo Estelita, el chico es un idiota. Merece prisión, como mínimo.

Ella se rio a carcajadas.

- Otro que cayó en su pequeña charla. María Estela lo inventa. Siempre fue alguien que decía mentiras.

- No recuerdo eso. No recuerdo que ella fuera una mentirosa.

- El caso es que quedé en ir a casa de Yolanda para hablar de la boda. Si quieres venir, siéntete libre.

No. Confío y creo en mi Estelita. Si ella no quiere casarse, no habrá matrimonio. Punto final.

- La última palabra la tengo yo, su madre. Tú tan solo eres el padrastro. ¿Cuántas veces tengo que repetírtelo?

- Me decepcionas cada día que pasa, Bernarda. Ya has agotado mi parte de decepción. Estoy aquí contigo - hizo una señal pasándose la mano por la frente -. Sigo siendo yo quien decide qué es lo mejor para mi hija.

Bernarda se levantó rápidamente y chocó intencionadamente contra el brazo de Felisberto. Movió la cabeza hacia un lado.

- Si no fuera por Estelita ya habría pedido el divorcio. Hace mucho tiempo.

CAPÍTULO 19

Bernarda no quería ir sola a casa de Yolanda. Llamó a Teresa, que evidentemente estaba dispuesta a acompañarla. La conversación fue fría y Yolanda no tuvo ni un gramo de compasión.

– Sabemos cómo quedó Decito. Tuvo que consultar a uno de los mejores especialistas de Inglaterra para evitar tener el rostro quede lleno de cicatrices.

– No exageremos, Yolanda. Hubo algunos rayones.

– Gracias a tu hija. Pero, ¿cuál es el tema? ¿Qué es tan urgente?

Bernarda se sintió incómoda, pero sintió fuerzas para hablar:

– María Estela está embarazada.

Yolanda mantuvo un tono gélido en su voz.

– ¿Y que hay con eso?

– Es de Decio, bueno...

Yolanda no pudo contenerse:

– Mi hijo puede comportarse salvajemente, lo sé. A veces roza la irresponsabilidad, pero es joven. Los jóvenes tienen derecho a cometer algunos actos intrascendentes. ¿Ahora vienes a mi casa y dices que tu hija está embarazada de mi Decito? Esto raya en la tontería.

– Solo quería que supieras. Además me gustaría hablar con Decio.

– Es imposible. Viajó precisamente para atender el daño que le hizo su hija en el rostro. No hay fecha de regreso.

– Y si mi marido y el tuyo hablaban...

Yolanda la interrumpió con extrema sequedad.

– No tengo nada contra ti, Bernarda. Nuestras familias son conocidas desde hace mucho tiempo. Pero no voy a permitir que mi hijo arruine su futuro casándose con un diván como tu hija. Decio merece algo mejor. Lamentablemente, soy franca y esa es la más pura verdad. Lo mejor que podemos hacer es pensar; por ejemplo, en un aborto.

~ O ~

La idea ya había pasado por la mente de Bernarda. Su lado católico se mostró mucho más resistente a la idea. Ella no podía permitir que esto sucediera, mucho más a través de la religión. Si fuera por ella y solo por ella, habría hecho que su hija extrajera el feto.

Teresa tomó la palabra:

– Pensamos en esta posibilidad, Yolanda. Sin embargo, la familia de Bernarda tiene vínculos con el cardenal Mota. De todos modos, es un tema muy delicado.

– Ese no es mi problema. Además, ¿quién garantiza que el niño sea de Decito? Por lo que he oído, parece que su hija tiene un gran apetito sexual.

Bernarda se sonrojó. Luego se volvió blanca como la cera. Ella nunca había sido humillada así. Salió de allí con la cabeza gacha, una lágrima obligándose a caer por el rabillo del ojo. Vale señalar que Yolanda sabía bien que Decio seguramente había dejado embarazada a Estelita. No era nada nuevo. Ella y su marido ya habían encubierto las innumerables travesuras y locuras de su hijo. Dos madres ya habían abortado; por supuesto, recibieron una buena cantidad de dinero para guardar silencio. Ella nunca permitiría que Decio se casara con la loca de la sociedad, apodo que algunos atribuían a Estelita.

Cuando Decio llegó a casa con el rostro lleno de rasguños, sospechó:

– ¿Quién fue esta vez?

- No fue nada, mamá.

- Yo te engendré, Decito. Puedes confiar en mamá. ¿Con quién estuviste involucrado esta vez?

Bajó la cabeza y dijo en voz baja:

- Estelita.

Los ojos de Yolanda se abrieron como platos.

- ¿Te acostaste con la hija loca de Bernarda? No lo puedo creer.

- Lo siento mama. Fue más fuerte que yo.

- ¡Necesitas controlar mejor tus impulsos! ¿Dónde se ha visto?

- Lo sé. Pero, en la fiesta de Antoinette, ella me abofeteó, así, de repente... - mintió.

- Esta chica no tiene frenos. Apuesto que no está loca de nada.

- No madre. Ella es traviesa. Se arrojó sobre mí, me sedujo, se burló de mí. Soy un hombre. No resistí.

Ella lo miró. Conocía a su hijo y sabía que había cometido un error. Comentó:

- Bueno, será mejor que tu padre no se hubiera enterado de esto. Ya sabes cómo se pone cuando suceden cosas así.

- No quiero que papá sepa nada - odiaba cuando su padre se enteraba de sus travesuras.

Los rasgos de Evaristo solo mostraban repulsión. Se sentía mal ante la presencia de su padre senado. Se mordió los labios y quiso saber:

- ¿Crees que debería viajar otra vez?

Yolanda asintió.

- Por tu bien. Y para el mío. No quiero que madres desesperadas e hijas devastadas llamen a mi puerta. Sabes que no tolero las escenas.

– Puedo ir a...

Ella lo interrumpió con sequedad en la voz:

– Yo decido a dónde vas. El dinero es mío.

– No es necesario que me escupas en la cara. Y, además, mi abuela me dejó una buena cantidad en el banco. Y bienes raíces.

– Solo tendrás dinero en tus manos después de los treinta. Todavía queda algo de tiempo. En cuanto a las propiedades, solo podrás beneficiarte de ellas cuando yo muera. ¿Te olvidaste del usufructo?

– Podemos repensar el valor de la asignación.

– Pensaré en tu caso – respondió Yolanda, sin muchas ganas. Luego dijo:

– Podrías ir a Londres. Te quedarás en casa de tu prima. Podrías pasar una temporada y mejorar tu inglés.

– Ella no me gusta.

– Ese es tu problema. Te guste o no, se irás a Londres y te quedará en casa de tu prima. Le enviaré un telegrama para avisarle.

– Puede ser.

Por favor, Decio, haz que esta situación tenga algo de sentido común. Pon algo en esa cabeza hueca. ¿Por qué siempre tengo que tapar tus errores? Estoy harta.

Se sintió humillado. Yolanda lo trataba como si fuera un estorbo.

– ¿Y si su familia aparece aquí para enfrentarnos? – Quería saber.

– Será tu palabra contra la de ella. Por lo tanto, para evitar disgustos, es mejor que te vayas lo antes posible.

– Está bien, mamá. Puedes avisar a tu prima y gestionar el boleto. Cogeré el primer barco de vapor que salga hacia Europa.

Se alejó para limpiarse. Los cortes fueron muy superficiales, ya que él mismo se había rasguñado. Cuando se dirigía hacia las escaleras, Yolanda preguntó:

– ¿Crees que ella... bueno... ¿Esté embarazada? – Ella asintió.

– No lo sé, mamá. Juro que no lo sé. Pero, si esto sucede, ya sabes lo que tienes que hacer.

Yolanda asintió. Era capaz de todo para mantener el buen nombre de la familia. Cualquier cosa.

Sentada en la Confitería Viena, mientras esperaba el té, Bernarda reveló:

– Si no fuera por ti a mi lado, no sé cómo soportaría tanta vergüenza.

– No deberías sentirte avergonzada, Bernarda. La culpable de todo esto es María Estela. Ella deshonró el apellido.

– Tienes razón. Pero yo soy su madre. Soy responsable...

– ¿Para una chica que siempre ha vivido en el mundo de la luna? Bueno, Bernarda, eres una excelente madre. Ve lo bien que educaste a Alfredo y Antoinette. No deberías quejarte.

– Pero Estelita...

Fue un accidente cuya pérdida tuviste que soportar. Paciencia. Cada familia lleva una carga. Y la tuya tiene nombre y apellido.

Bernarda asintió con la cabeza. Teresa modificó:

– La idea de impedir que María Estela vaya a la boda es muy buena idea. Sería otro escándalo. María Estela desviaría la atención de la novia.

– ¿De verdad piensas eso?

¡Claro! ¿Imaginas una hija en ese estado? ¿Y encima soltera? Una pena inmensa.

– No creo que la familia de Decio adopte una actitud favorable hacia la relación. No puedes exigir nada.

– Lo sé. Me siento impotente. Incluso pensé que era una locura.

– Conozco a un muy buen médico. Resuelve estos problemas.

– Mi religión no lo permite, Teresa. Estaría cometiendo un pecado mortal.

Bernarda no se dio cuenta que Teresa ponía los ojos en blanco. Tenía muchas ganas que Estelita llevara el embarazo a término. Le hizo escenas a Bernarda para que confiara cada vez más en ella.

– Solo hice una sugerencia. Quiero decirte que puedes contar conmigo para lo que necesites. Si Estelita sigue adelante con el embarazo, ¿cómo será? ¿Qué deseas?

– Ella no puede quedarse en casa. No permitiré que su barriga crezca ante mis ojos y los ojos de los empleados. Comentarán, se difundirá el tema del embarazo. Ya cargo con la carga de detener a una hija loca y lasciva, no puedo cargar con la carga de detener a una hija soltera y embarazada.

– Podemos enviarla a algún lugar lejano.

– ¿Cómo así?

Podemos enviar a Estelita a un convento, por ejemplo. Podría tener al niño lejos de nuestros ojos y regresar como si hubiera pasado un tiempo estudiando en el extranjero.

– No es mala idea. Solo que Felisberto no estará de acuerdo.

– Él no es su padre – subrayó Teresa –. ¿Cuántas veces tengo que decirte que tienes tomar el control de su vida? Felisberto es solo un... compañero.

– Me gustó cuando lo conocí. De hecho, fue idea tuya que me casara con él.

– Lo fue. Estabas debilitada por la muerte de Eurico. Pensé que Felisberto era un buen partido. Desgraciadamente el tiempo ha demostrado que estaba equivocada.

– Él no me escucha. Solo tienen oídos para Estelita.

– Un motivo más para mantenerla fuera de casa durante esta fase.

Bernarda no dijo nada. Se dejó servir por el camarero mientras muchas cosas pasaban por su cabeza. La idea de llevarse a su hija no era mala. De hecho, podría ser la solución a sus problemas.

CAPÍTULO 20

La idea de ir a un convento aterrorizaba a Estelita.

– ¡No me gustan los sacerdotes! Lo sabes muy bien.

– No se trata de sacerdotes. Son monjas. Y madres.

– A mí tampoco me gustan –. Estelita sintió mariposas en el estómago.
No voy a ir a un convento. Puedes enviarme a cualquier lugar menos a ese.

– No tienes que querer.

– Cumplí dieciocho años. Soy dueña de mí misma.

Bernarda aplaudió y se rio:

– ¿Es cierto? ¿Dueña de ti mismo? Si te echo de casa, ¿de qué vivirás?

– Ya veré.

– ¿Y esa barriga? Cuando esté más grande, ¿dónde trabajarás? ¿Quién quiere una niña embarazada? Despierta, María Estela. No tienes salida.

– Puedo ir a otro lugar. Podemos hablar con tía Angelina. Estoy seguro que ella podría ayudarme.

– Apenas conoces a Angelina. No le tengo ningún cariño. Y jamás me rebajaría a pedirle un favor. ¿Dónde se ha visto? ¿Pedir refugio a alguien que no forma parte de nuestra comunidad?

Alfredo vive en su casa. Él podría ayudarme.

– ¡Ni lo pienses! No pongas a tu hermano en medio de tu lío.

– Solo quiero tener a mi hijo –. Estelita instintivamente se pasó la mano por el vientre –. Es un derecho que tengo.

– Negativo. Tendrás a este niño en un convento. Luego lo darás en adopción.

– ¡Nunca!

– Yo decido. Y está decidido. O puedo internarte en un sanatorio.

Los ojos de Estelita se abrieron como platos.

– No serías capaz de semejante atrocidad.

– ¿No? Bueno, rétame, niña. No sabes de lo que soy capaz.

Estelita se volvió rápidamente y corrió hacia la habitación. Se encerró allí y dejó que las lágrimas fluyeran libremente, lavándole la cara.

– No quiero ir a un convento – se dijo, mientras le venían a la mente imágenes del sueño –. No iré.

~ O ~

A esa misma hora, en una de las salas de la Federación, en Río, Angelina escuchaba una interesante conferencia de la que hablaba el invitado sobre los arreglos previamente hechos antes de la reencarnación. Afirmó que, por necesidad, nuestro inconsciente absorbe muchas de las preguntas a las que nos sometemos, sobre todo porque el olvido, de hecho, termina convirtiéndose en una bendición para el espíritu. ¿Imagina a un hijo sabiendo que su padre le quitó la vida en una encarnación pasada? Siendo plenamente conscientes de ello, ¿sería buena la convivencia entre ambos?

¿Existiría alguna posibilidad de perdón? El tema era bastante sugerente, hasta el punto de hacer pensar al público.

Después de la conferencia, se invitó a la gente a pasar. Angelina se levantó y caminó junto a Claudette, su amiga y compañera de trabajo.

En silencio, ambas se dirigieron a una pequeña habitación y se sentaron en sillas dispuestas una detrás de la otra. Pronto los trabajadores de la casa comenzaron a realizar delicados movimientos con las manos a cierta distancia de la cabeza y los brazos de la persona que estaba sentada. Terminaron el pase con la mano ligeramente apuntada hacia la región del corazón. Muchos salen de él sintiendo un enorme bienestar. Por supuesto, en este trabajo contó con la ayuda de amigos espirituales. Ellos eran quienes irradiaban las energías tonificantes que pasaban por las manos de los médiums allí presentes.

Angelina fue a la librería a buscar novelas. Se compró una, pagó y, nada más salir del Centro, Claudette preguntó:

– ¿Has tenido noticias de tu sobrina?

Angelina fue tomada por sorpresa.

– Cuando estaba en la sala de pases, Estelita vino hacia mi mente. Pensé en ella con tanto amor.

– Ella te necesita.

– ¿Por qué dices eso?

– Intuición.

Claudette tenía una gran sensibilidad. Médium desde adolescente, había abrazado la Doctrina Espírita y a través de ella había aprendido que las visiones y sensaciones que tenía no eran más que manifestaciones espirituales, que no había nada malo en ella, como alguna vez supuso la familia. Desde muy pequeña, Claudette notó los espíritus que la rodeaban. Había aprendido a lidiar con la mediumnidad. La educó para que se relacionara bien con las inter ocurrencias entre el mundo espiritual y físico. Cuando escuchaba la presencia de un espíritu perturbado, mentalmente intentaba hablar con él y enviarlo a recibir tratamiento. Fue asesorada por espíritus nobles cuyo objetivo era promover el bienestar de las personas.

Angelina fue categórica:

– Si pensé y acabas de preguntar por ella, es una señal que algo no están bien.

– Sí. Me siento muy triste, desesperada por la vida.

En ese momento apareció Deodato y tocó ligeramente la frente de Claudette. Ella reflexionó:

- Hay una presencia espiritual entre nosotros. Dice que tenemos que ayudar a Estelita.

- ¿Qué hacer? Bernarda, su madre y yo no somos amigas. De hecho, cuando estaba en la fiesta de Antoinette, me pidieron que me fuera. Aparte que conocí a Estelita, mi estancia en esa casa no fue la más placentera.

Deodato siguió intuyendo a Claudette. Ella volvió:

- Eso no importa. La madre se siente insegura y no sabe qué hacer. Éste es un tema delicado. El espíritu que aparece aquí solo indica que debemos ir al encuentro de Estelita.

Angelina se mordió los labios pensativamente. Entonces dijo:

Podemos hablar con Alfredo. Él está abierto a estos asuntos espirituales. Podría ayudarnos.

- Sí - asintió Claudette -. Hablemos con tu sobrino. Nos será de gran utilidad para ayudar a su sobrina.

CAPÍTULO 21

Tan pronto como entró a la casa, Angelina encontró a su sobrino y a Dirce en la cocina. Dirce sonrió ampliamente:

Llegó justo a tiempo para el café. Simplemente lo acabo de colar.

- También hizo un pastel delicioso, tía. Pastel de fubá. Como a ti te gusta.

Angelina sintió que se le hacía la boca agua.

- ¡Qué bueno! Me encanta el pastel de fubá. De hecho estaba pensando en tomar un refrigerio. Mira a quién traje sobre mi hombro.

Apareció Claudette y Alfredo fue a saludarla.

Es un placer volver a verte, tía Claudette - bromeó.

Antes de hablar, Angelina hizo un puchero:

Hablando así, me pongo celosa. Son mi gran familia. De hecho, tía Angelina, aunque no tengo edad suficiente, te considero una madre.

Ella se emocionó.

- También te considero un hijo querido. Tú, Dirce, Estelita...

Mientras Claudette ayudaba a Dirce a preparar la mesa para el almuerzo, Alfredo preguntó:

- Parecen muy jóvenes. Apuesto a que simplemente lo pasaron por alto.

Sí - respondió Claudette -. Estuvimos en la Federación, asistimos a una conferencia interesante que nos llevó a la reflexión. Tomamos un pase; necesitamos hablar contigo sobre tu hermana.

Angelina intervino:

– Es sobre Estelita. Sentimos una presencia espiritual, una presencia amiga, por supuesto. La entidad nos pidió que contactáramos a tu hermana.

– Podemos llamar – sugirió Alfredo.

– No. Necesita nuestra ayuda. No sé exactamente por qué hizo este pedido, pero Claudette y yo creemos que Estelita necesita ayuda.

Alfredo sintió una leve opresión en el pecho.

– ¿Será que está enferma? Ella siempre estuvo débil, padecía insomnio desde los trece años, la pobrecita.

– No creo que sea eso – añadió Claudette –. Me parece que es otra cosa. El espíritu no me reveló nada, sobre todo porque siempre hay respeto y ética en los temas que debilitan a las personas. Solo recibimos la sugerencia, si se me permiten decirlo, que teníamos que ir a encontrarnos con tu hermana.

– Mamá no está contenta con la tía Angelina.

– Puedes ir con ella a São Paulo – sugirió Dirce. ¿No habrá feriado el viernes?

– Sí. Quería planear un viaje con Dirce, sin embargo...

Ella lo interrumpió con dulzura en su voz:

– Mi amor, me encantaría pasar todo el día a tu lado, ir a la playa; sin embargo, necesitamos ayudar a tu hermana. Y la vamos a traer aquí.

Angelina y Claudette se miraron. Dirce tenía un excelente conocimiento espiritual, pues tenía conexiones ancestrales con corrientes religiosas afrodescendientes. Mientras crecía en Neves, un barrio de São Gonzalo, frecuentaba ocasionalmente la Tienda Espírita Nuestra Señora de la Piedad, presidida por Zelio Fernandino de Moraes, fundador de la Umbanda. No era precisamente una fanática de la Umbanda, ya que asistía a la Federación y, de vez en cuando, se conectaba con espíritus pertenecientes a otras congregaciones religiosas. Su familia, en realidad un tío, hermano de su padre, había fundado un terreiro con el objetivo de ayudar a cualquiera que necesitara asistencia espiritual. Los médiums podían manifestar libremente su espiritualidad y guiar a las personas que llegaban allí a un nivel menos sufrido, trayendo ánimo y fuerza para afrontar los desafíos relacionados con el camino terrenal.

Los tres permanecieron en silencio. Sabían que Dirce estaba intuida. Sus ojos se volvieron más vivos, más brillantes y siempre apuntaba a un punto indefinido. Luego aclaró:

– Estelita sufre el acoso de espíritus menos iluminados desde los trece años. Había un trabajo de magia muy fuerte dirigido a ella en ese momento. De hecho, ella ha sufrido acoso espiritual desde que era bebé; sin embargo, fue protegida para que nada malo le pudiera pasar. Cuando dejó de ser niña y pasó a ser adolescente, la protección se redujo porque, a esa edad, generalmente, el espíritu comienza a ocuparse de cuestiones no resueltas de otras existencias. Y el momento en que los desafíos están presentes. Quien hizo el trabajo, sabiendo estos cambios de edad lo han intensificado hasta el punto de alterar el sueño.

El silencio fue absoluto. Los tres la escucharon atentamente.

Dirce continuó:

– Hay ayuda espiritual; sin embargo, ella es bastante frágil y necesita el apoyo de amigos encarnados, en este caso tú, para ayudarla a afrontar esta nueva etapa con dignidad y fortaleza. Mis amigos caboclos y yo vamos a intentar poner fin a este, digamos, hechizo que le ha caído encima. Además, la paz sea con ustedes. Sigamos firmes en el propósito del bien. ¡Salve!

Dirce suspiró y preguntó:

– ¿Quieren mantequilla para acompañar el pastel?

Alfredo tomó la palabra:

– ¡Incorporaste! Nos trajiste un mensaje.

– ¿Si? Entiendo cuando una entidad pide paso, pero no recuerdo exactamente qué dicen a través de mí. Poco se registra.

Mientras hablaba, Estelita apareció en mi mente. Aunque no la conozco la siento perdida y triste, muy triste.

– Vi el espíritu – intervino Claudette –. Era un hombre alto y fuerte. Amable.

– Simplemente siento el ambiente de luz serena – dijo Angelina.

– Los amigos espirituales tienen la capacidad de limpiar y desinfectar el ambiente. Estoy feliz que nos hayan brindado tanto bienestar. Esto también se debe a que debemos actuar con calma. Sin accidentes. Creo que lo mejor es que tú y tu tía viajen a São Paulo y traigan a Estelita para acá – pidió Dirce.

– Mamá no me deja – dijo Alfredo –. Ella dirige la vida de Estelita.

– Ella ya es mayor de edad – recordó Angelina –. Algo me dice que Felisberto nos ayudará.

– Se preocupa por Estelita. Podría ser un aliado.

Tan pronto como se sirvió pastel y café, Angelina dijo:

– Viajamos el viernes. Tú y yo, Alfredo.

– Sí, tía.

Claudette y yo podemos quedarnos juntas y rezar para que todo salga lo mejor posible.

– Así es – añadió Claudette –. Formemos un gran círculo de oraciones para que todo se resuelva a nuestra satisfacción.

~ O ~

Bernarda caminó de un lado a otro de la habitación. Se sentía insegura y no sabía qué hacer.

– Ya hablé con un conocido que tiene familiares en Botucatu. El convento podrá acoger a Estelita – dijo Teresa.

– Yo me asusto. Tiene un comportamiento extraño. Tengo miedo de dejarla sola en un lugar desconocido. Vale la pena recordar que a ella no le gustan los sacerdotes o monjas.

– Estelita no está en condiciones de pensar que le gusta esto o aquello. Su cabeza no está del todo bien ahora, en este estado, así que, no lo sé...

– No me gusta que hables de María Estela en ese tono.

– ¿Qué tono? Solo quiero ayudar, Bernarda.

– Necesito tener una conversación seria con Felisberto. No puedo tomar tal acción sin su consentimiento.

– ¡Eso no! – Protestó Teresa.

Bernarda notó el tono agresivo, pero Teresa rápidamente accedió, cambiando su forma de hablar:

– Lo siento. Y me preocupo por tu bienestar. Estás a punto de sufrir un ataque de nervios.

Es mucha responsabilidad tener que lidiar con un asunto tan delicado. Además, están los rumores, lo que la gente ha dicho sobre ti, de todos modos, solo desearía que resolvieras el problema pronto. Y lo de Felisberto, bueno, él no es su padre. No tiene autoridad sobre ella.

Felisberto había llegado de un viaje en ese momento. Escuchó el final de la conversación. Sin saludar a su mujer, se volvió enojado hacia Teresa:

– Estoy cansado que te entrometas en los asuntos de nuestra familia. Dije nuestra, ¿me escuchaste bien? – Teresa retrocedió y él continuó:

– Soy su padre, sí. Ahora por favor vete. No necesito mostrarte la salida, ¿verdad?

Teresa tragó con fuerza. Quería avanzar hacia Felisberto y rascarle la cara. Estaba poseída. ¿Cómo se había atrevido a hablarle de una manera tan grosera? Ella quería ayudar y la echó de la casa. Respiró hondo y, mientras se dirigía hacia la puerta, resopló:

– Ya sabes dónde encontrarme, Bernarda. Aunque me traten tan descaradamente, sigo siendo tu amiga. Perdono a Felisberto. Después de todo, imaginemos cómo sería cargar con la carga de tener en brazos a una hija histérica y embarazada.

Felisberto estuvo a punto de abrir la boca para contraatacar, pero Bernarda le jaló el brazo.

- No generes más confusión, Felisberto. Necesitamos decidir qué haremos con María Estela.

Después que Teresa se fue, se desató la corbata y se sentó, aturdido.

- ¿Cómo puedes mantener la amistad con una mujer tan asquerosa?

- Mide tus palabras.

- ¿Qué otra palabra puedo usar para describir esta criatura? No se puede confiar en esta mujer.

- Es una amiga de la infancia. Me acompañó durante toda mi vida. Ella me conoce incluso mejor que tú.

- De eso no tengo ninguna duda. Teresa siempre está metida en tu vida, en tus cosas. ¡Todo lo que necesitamos es que ella duerma con nosotros!

Bernarda se tapó la boca con la mano.

- ¡Qué horror! ¿Cómo puedes tener un pensamiento tan degradante?

- ¿Ves? Estamos discutiendo por ella.

- No se suponía que estuvieras fuera por un viaje. ¿Qué pasó?

- Mañana será feriado. Decidí llegar un día antes para pasar más tiempo con Estelita. De hecho, tenemos que decidir cómo llevará el embarazo.

- ¿Cómo así?

Pienso en su bienestar y de la criatura. Mi amigo Jorge tiene una casa de campo Petrópolis. Allí pienso llevar a Estelita. Si ella está de acuerdo, por supuesto.

- ¿Le contaste a tu amigo sobre su problema?

- No te preocupes porque no andará hablando del embarazo de Estelita. Algo que tu amiga ya debe haber hecho.

- ¡Imaginar! Teresa puede ser muchas cosas, pero tampoco es chismosa.

- Pues bien. Si quieres permanecer ciega, que así sea. Voy a hablar con Estelita.

- Aférrate. Tengo una solución mejor que Petrópolis.

- ¿Cuál es?

- Bien... - Bernarda bajó la mirada y empezó a girar las manos -. Hay un convento en la región de Botucatu que recibe niñas de ese estado. Creo que un convento es un buen lugar para que María Estela descanse.

- ¿Y después?

- ¿Después qué?

- Bueno, Bernarda. Puedes serlo todo, pero no eres estúpida.

- ¡Felisberto!

- Así es. Vas a llevar a Estelita a un convento, ¿y luego qué? ¿Se habrá ido de allí con el niño? Claro que no.

- No podemos cuidar a un niño sin un padre. No permitiré eso.

- ¿Le preguntaste a Estelita qué quiere?

Ella no está en condiciones de responder.

- ¿Como no? Siempre piensas que tu hija no tiene sentido común. Pero ella lo tiene. Estelita es una persona, humana, con sentimientos. Puede que se sientas frágil, puede que tenga una manera diferente de vivir, pero es una persona. Necesita nuestro respeto y apoyo. ¡Somos sus padres! - Bernarda iba a decir que él no era el padre. Felisberto levantó el dedo y casi le tocó la nariz:

- No te atrevas a decir lo que me has estado echando en cara toda mi vida. Ella es y será siempre mi hija, estés de acuerdo o no.

Giró sobre sus talones y subió las escaleras. Le gustaría ver a su hija. ¡Su hija!

CAPÍTULO 22

Al entrar a la habitación, Felisberto encontró a Estelita pegando figuritas en un álbum. Ella lo vio y se levantó rápidamente:

- ¡Oh papi! Me moría de nostalgia.

- ¿Cómo estás, mi pequeña? - Quiso saber, mientras la abrazaba y besaba.

- Un poco enferma. Hay días que estoy bien, otros no tanto.

- ¿Es el sueño?

- He estado durmiendo mejor. Tuve un sueño diferente.

- ¿Es cierto? Cuéntamelo.

- No lo recuerdo bien. Era un hombre alto y fuerte. Me sonrió y dijo que ya no tendría problemas para dormir.

- ¿Verdad? - Ella asintió -. ¿Qué más te dijo?

- Creo que fue algo así como... todo se arreglará solo. Que necesitaba ser fuerte.

- ¿Qué más?

- Nada más. Me desperté muy bien. Hacía mucho, mucho tiempo que no me despertaba tan bien.

- Me alegro de saber.

- Yo también, papi.

Felisberto la acompañó hasta la cama. Ellos se sentaron.

Mientras le alisaba el pelo, le preguntó:

- Tienes que ser sincera.

- Así es. ¿Qué es?

- Sobre el niño. ¿Qué deseas?

Ella se sonrojó y se llevó las manos a la cara.

— Lo siento, papi. Te avergoncé. No quería. No sé cómo pasó todo. ¡Perdóname!

— ¡Imagínate! Tampoco tienes que pedir perdón a nadie, menos a mí. Soy tu padre y te amo. Sabes que si pudieras, habrías ido a la comisaría y obligado a ese desgraciado a casarse contigo.

— ¡No! Eso no es todo! No me importa Decio. Nunca, papá.

— Lo sé, querida. Entonces necesito saber: ¿qué quieres?

— He estado pensando mucho. Quiero tener este hijo.

— Estoy contento con tu respuesta. A mí también me gustaría mucho tener un nieto — se abrazaron emocionados y él continuó:

— Yo te ayudaré.

— No creo que mamá piense de esa manera. La escuché el otro día hablando con Teresa sobre llevarme a un convento. Confieso que comencé a sudar frío. Haz cualquier cosa, papá, pero yo nunca iría a un convento.

— No lo harás. Hablé con un amigo mío, Jorge.

— ¿El que vive en Río?

— Ese mismo. Le hablé de ti y me ofreció su casa de campo, en Petrópolis. ¿Qué opinas?

— ¿Ir al campo?

— Sí. Podría contratar una empleada doméstica y una enfermera para que te acompañen durante su embarazo.

— ¿Me visitarías? ¡Claro!

Ella estaba entristecida.

— No sé. La idea es bonita, pero alejarme de ti...

— No es nada definitivo. Piénsalo.

— Prometo que lo pensaré detenidamente.

~ O ~

Tan pronto como el barco atracó en el puerto de Londres, Decio sintió un tremendo alivio.

- Ahora sí. Estoy libre de ese problema.

Sérgio, un amigo que había viajado con Decio, le dio unas palmaditas en el hombro y Decio comentó:

- Bienvenido a la verdadera civilización.

- Hacía años que no venía aquí. La última vez fue antes de la guerra. La ciudad aun no se ha recuperado de los daños.

- Es verdad. La guerra terminó hace solo más de cinco años. Son tiempos nuevos. No soy alguien que se quede estancado en el pasado.

- Desapareciste del club. ¿Qué pasó? ¿Cuál fue el problema esta vez? Pasó todo el viaje coqueteando...

Decio se rio.

- No me conoces bien, Sérgio. Soluciono los problemas y luego me deshago de ellos así - chasqueó los dedos.

- Siempre he escuchado comentarios sobre ti. No fueron los mejores.

- ¿Y por qué te volviste mi amigo?

- Porque tú, en el fondo, eres un buen chico. Tu padre siempre quiso que fueras como él, un funcionario gubernamental de alto rango. Eres muy flojo. Para demostrarle a su padre que puede ser diferente a lo que siempre quiso, realizas estas acciones. Nadie es rebelde por casualidad.

Decio se alejó moviendo la cabeza:

- No. No es nada de eso.

- ¿Cómo que no? ¿Por qué atormentas a chicas indefensas? Para demostrar que eres fuerte, que estás a cargo. Y él tiene la última palabra - Decio se quedó con la boca abierta. Sérgio expuso su intimidad. Continuó:

- Lamentablemente, o afortunadamente, toda acción genera una reacción. Si realizas actos desagradables que podrían herir física o emocionalmente a una persona, él volverá a ti de la misma manera. En otras palabras: si haces una buena acción, te la devolverá tal como nació; si cometes un acto despreciable, algo desagradable volverá a ti.

- Creo que todo esto es una tontería. Siempre hice lo que hice y nunca me pasó nada malo, por ejemplo, siempre me fue bien.

- ¿Crees que con salir del apuro es suficiente? ¿No eres consciente que a veces te comportas como una persona agresiva?

Decio se encogió de hombros.

- Ni siquiera estoy metido en nada de esto. De hecho, si vas a darme lecciones de moral, será mejor que te mantengas alejado. No necesito un sabelotodo pegado a mí.

- Soy tu amigo - dijo Sérgio con benevolencia -. Solo un amigo que quiere lo mejor para ti. Sin embargo, si lo deseas, no diré más.

En silencio, tomaron un taxi hasta el hotel. Dentro de unos días, Decio se alojaría en casa de uno de los primos de su padre. Sérgio se quedaría en el hotel por ahora. Había venido a Londres para realizar un curso de idiomas promovido por la empresa para la que trabajaba. Era un buen tipo. De una familia religiosa, su vida estuvo impregnada de las enseñanzas cristianas. Se encariñara con Decio, sobre todo porque solo escuchó comentarios negativos sobre él. Pensó que Decio necesitaba buenos amigos, eso era todo. Sus amigos, en verdad, se apegaron a Decio porque él siempre asumía la culpa, incluso cuando él mismo no había iniciado el lío.

Al llegar al hotel, llenaron los formularios y fueron trasladados a sus respectivas habitaciones. Sérgio entró, observó la habitación, colocó su maleta sobre una mesita. Se sentó en una silla, cerró los ojos y oró. Por él y por Decio.

CAPÍTULO 23

Estaban haciendo frío la mañana en que Angelina y Alfredo llegaron a São Paulo. Tomaron un taxi. El amable conductor, después de colocar las maletas en el portaequipajes, preguntó:

- ¿A dónde vas? - Alfredo explicó y sonrió:

- Continúe por la Avenida Paulista.

- Yo sé dónde está.

Tan pronto como bajaron del taxi, Alfredo tomó las maletas y le pagó al conductor. Abrieron la verja de hierro y, en el jardín, Alfredo señaló:

- - La casa es preciosa, ¿no, tía?

Sí. Una obra maestra. Fue un regalo de bodas de mi abuelo materno. Aquí había una llanura aluvial. Dividieron lotes y la abuela compró algunos lotes. Creí que aquí nacería un excelente barrio.
Tu abuelo tenía olfato para los negocios. Hoy toda esta zona está muy valorada.

- No lo sé con certeza. Si viviéramos en la calle de atrás, creo que la casa valdría más. Mira - señaló la avenida -, Rebouças se convierte en una carretera con muchos coches. Está perdiendo su encanto.

- Tengo que estar de acuerdo. El ruido del tráfico nos llega fácilmente.

- ¡Me estoy acostumbrando a Río! No quiero vivir en ningún otro lugar, tía. Quiero casarme con Dirce y vivir cerca de ti.

- Estoy muy feliz con tu comentario. Sabes cuánto valoro tu amistad y tu relación. Dirce es una persona encantadora.

- Puede que mamá no esté de acuerdo.

Ya me imaginé la reacción. Bernarda tiene en cuenta los dictados sociales. No será fácil convencerla.

Alfredo se encogió de hombros.

- Puede hacer escenas, tener ataques, no me importa. Mi amor por Dirce es mayor que todo esto. Si ella no aprueba nuestra unión, peor será para ella.

- Ella tiene un gran trabajo y es dedicada. Es un amor de persona.

Uno de los empleados les dio la bienvenida y Alfredo, muy agradecido, de buena gana, abrazó al muchacho:

- ¡Raimundo, viejo! ¿Cómo estás?

El muchacho, algo avergonzado, sonrió:

- Estoy bien señor Alfredo.

- Nada de señor, eso no es nada. Solo Alfredo. Y esta es mi tía Angelina.

Extendió su mano.

- Un gusto. Estuvo aquí en la fiesta de doña Antoinette, ¿no? La que llevaba un hermoso sombrero.

- Sí. ¡Yo misma! ¡Te acordaste del sombrero! Además, tu aura es brillante. Buena señal.

Raimundo no entendió nada, pero lo entendió como un cumplido. Recogió sus maletas y subió con ellas a las habitaciones de invitados. Alfredo y Angelina se sentaron en la sala y él silbó cuando sus miradas se posaron en el televisor:

- ¡Caramba! ¡Ya tenemos una de las mayores innovaciones tecnológicas de la década! Una televisión.

Angelina dijo:

- Me invitaron a la inauguración de la estación de Río. Lo instalaron en el edificio del Casino de la Urca.

- Pronto tendremos un dispositivo como éste. Creo que sí.

Estaban hablando de las nuevas tecnologías de la época cuando Bernarda entró en la sala. Vio a Angelina y jadeó; sin embargo, en cuanto sus ojos miraron a su hijo, todo cambió. Corrió hacia Alfredo y lo abrazó radiantemente.

- ¡Mi príncipe! - Ella lo besó sin parar -. ¡Cuánta nostalgia!

Alfredo la abrazó una vez más y al soltarla le dijo:

- Estás hermosa, mamá. Siempre impecable.

- Son tus ojos -. Miró a Angelina y la saludó sin besarla:

- ¿Cómo estás Angelina?

- Estoy bien, Bernarda. Gracias por preguntar.

- ¿Qué te trae por aquí, hijo mío?

- Aproveché las vacaciones para visitarte a ti, Antoinette, su prometido, Felisberto y Estelita.

Ella sonrió torpemente.

- No sé si será posible realizar tantas reuniones en tan poco tiempo. Estamos experimentando serios problemas.

Ella bajó la voz:

- Me alegro que hayas venido.

Estaba a punto de preguntar, pero Antoinette entró en la habitación y lo abrazó con fuerza.

- ¡No puedo creerlo! ¡Pensé que te iba a ver solo el día de mi boda! Vendrás, ¿no?

- Haré lo posible.

¿Qué quieres decir, Alfredo? Eres mi hermano. Pensé que sería natural que me acompañaras al altar.

- Pero, ese papel le corresponde a Felisberto.

Antoinette movió los labios, un poco incómoda.

- Teresa... quiero decir, mamá y yo pensamos que me harías entrar. Felisberto no es mi padre.

- Él te crio desde pequeña, ¿verdad? – Preguntó Angelina –. ¿Cuántos años tenías cuando se casó con tu madre? ¿Siete, ocho años?

- Eso no viene al caso – respondió Antoinette rápidamente.

- No eres parte de nuestra sociedad – intervino secamente Bernarda –. No es elegante, por tu parte, inmiscuirse en nuestros asuntos familiares.

Alfredo intervino:

- Mami. Antoinette. ¿Qué modos son estos? Tía angelina es nuestra invitada. Vino conmigo. ¡Por favor!

- Disculpen – dijo Antoinette –. Los dejaré. Tengo muchas cosas que hacer. La boda se acerca – antes de irse, le comentó a su hermano:

- Decidí que Estelita no irá a la boda.

Ella abandonó abruptamente la habitación. Alfredo no entendió nada.

- ¿Dónde está Estelita?

- ¿Dónde? Ella siempre está en su habitación, hijo mío. ¿Dónde más podría estar?

- Iré a verla.

- No. Primero tenemos que hablar – miró a Angelina –, a solas.

- No. Tía Angelina vino conmigo para cuidar a Estelita.

Bernarda estaba aterrorizada:

- ¿Ya lo sabes?

- ¿Saber qué? – No entendió nada.

- Si viniste aquí para hablar de Estelita es porque lo sabes.

Angelina iba a hacer una pregunta pero prefirió permanecer en silencio. No quería hacer un lío. Alfredo fue directo:

- Vamos, mamá. ¿Saber qué? ¿Qué le pasa a mi hermana?

Con lágrimas en los ojos y abrumada por la emoción, Bernarda dejó sus brazos de cafre y, con la voz entrecortada por los sollozos, murmuró:

Tu hermana está embarazada.

CAPÍTULO 24

En casa de Claudette, ella y Dirce estaban cómodamente sentados en el sofá, hablando de temas espirituales. Claudette se sirvió café y, después de sorber y dejar la taza sobre la mesa, comentó:

– Me alegro que pudiéramos vernos hoy.

– Lo bueno es que es feriado. Solo volverás a la revista el lunes?

– ¿Sí, y tú?

– ¿Qué es lo que tengo?

– ¿Cómo va el trabajo?

– Es un desafío diario. Es como matar un león al día. Tratar con personas que han perdido el contacto con la realidad, o locos, como dicen, requiere paciencia y cariño. A esta gente le falta cariño. Desafortunadamente, hay enfermeras y médicos brutales que apenas se preocupan por sus pacientes. Los tratan como animales. Sé que algunos tienen un temperamento violento, pero incluso aquellos con corazones endurecidos necesitan ser tratados bien.

– La locura sigue siendo un gran tabú. La sociedad no sabe abordar las diferencias de comportamiento.
En la historia, siempre han sido tratados en ausencia.

– Debemos estar agradecidos por las almas nobles que estuvieron aquí para transformar positivamente el tratamiento brindado a estos pacientes. Pinel, Charcot, Freud, fueron tantas las almas caritativas que dieron una nueva mirada a la locura. Quiero marcar la diferencia, ¿sabes? He estado hablando mucho con un médico que trabaja en la misma institución que yo.

– Estás hablando de la Dra. Nise da Silveira, que lucha contra las agresivas técnicas psiquiátricas impuestas a los pacientes, ¿verdad?

– Ella misma. Qué mujer tan fantástica

– Ya hemos hecho un artículo sobre ella. Es una pionera, una mujer de una sensibilidad poco común.

– Quiere hacer todo lo posible para que los pacientes tengan un mínimo de dignidad.

Su conversación fue observada por Deodato y Corina. Estaba encantada de ver a Dirce.

– ¡Qué diferente es ella!

– Sigue siendo un alma noble. De sus palabras se desprende que sigue firme en sus objetivos de hacer el bien y luchar contra los prejuicios, ya sea que esté en el cuerpo de una india, de una gitana o ahora, de una mujer negra, que vive en una sociedad que discrimina a las personas según su tono de piel.

– Mi querida Dirce, una vidente gitana en su última vida.

– Ella tiene sus objetivos y nosotros tenemos los nuestros. Decidimos quedarnos en este lado de la vida para ayudarlos a vivir mejor en el planeta. Fue nuestra elección. Además, hay buenas amistades antiguas que están a su lado, por ahora. Como Claudette, por ejemplo.

– Tienes razón – Corina se acercó y besó el rostro de Dirce. Luego hizo lo mismo en Claudette. Al acercarse Corina tenía miedo de ella.

Deodato puso su mano en la frente de Claudette. Corina estaba asustada:

– ¡Ella no puede albergar ese tipo de pensamiento!

– No es la primera vez que piensa así – aclaró Deodato –. Lamentablemente, Claudette necesita superar sus propios prejuicios para armonizar su espíritu.

Corina se conmovió.

– No me gustaría...

– Calma mi amor. No pienses en nada. Únete a mí y enviemos energías vigorizantes.

Corina asintió. Rápidamente recuperó su energía e inmediatamente entró en un estado contemplativo. Unió sus manos con las de Deodato. Dijeron una oración. Entonces él dijo:

– Están llegando otros amigos astrales. Es hora de alejarnos.

Luego, los dos espíritus volvieron a unir sus manos y llenaron el ambiente de energías de paz y equilibrio. Se saludaron unos a otros y, apenas desaparecieron en el aire, Dirce comentó:

– Sentí espíritus amigos presentes aquí.

– Yo también. Hasta me emocioné – dijo Claudette –. Siento que uno de ellos me es muy querido. Estamos siendo bien apoyadas.

– De hecho, le gustas mucho a uno de ellos. Noté que estaba preocupado mientras se acercaba. ¿Estás bien?

Claudette se estremeció y respondió, sin hablar:

– Bien, si hubiera espíritus amigos aquí, es señal que debemos centrarnos en Alfredo, Angelina y Estelita.

Dirce notó la molestia y asintió.

Cogió un retrato de la mesa y dijo:

– Es la única foto que Alfredo tiene de su hermana. Aunque aparece joven, podemos centrarnos en esta imagen para que les llegue la buena energía.

Las dos se acomodaron en el sofá y cerraron los ojos. Claudia, un poco conmocionada porque parte de sus pensamientos fueron revelados a los espíritus, trató de concentrarse y pronunció una sentida oración; posteriormente, Dirce registró otra presencia espiritual. Era conocida suya. Le dio pase.

– Claudette, querida. Soy Magda. Somos conocidas de otras épocas. Siento mucho cariño por Estelita. Me gustaría estar más cerca de ella; sin embargo, fuerzas espirituales densas y negativas me impidieron actuar a su favor. Solo pude actuar desde cierta distancia.

– ¿Por qué no puedes ayudarla? – Quiso saber Claudette –. Sé que somos espíritus que pasamos por muchas vidas, pero hay desgracias que afectan a los niños y eso me duele mucho.

– Cuando llegamos a cierta edad, nos hacemos responsables de todo lo que nos sucede. ¿Tiene un niño protección espiritual? Sí definitivamente. Sin embargo, muchos espíritus reencarnan sabiendo ya que vivirán muy poco tiempo en el planeta. Morirán a causa de una enfermedad, de un accidente, a veces hay quienes son tremendamente valientes y aceptan pasar por situaciones sumamente dolorosas, como el espíritu reconoce que la vida es eterna, al pasar por estas tristes situaciones, es acogido con amor. Tan pronto como desencarne, recibe un tratamiento adecuado y regresa al cuerpo adulto que alguna vez tuvo, menos denso, sintiéndose libre de situaciones no resueltas, odios e intrigas. Se acaba teniendo una mejor comprensión del verdadero significado del perdón, del amor. Se convierte en un espíritu más maduro, pero tierno y amoroso.

– En el caso de Estelita, ¿por qué no alejaron a los espíritus perturbados que la rodeaban?

– Porque, como decía, una vez alcanzada la edad mental, el individuo necesita saber afrontar los temas que le rodean. Pueden ser cuestiones morales, emocionales, financieras y, a veces, todas al mismo tiempo. Estelita tiene una mente centrada en la culpa. Estaba muy mal en el astral. Atormentada por la culpa, decidió reencarnar para madurar sus ideas, reformular su forma de ver los hechos, aprender a perdonar y perdonarse a sí misma. Los espíritus que la rodeaban estaban energéticamente en sintonía con su forma de pensar. Si tuviera otros comportamientos, otras actitudes, podría evitar encuentros desagradables.

– Supe, a través de otra entidad espiritual, que Estelita había recibido un fuerte trabajo mágico. ¿Cómo podría ser ella responsable de esto? – Claudette se interesó por el tema.

– Ella no fue ni es responsable de esto. Este tipo de trabajos siempre han pasado factura, día a día, según quién lo hacía y quién pedía que se hiciera. Estelita es responsable de lo que piensa y siente. Es el conjunto de sus emociones y pensamientos que atrajeron a estas entidades. Tanto es así que sus amigos caboclos lograron mantenerlos alejados, pero si Estelita vuelve a pensar y actuar como antes, su propio magnetismo atraerá nuevamente a los mismos espíritus perturbadores u otros del mismo calibre. ¿No lees en los libros de Kardec que debemos abordar nuestra reforma interior?

– ¿Y de qué están hablando? Quiero decir, si me reformo interiormente, ¿no atraeré estas entidades perturbadas?

– Sí. Prefiero que evites la palabra reforma. Aunque se tradujo así, no es más que un ejercicio diario que debemos practicar con diligencia; es decir, buscamos entrar en nosotros mismos y comprender qué emociones y sentimientos negativos nos frenan. ¿Por qué nos molestan esos sentimientos? ¿Qué podemos hacer para ser más amables, justos, pacientes y honestos con nosotros mismos y con los demás?

– ¿Y cómo podemos mirar lo que es desagradable en los demás y entender lo que tenemos en común? No sé si me hice entender.

– Entendí. A veces nos sentimos enojados con alguien. ¿Por qué la ira? Puede ser por algo indigno que nos hicieron, puede ser por agresión verbal, incluso física. ¿Por qué esa persona me golpeó? ¿Cómo puedo evitar responder de la misma manera? Por ejemplo: fulano de tal me insultó. Es necesario tener claridad mental para comprender por qué tiene esta actitud. ¿La provocaste? Si es así, necesito cambiar la forma en que hablo con los demás; si no, ¿qué es lo que atrae a las personas que actúan así hacia mí? ¿Soy agresivo conmigo mismo? ¿Me maldigo cada vez que hago algo mal? ¿Me culpo a mí mismo? Bueno, si empiezo a mirarme a mí mismo de manera amorosa, perdonando mis faltas y queriendo cambiar mi forma de ser, queriendo convertirme en mi amigo, mi aliado y no mi enemigo, entonces estoy en el camino de la reforma interior.

- ¿Significa esto que necesito aprender a ser mi amigo para evitar ser acosado por espíritus perturbados y personas agresivas, por ejemplo?

- Exactamente. Atraerás a personas con ideas afines. Si crees que eres inferior, que eres una persona llena de negatividad hacia ti mismo, ¿qué podrías atraer?

- Es verdad. A veces me sorprendo llamándome estúpida.

- Si tú, que vives contigo misma todo el día, tiendes a maldecirte por algo, imagina tus pensamientos en relación con una persona que no conoces. También es importante si prestas atención a los juicios diarios, juicios que haces sobre ti misma y sobre los demás. Y necesito que aprendas a ser más indulgentes contigo mismas y con los demás.

Solo así el mundo evolucionará hacia un planeta donde, efectivamente, solo exista paz y armonía entre sus habitantes.

- Creo que estoy empezando a entender mejor lo que significa esta reforma. Gracias.

- Estelita necesita estar rodeada de gente que la quiera. Cuando salga de casa y comience una nueva etapa, tendrá todas las herramientas para comprender mejor por qué vive así. Espero poder acercarme a ella más a menudo. Cuento contigo. Que la paz esté contigo. ¡Salve!

Magda se despidió y Dirce bostezó un poco.

- Sentí una fuerza admirable proveniente de esta entidad.

- Fue una conversación muy interesante - comentó Claudette -. Dijo que se llamaba Magda. Que tiene mucha afinidad con Estelita.

- Debes ser su mentor espiritual.

- ¿Será? - Preguntó Claudette y sus pensamientos se fueron volando. Lo que Magda dijo la conmovió.

Últimamente había estado albergando pensamientos despectivos sobre sí misma y pensamientos morbosos sobre la vida.

Dirce notó su conflicto interno y trató de alejarla de esos pensamientos. Sugirió:

- ¿Nos centramos en la foto? Estelita necesita buenas vibraciones.

Claudette estuvo de acuerdo. Apartó esos pensamientos con la mano. Las dos cerraron los ojos y de sus corazones salieron partículas en tonos blancos y dorados, que formaron un puente con el corazón de Estelita.

CAPÍTULO 25

En la habitación, apenas vio a Alfredo y Angelina, Estelita no pudo contener tanta felicidad.

– ¡No puedo creerlo! – Dijo mientras los abrazaba emocionada –. Tía Angelina, ¿qué buenos vientos te traen?

– Te extrañaba.

– Yo también, hermanita. Me moría de nostalgia. Qué maravilloso volver a verlos.

Felisberto entró en la habitación. Había llegado recientemente de un viaje. Los saludó y todos se sentaron. Estelita se pegó a Alfredo y se sentaron en la cama. Angelina y Felisberto estaban sentados en sillones dispuestos en frente a la cama.

– ¿Mamá te contó lo que pasó?

– Sí, hermanita. Lo dijo.

– Me siento tan avergonzada, Alfredo.

– No debes. Ella no hizo nada para avergonzarse.

Quien debe avergonzarse y el chico que hizo esto contigo – dijo Felisberto –. Habría hecho otros arreglos, pero Estelita no quiere tener nada que ver con él.

– No lo recuerdo – añadió Alfredo –. Es de la clase de Antoinette.

– Es un *dandy*, sin juicio – añadió Felisberto –. Y tan cobarde que huyó al extranjero. Y todo con la aprobación de los padres. Absurdo.

- Mejor así - comentó Alfredo -. Estelita no quiere ver a este tipo ni siquiera pintado de oro delante de ella. Incluso si él quisiera, ella no lo aceptaría. Ya hemos resuelto un problema.

- De acuerdo - intervino Angelina -. Si quieres criar a tu hijo sola, cuentas con todo nuestro apoyo.

- La sociedad...

- Al diablo con la sociedad - gritó Alfredo -. He aprendido a ser más fuerte. Le doy más importancia a lo que siento. No me importa lo que piense la sociedad.

- Alfredo siente de primera mano cuánto necesita enfrentar a la sociedad - agregó Angelina -. Tu hermano sabe lo que dice.

Estelita y Felisberto se miraron sin entender nada. Alfredo tomó la palabra:

- Te lo explicaré mejor más tarde, hermana. Ven aquí porque tenemos una propuesta.

- ¿Una propuesta? - Preguntó esperanzada.

- Sí - dijo Angelina -. Queremos que vengas a vivir conmigo a Río.

Los ojos de Estelita vibraron de emoción. Ella apenas podía hablar.

- ¿Vivir... vivir en Río? ¿Con ustedes?

- Sí, hermana, por ahora. Pronto yo también me casaré y tendrás la deliciosa compañía de la tía Angelina.

- ¿Te vas a casar?

- Lo haré. Te encantará Dirce.

- Felicitaciones - dijo Felisberto -. Por tu forma de hablar, debes amar a esa mujer.

- ¡Y como! Dirce es la luz de mi vida.

- Una mujer admirable - concluyó Angelina.

- ¿Por qué no lo trajiste contigo?

- Porque vinimos a rescatarla - bromeó Alfredo señalando a Estelita.

- A mamá no le gustará. Quiere llevarme a Botucatu, encerrarme en un convento. Sabes cuánto odio ese tipo de ambiente.

- Lo sé. Claro que lo sé. Recuerdo lo doloroso que fue cuando tuviste que hacer tu primera comunión. Casi te desmayas, para horror de mamá.

Se rieron y Felisberto añadió:

- Tan pronto como llegó a casa, se arrancó su vestidito blanco, su velo. Fue tan gracioso.

- ¿Qué es eso que mamá quiere que vayas a un convento?

- Es idea de Teresa - observó Felisberto.

- ¡Ah! - Alfredo hizo un gesto con la mano -. ¡Esa mujer! ¿Mamá sigue siendo amiga de ella?

- No solo sigue, sino que acepta todo lo que dice.

- A Teresa no le gusto - comentó Estelita.

- No sé nada de eso - fue Alfredo quien habló -. Pero ella siempre se involucraba en asuntos que no le correspondían tratar.

- Discutí con tu mamá por su culpa - agregó Felisberto. De hecho, tiene muy mala influencia sobre Bernarda.

Bernarda entró al salón y todos guardaron silencio.

Felisberto quiso romper el ambiente tenso que allí se había generado.

- Alfredo, hay un amigo mío allá en Río que nos ofreció su quinta en Petrópolis para que lleváramos a Estelita.

- ¿No es mejor nuestra idea? - Preguntó Alfredo.

Estelita respondió inmediatamente:

- Claro que sí. Me siento muy bien sabiendo que estaré cerca de ti.

Alfredo la abrazó tiernamente y Bernarda quiso saber:

– ¿Cuál es la idea? ¿Puedo saber?

Algo que yo y… – iba a citar a Angelina, pero prefirió ceder –. .. que creo que es lo mejor para todos. Incluso para ti.

– ¿Qué sería bueno, incluso para mí?

– Llevarnos a Estelita a vivir con nosotros.

Bernarda sintió que la sangre le subía a las mejillas.

– ¿Vivir con quién? ¿Con Angelina?

Sí – respondió Angelina –. Vivo en un departamento cómodo. Estelita tendrá una habitación propia. Puedo contratar una criada para que venga todos los días y contratar una enfermera.

– Aunque Dirce querrá participar – intervino Alfredo.

Bernarda se sintió confundida con sus ideas.

– No estoy entendiendo. ¿Quieren llevarse a Estelita, en este estado, a vivir a Río?

– Sí, madre. Allí nadie la conoce. ¿No te importan los comentarios de otras personas? Bueno, estamos resolviendo el problema no solo para Estelita, sino también para ti.

– Preferiría que fuera a un convento.

– No iré – dijo Estelita de inmediato.

– ¿Cómo te atreves? Lo arruinaste, ahora soy yo quien tiene que arreglarlo. Y yo decido cómo será a partir de ahora.

– Negativo – observó Felisberto –. Estelita es mayor de edad. De hecho, en esta sala todos somos adultos. Tiene derecho a elegir lo que hará, ya no es una niñita que cumple tus propósitos.

Bernarda se sintió avergonzada. Quería tomar el control de la situación, pero al mismo tiempo, en el fondo, tenía un deseo enorme de deshacerse de su hija y de esa situación incómoda. Reflexionó sobre las palabras:

– Si creen que lo mejor es que ella se vaya a Río, háganlo. Solo puedo decir una cosa: a partir de ahora ya no quiero saber qué pasará… Dejo de lado mis responsabilidades como madre. Me lavo las manos.

- Mejor así - asintió Felisberto -. Estelita estará bien atendida. Es la oportunidad para ella de tener una nueva vida.

- ¿Nueva vida? ¿Madre soltera? ¿Qué hombre estará interesado en ella?

- Eso no viene al caso, mamá. Yo cuidaré de mi hermanita. Lo que importa, por ahora, es que descanse y tenga un embarazo tranquilo.

- ¡Hablan como si fuera algo natural!

- Esperar nueve meses para tener un hijo es natural - observó Angelina -. Estelita se va a preparar para ser madre. ¿Cuántas en su lugar quisieran ser madre y no pueden, por algún motivo concreto?

- ¡Ella no está casada! - Las palabras de Bernarda se convirtieron en un grito.

- No me importa - confesó Estelita -. Estoy cansada de vivir atrapada en esta habitación, que me traten como a una enferma. ¡Quiero vivir! ¡Vivir! - dijo y abrazó a Alfredo. Las lágrimas corrieron libremente.

- Cálmate, hermanita. Tía Angelina y yo vinimos aquí para ayudarte. Estoy segura que una nueva Estelita está por nacer. Es decir, la verdadera Estelita, escondida bajo varias capas de rechazo, miedo y culpa.

- Lo que dice Alfredo tiene sentido - admitió Angelina -. Esta pequeña necesita hacer las paces con el pasado. Y la vida encontró una manera para que ella comenzara su proceso de maduración: convertirse en madre.

- ¿Qué pasado? Apenas cumplió los dieciocho años - lloró Bernarda.

- Estamos hablando de vidas pasadas, mamá. ¿Nunca has oído hablar del Espiritismo? Tía Angelina es espírita y comparto esta maravillosa filosofía de vida. Es decir, algunos lo tratan como religión, otros como Doctrina, pero para mí es una filosofía. Lo importante que aclara el Espiritismo son muchas las dudas que tenemos sobre los procesos de la vida, que muchas veces no podemos comprender.

– ¿Entender qué?

– Comprender por qué algunos nacen sanos y otros enfermos, por qué algunos mueren jóvenes y otros muy viejos, por qué morimos de una forma u otra.

– Te dejaste encantar por esta ahí – señaló a Angelina –. Bien lo que dijo Eurico. Siempre ha sido la favorita de la familia, desde que era una niña. Me alegro que no haya venido a vivir con nosotros. Mira en lo que se ha convertido: una mujer que distorsiona la mente de los demás. Estás desviando a mi Alfredo del buen camino.

– Mamá – protestó –, la tía Angelina no me ha engañado en absoluto. ¿Has olvidado que soy un hombre adulto? Simplemente estaba encantado con esta Doctrina. Nada más.

– Si el cardenal Mota se entera que estás involucrado en estas cosas raras, no sé qué podrá hacer.

– ¿Qué podrías hacer, mamá? ¿Impedirme entrar a la iglesia? Entro en otra que no está bajo su jurisdicción.

– Como dije – su tono era glacial –, me lavo las manos. Si se quieren llevar a María Estela de aquí, que venga. No soy responsable de ella ni de nada de lo que le pase a ella o a este... niño – Ella iba a salir, pero antes dijo:

– No hay vuelta atrás, ¿me oyes, María Estela?

– ¿Cómo, mami?

– Si sales de esta casa, no hay vuelta atrás. Si algo sale mal en Río, ni se te ocurra buscarme. ¡Te pongo en manos de Dios!

Bernarda giró sobre sus talones y cerró la puerta de golpe.

Angelina se acercó y dijo con voz tierna:

– Cariño, sabes que siempre puedes contar con nosotros, ¿verdad?

– Sí, tía. Estoy un poco asustada. Después de todo, nunca salí de casa.

– No dejaré que te falte nada – aseguró Felisberto –. Sabes que, siempre que pueda, te visitaré.

– Tú también me tienes a mí, hermanita. Conocerás a Dirce y la amarás. Ella es enfermera y estará a tu lado durante este período. Todo va a funcionar. Confía en los nosotros.

– Yo confío. ¡Confío en ustedes! Gracias.

Se abrazaron y gotas de luz se esparcieron por la habitación, calentando el corazón de los tres, es decir cuatro, porque allí ya latía un corazoncito. Aunque todavía estaba débil, pero seguía latiendo, demostrando que pronto Estelita tendría a alguien más en quien confiar.

CAPÍTULO 26

Bernarda entró en la habitación y, al principio, se sintió enojada. No exactamente con Estelita, pero sí rabia por todo, especialmente de la vida.

Realmente desearía no tener a esa chica. Mira el resultado - gritó mientras caminaba por la habitación. Iba y venía en la misma dirección. Solo lleva cinco años dándome trabajo. Es una molestia, un error que cometí. Si no fuera por la iglesia... habría terminado con esta pesadilla allí atrás. Fue idea de Teresa. Debí haber abortado. Mi amiga tenía razón.

Se acordó de Teresa. Bajó al pasillo, cogió el teléfono y marcó un número. Una empleada atendió y sabiendo que era Bernarda, corrió a llamar a su ama. Teresa respondió con alegría en su voz:

- ¡Estaba pensando en ti, Bernarda! ¿Todo bien?

- Todo está mal.

Bernarda le contó la llegada de su hijo y su ex cuñada.

Teresa rio con satisfacción:

- Deberías agradecer al cielo. Te deshiciste de ella sin hacer ningún esfuerzo.

- Le dije que ella ya no es bienvenida en esta casa.

- Es lo correcto. Si debe saberlo, no creo que tu hija haya tenido nunca problemas psicológicos.

- ¿De verdad piensas eso? Pero tú siempre decías...

Teresa la interrumpió:

– Siempre lo dije, lo sé. Pero ahora, después de todo eso que sucedió, creo que me equivoqué. Ella no es la tonta que siempre pareció ser. Es inteligente. Encontró la manera de salir de casa para tener la vida libertina que siempre soñó.

– Está embarazada, Teresa. ¿Cómo puede pensar en tener una vida desenfrenada?

– ¿Con esa tía a cuestas? ¿Una loca? ¿Recuerdas lo que dijo Eurico sobre su hermana? – Teresa, obviamente, se lo estaba inventando y Bernarda ni se dio cuenta.

– No me acuerdo...

– ¿Cómo no? – Enfatizó Teresa para darle más verdad a sus palabras.

– Eurico apenas habló de ella. Era una niña de catorce, quince años. Cuando hablaba de ella, incluso la elogiaba.

– Se abrió conmigo una vez, ¿sabes?

– Nunca me dijiste eso, Teresa. ¿Qué historia es esta?

– Fue justo antes de la boda. Estabas ocupada con los preparativos. Un día, se abrió conmigo. Dijo que su hermana estaba un poco loca, muy moderna para su edad. Llevaba una falda casi hasta la rodilla, se cortó el pelo corto. Todo esto para insultar a la sociedad. Siempre intrascendente. Incluso dijo que ella era la responsable de la muerte de sus padres.

– Eso es demasiado, Teresa. Los padres de Eurico murieron en un accidente.

– Así es. Eurico pensó que se habían ido de viaje porque estaban avergonzados de su hija. Si no hubiera sido la loca que era, sus padres no habrían viajado. Por tanto, ella era la responsable.

– Pensando de esta manera...

Pensar de esta manera torcida, o sea, ese era el pensamiento de Teresa; confundida, ella dijo:

– Ella pretende ser una mujer honesta. ¿Viste lo arrogante y petulante que estaba en la fiesta? ¿Y el escote del vestido? ¡Una provocación!

- Estaba preocupada por los invitados, no les presté mucha atención.

- Pero yo sí. La vigilé. Incluso le ordenó a uno de los empleados. Muy engreída - mintió.

- El caso es que ganaron. Se llevarán a María Estela lejos. Al menos eso me consuela, ¿sabes?

- Un problema menos. ¿Almorzamos juntas mañana?

- Sí, podemos. Ven a casa. Después de todo, pronto nuestras familias se unirán.

- Tu yerno es un amor.

- A mí también me gusta Rami y Samir. No deja que me falte nada.

- Qué suerte la tuya. Todavía tengo el alquiler de las propiedades que me dejó mi padre. Si no fuera por eso...

- Desafortunadamente, te casaste con un pobretón.

- Felisberto no es pobre. Gana un buen salario y tiene dos casas alquiladas.

- ¿Y eso es ser rico?

- ¡Insististe en que me casara con él!

Eso era cierto. Pero Teresa, siempre astuta, mintió:

- Estaba a punto de recibir una herencia, ¿recuerdas? ¿Cómo íbamos a suponer que la familia quebraría inmediatamente después de la boda? No soy psíquica.

- Tienes razón.

- No sé por qué sigues casada con él. Juro que no entiendo...

Ni siquiera Bernarda sabía por qué seguía casada con Felisberto. Lo encontró atractivo. Era un hombre apuesto, alto y de cuerpo bien formado. Era uno de los deportistas del equipo de remo del club. Al poco de quedarse viuda, durante un torneo en las aguas del río Tietè, Teresa comentó que era sobrino de un hacendado muy rico. A Bernarda le pareció interesante. Felisberto era joven, educado, viril y heredero... Cuando los presentaron, tenía a Estelita en su regazo. De hecho, él se había enamorado del pequeño bebé. Algo en ella le atrajo mucho. Un amor fraternal, obviamente. Felisberto no lo sabría ni sabría explicar, pero gran parte de la decisión de unirse a Bernarda fue por el amor que sentía por la niña.

Si pudiera tener acceso a sus vidas pasadas, Felisberto no se sorprendería al saber que él fue el padre de Estelita en su última vida. La amaba mucho, hasta el punto de entregarla a monjas que sabrían cuidarla mejor de ella y darle una vida mejor y digna. Pobres y sin recursos, él y su esposa no vieron otra manera de brindar un futuro digno a su pequeña hija.

Bernarda tuvo otro tipo de relación con la niña, cuyo vínculo se aclarará más adelante. Sin embargo, cuando terminó la llamada telefónica, Bernarda se quedó pensando en su vida de los últimos años. Había criado a tres hijos, uno de los cuales ya había abandonado el nido. Alfredo se había hecho hombre y manejaba su propia vida. Antoinette estaba a punto de casarse y también seguiría su propio camino. Allí estaba Estelita – María Estela para ella, siempre –, que se había convertido en su fardo. Ahora estaba libre de esa carga. El matrimonio con Felisberto continuó de forma prolongada y monótona. Estaba cada vez más ausente, viajaba mucho. Se divertía con sus amigas de sociedad, especialmente Teresa, una amiga de mucho tiempo. Pensó y pensó y, en un instante, apartó los pensamientos con la mano.

– No quiero pensar en nada – dijo en voz alta –. Voy a reformar la casa, cambiar los muebles. Es lo que necesito.

CAPÍTULO 27

La llegada de Estelita a la capital del país estuvo marcada por momentos muy emotivos. Al salir del aeropuerto y tomar el auto de alquiler rumbo a Flamengo, se enamoró de la maravillosa vista que le presentaba el camino. Quedó encantada con el Pan de Azúcar y el mar. ¡Cómo amaba el mar! Ya no recordaba cómo él había sido parte de una época lejana, cuando Felisberto la llevaba a pasear por Guarujá. Eso fuera cuando era pequeña. Ahora, viendo el mar frente a ella recordó esos tiempos. Sonrió.

– ¿Te está gustando? – Preguntó Angelina.

– Estoy apasionada. Ya conocía la capital por revistas y postales. ¡Pero vivirla es mucho mejor!

– Te adaptarás muy bien a la ciudad. El verano es muy caluroso. A veces, en invierno, hace mucho frío. No llueve como en São Paulo, pero estoy segura que aquí te irá muy bien.

– También lo creo. Estuve atrapada en esa habitación durante tanto tiempo, triste, sin saber exactamente qué hacer.

– Y ahora la vida se desarrolla y te muestra que puedes y debes ser feliz.

– ¿De veras lo crees? – Hizo la pregunta mientras se pasaba la mano por el vientre.

– No te preocupes por lo que van a decir. Eres dueña de tu propia vida.

– Lo sé. Pero los comentarios desagradables de la gente nos afectan.

– Te golpean si te dejas golpear – explicó Angelina.

Mira, cuando construimos una buena autoestima; es decir, cuando permanecemos a nuestro lado en cualquier situación, no hay razón para que las personas tengan más fuerza que tú.

Cuanto más fuerte seas por dentro, más te ames y te aceptes tal como eres, más fácil te resultará lidiar con los comentarios de otras personas. Tomemos mi caso, por ejemplo.

– ¿Qué tienes? Eres tan hermosa, tan elegante. ¿Qué pueden decir de ti?

– Que soy solterona, que no me casé porque tengo un problema. A veces siento que algunos dedos acusadores se vuelven contra mí. Claudette, una amiga que conocerás, también pasa por la misma situación. Son blancos fáciles para la gente que cree que solo hay una manera de vivir, una manera de actuar, como si todos viviéramos dentro de una cajita con una etiqueta. Hay una gran necesidad que la gente nos etiquete. Soy la solterona, desamparada, no amada.

– ¿Eso no te afecta?

– Para ser honesta, hubo un momento en el que me molestaban los comentarios de otras personas hasta que comencé a aceptarme como soy, con todos mis defectos y cualidades. Dejé de maldecirme y me corregí. Me trato a mí misma con amor y, al actuar así conmigo misma, también actúo de forma amorosa con las personas que me rodean. Esta energía, de amor, se esparce donde quiera que vaya. Los comentarios pierden su tipografía y, cuando aparecen, no me afectan.

– ¡Me gustaría ser fuerte como tú!

– Podrías ser lo que quieras. Ya te lo dije cuando nos conocimos. Todos podemos convertirnos en mejores personas para nosotros mismos y, en consecuencia, para el mundo. Eso es lo que cuenta: nacer, atraer el bien y difundir el bien.

Estelita abrazó a Angelina.

– ¡Ay tía! Qué hermoso es escuchar estas palabras. Me animas a querer cambiar y cuidarme mejor.

– Cuenta conmigo para lo que necesites.

Se acercaban al edificio cuando Estelita comentó:

– Realmente quería que Alfredo estuviera aquí. Lástima que tenía un compromiso.

– Necesitaba ir a la oficina. Está en el centro de la ciudad.

– ¡Pero hoy es domingo!

– Tu hermano tiene razón, es muy profesional. Él acabó de graduarse, solo es pasante. Por el momento, está luchando por implementarse. Quiere casarse pronto.

– Tengo curiosidad por conocer a su novia.

– La conocerás y estoy seguro que te encantará.

– Dirce es su nombre, ¿verdad?

– Sí. Ella es enfermera. Te ayudará durante el embarazo.

– Me alegro de saberlo. Ya me gusta ella. Dirce.

El coche aparcó y Jacinto, el portero, vino a darles la bienvenida.

– ¡Doña Angelina! Otro viaje rápido.

– Buenos días Jacinto. Esta es mi sobrina, María Estela. Todos la llaman cariñosamente Estelita.

Extendió la mano y saludó a Jacinto.

– ¿Cómo está usted señor?

– Además de ser linda es educada. Mucho gusto.

Recogió las bolsas. Estelita llevaba un poco. Angelina había decidido que, en cuanto llegaran a la ciudad, comprarían telas y luego acudían al taller de una conocida modista para confeccionar vestidos y conjuntos.

Cuando entraron al apartamento, Claudette y Dirce las estaban esperando.

Claudette vino a saludarlas.

– Hola Estelita. Soy Claudette.

Soy amiga de la tía Angelina que trabaja en la misma revista que ella.

– Eso ya me conoces. Qué bueno.

Dirce se acercó y se presentó:

– Hola soy Dirce.

Estelita se sorprendió al verla. Era una época en la que las relaciones entre personas de diferentes etnias no eran tan comunes. Lamentablemente, aun hoy, más de setenta años después que contáramos esta historia, el flagelo del prejuicio insiste en manifestarse. Estelita, tal vez porque la conmovía tanto cariño, de repente abrazó a Dirce.

– Es un gran placer conocerte. Estoy muy feliz porque haces vibrar el corazón de mi hermano. Alfredo te ama. Así que solo puedo estar encantada contigo.

– Gracias Estelita. Qué amable de tu parte. La gente se sorprende al verme con Alfredo, lamentablemente. Es una lucha constante y diaria que libramos contra el prejuicio.

Lo acepto. Aprendí de Angelina y de mis amigos espirituales que debemos combatir todo tipo de discriminación con amor. Quienes nos acusan son los desgraciados que todavía tienen mucho que aprender sobre la fraternidad y la solidaridad.

– Todos somos seres humanos. Algunos altos, otros bajos, unos nacen varones, otros hembras; hay quienes tienen preferencias muy diferentes a las nuestras, igual que hay blancos, negros, morenos, asiáticos, delgados, gordos... Pero repito: somos humanos. Y como tal, debemos respetarnos unos a otros, admirarnos, amarnos. Eso es lo más importante. El resto, es el resto...

– Descansen – añadió Claudette, hablando más para sí misma que para ellas.

– ¿Será que podré vivir con ustedes? Son muy inteligentes y cultos. Quiero que me enseñen a tratarme mejor.

– Encontraste el trío que te ayudará a dar nueva estimulación a tu vida – comentó Angelina.

– No solo tu vida – corrigió Dirce – sino esta vida que pulsa aquí – pasó suavemente su mano por el vientre de Estelita –. Nacerá un niño fuerte y sano.

– ¿Cómo lo sabes? – Estelita se sobresaltó.

– Luego te lo contamos – sonrió Angelina –. Debes estar hambrienta.

– La comida está lista – dijo Claudette –. Vamos a la cocina. Dirce preparó platos maravillosos para la ocasión.

– Es necesario comer bien y ganar peso, por el bien propio y del bebé – comentó Dirce –. Entonces ven. Te trataremos con todo el cariño y cuidado. Sé bienvenida.

– Ven, cariño – Angelina la envolvió alrededor de su cintura –. Siéntete como en casa. De hecho, este será tu hogar a partir de ahora. Espero que te guste.

Miró a su alrededor y le encantó la decoración minimalista, los pocos muebles dispuestos con elegancia. Se volvió hacia la ventana y la vista era impresionante.

– Gracias tía. Muchas gracias – dijo y se puso a llorar.

Las tres la abrazaron con mucho cariño. Estelita estaba realmente emocionada. Su madre y su hermana siempre la habían tratado con frialdad. Tuvo el amor de Alfredo, pero él ya llevaba algunos años viviendo fuera de casa. Felisberto, a quien consideraba su verdadero padre, necesitaba viajar mucho. Se sintió sola. Además, estaban las pesadillas, los sueños extraños. Había sido un periodo difícil; sin embargo, parecía que ahora todo estaba amaneciendo. Estelita sintió que frente a ella se abría una vida buena y nueva. Se sintió amada y acogida.

CAPÍTULO 28

Bernarda se preparó con aplomo. Habían pasado tres meses desde que Estelita se fue de casa. La boda de Antoinette era en dos días. Estaba eufórica. Estaba segura que sería la boda del año. Teresa tenía influencia sobre la alta sociedad de la época y periódicos y revistas cubrirían el evento. La emisora quiso grabar el acontecimiento, pero un equipo pesado impidió que se pudiera filmar la boda. Aun así, Bernarda estaba segura que sería un acontecimiento.

El conductor la dejó en casa de Teresa, quien vivía en una mansión ubicada en la elegante Avenida Paulista. Así que bajó y fue hacia el portón, vio a uno de los Matarazzo. Saludó, fue saludada y escuchada:

– Estaremos en la boda de su hija.

Escuchar eso fue como flotar hacia el cielo. La familia Matarazzo asistiría a la boda de su hija. Hubo mucha emoción.

Teresa vino a buscarla al jardín.

– ¿Qué cara es esa?

Acabo de encontrar uno de los Matarazzo. ¡Confirmó que irá a la boda de nuestros hijos!

– ¡Claro! Estoy casada con uno de los hombres más ricos de esta ciudad. ¿Qué querías? El dinero atrae dinero.

– Qué suerte tener un hijo con Rami.

– Espera. Rami no es mi hijo. Es mi hijastro.

– Es la misma cosa. Lo tratas como a un hijo. Estás casada con Samir – hizo los cálculos –, mmm, interesante.

– ¿Qué es interesante? – Quiso saber Teresa.

- Nunca me di cuenta.

- ¿De qué?

- Que te casaste con Samir justo después que yo quedara viuda. Fue el mismo año.

- ¿Y eso?

- Nada, Teresa. Fue solo un comentario.

- No entiendo la correlación entre una cosa y otra.

- Olvídalo. ¿Confirmaste con la modista? ¿Está todo bien? ¿El conductor recogerá a Antoinette a la hora acordada?

- Estás muy eufórica, Bernarda. Todo estará bien. ¿Olvidaste que yo me ocupo de todo?

- Es verdad. Tú te encargas de todos los preparativos.

- Solo cuida tu apariencia. Y trata que Felisberto use un traje adecuado. Se viste muy mal.

- Te metes con él, ¿no? Incluso se viste bien.

- Espero que hayas contratado al sastre que te recomendé.

- Claro. Felisberto llega esta noche de su viaje. Ya sabes que mañana le harán una prueba a su terno y le harán ajustes, si es necesario.

- Él entrará con Antoinette - Teresa suspiró.

- Necesita estar impecablemente vestido.

- Bueno, así será. Lo puedes creer. No te decepcionaré.

Teresa asintió y cambió de tema:

- Ven. Vayamos a nuestras pequeñas conversaciones. Escuché que la hija de Yvone está teniendo un romance con uno de los Crespi...

Y así Teresa mantenía a Bernarda al tanto de los chismes de la sociedad.

~ O ~

Mientras tanto, Alfredo intentaba calmar a Dirce. Es solo una boda. Vámonos por la mañana, miramos la ceremonia. Luego vamos a la fiesta. Dormimos en la casa de mamá. Puedes utilizar una de las habitaciones de invitados o incluso la habitación de Estelita. Al día siguiente regresaremos a Río.

— No sé. Ya sé que mi presencia no sería del agrado de tu madre.

— Dirce — Angelina tenía un tono firme en su voz —, hacemos ejercicios diarios de autoestima. En la practica debes aplicar lo que aprende. Ya has afrontado muchos problemas, has enfrentado situaciones mucho peores.

— Es verdad — añadió Alfredo —. Te han confundido con una criada, una lavandera, parada en la puerta de una tienda...

— Lo sé. No me importa que me confundan con estos trabajadores. Son personas honestas, que trabajan duro.

— Yo lo sé, mi amor. Sociedad prejuiciosa. Cuando digo que te confunden con una sirvienta es porque la sociedad solo ve a los negros en trabajos sencillos. Dicen que no tienen prejuicios, pero no aceptan un profesor negro ni un médico negro.

— Yo era la única negra del curso de enfermería. Una vez, un profesor me pidió que limpiara su salón. Hasta que le expliqué que era estudiante del curso, fue un tormento.

— Por este motivo debes ser impermeable. Eres una mujer digna de respeto. Te quiero mucho y siempre seré tu aliado para luchar juntos contra todo tipo de prejuicios.

Ella lo besó y asintió.

— Así es. Enfrentémonos a doña Bernarda y a la sociedad de São Paulo.

— Así es — añadió Estelita —. ¡Me has estado diciendo tanto sobre tantas cosas!

— Es verdad — comentó Angelina —. Estelita ha cambiado mucho. Está más sonrojada...

— Y más feliz — dijo —. Estar contigo es algo que me gusta mucho.

— ¿No quieres venir con nosotros? — Preguntó Dirce.

- Me gustaría, pero mamá me lo prohibió. Antoinette también dijo que no soy bienvenida. No quiero ningún disgusto. Además - se pasó la mano por el vientre, que empezaba a hincharse -, mamá y Antoinette estarían poseídas si yo aparezco así.

- Es tu hermana quien se va a casar.

- Lo sé, Dirce. Debes saberlo, nunca tuvimos una buena amistad. Antoinette y yo nunca nos llevamos bien. No quiero tener una relación con alguien a quien no le gusto.

- Estás aprendiendo a valorarte - dijo Angelina, feliz.

- El poco tiempo que pasé contigo, el cambio de aires; en fin, son una serie de factores que me hicieron reflexionar sobre mí misma. Estaba muy aburrida, sin vida, sin ganas de hacer nada. Al mismo tiempo, el hecho de estar esperando un hijo me muestra cuánto debo luchar para que el embarazo continúe tranquilo y que mi hijo nazca fuerte y sano. Eso es lo que deseo por ahora.

- También necesitas pensar en otros aspectos de la vida, por ejemplo, ¿qué piensas hacer a partir de ahora? ¿Tienes intención de estudiar, trabajar, qué es lo que realmente quieres, además, obviamente, de ser madre?

- Dirce, confieso que todavía no he reflexionado sobre estos aspectos.

- Esperemos a que nazca el bebé - propuso Angelina -. Después, seguro que Estelita pensará qué hacer.

- Tampoco quiero ser un trabajo duro. No tengo dinero por ahora. Sé que mi pequeño bebé y yo generaremos gastos.

- Deja eso conmigo - intervino Alfredo -. Mientras esté vivo, siempre podrás contar conmigo. No dejaré que te falte nada. Felisberto también contribuyó a los gastos.

- Yo también ayudaré - añadió Angelina -. Te invité a vivir conmigo. Pensé en este tema, el financiero, y te prometo que por mi parte no dejaré que te falte nada.

- Eres muy amable - suspiró Estelita -. No tengo palabras para agradecerles tanta generosidad.

- Te lo mereces, hermanita. Tienes derecho a empezar de nuevo tu vida, de la forma que más te convenga. Cuenta con nosotros.

- Gracias - finalizó dejando escapar una lágrima por el rabillo del ojo.

CAPÍTULO 29

Llegó el día de la boda de Antoinette y Rami. El Sol ya había salido cuando Alfredo y Dirce desembarcaron en el aeropuerto. Apenas recogieron las maletas, Alfredo comentó:

– Finalmente, conocerás un poco sobre São Paulo. Es una pena quedarse solo un rato.

– Me encantaría visitar el centro de la ciudad, ir a los estudios del Barão de Itapetininga... ah, también está Lago da Sé, Praça da Republica...

– No faltan lugares para visitar. También podemos acercarnos al MASP, el museo de arte situado en la Rua Sete de Abril. Es cerca de Barão de Itapetininga.

Recogieron las maletas. Alfredo caminó un poco adelante y luego tomaron un taxi. Dirce, un poco atrás, valoraba los transeúntes, el movimiento de aviones. De repente, se acercó una señora y preguntó:¿Podrías por favor llevarme esas dos maletas?

Dirce no entendió.

– Lo siento, ¿qué quieres?

– Esas maletas – señaló la señora –. Llévaselos al conductor por mí.

Ella tartamudeó. Quedó sin acción. Alfredo apareció y preguntó:

– ¿Qué te pasa, mi amor?

Los ojos de la dama se abrieron como platos.

– ¡Oh! Tú no trabajas aquí...

– No, mi señora. Ella no trabaja aquí. Es mi prometida.

Ven mi amor. El taxi nos espera.

Tiró suavemente de la mano de Dirce. La señora se sintió avergonzada, pero pronto se encogió de hombros y fue detrás de otra persona para que cargara sus maletas.

- No sabía qué decir - dijo Dirce, apenas subieron al taxi.

El conductor los miró seriamente. Alfredo dio la dirección y pronto estaban parados en la puerta de la mansión.

Raimundo acudió a contestar y, al ver a Alfredo, volvió a sonreír, feliz.

- ¡Alfredo! Qué bueno volverte a ver. ¿Tuviste un buen viaje?

- Sí, Raimundo. Muy bueno.

Se inclinó hacia un lado y Raimundo miró a Dirce. Al principio él tampoco entendía nada. Muy comedido, él se limitó a sonreír y saludarla.

- Buenos días señorita...

- Dirce - añadió Alfredo -. Señorita Dirce, todavía. Es mi prometida Raimundo. Trátala muy bien, ¿entiendes?

Raimundo asintió con la cabeza.

- Sea muy bienvenida.

- Gracias.

- ¿Dónde está mamá? ¿Y Antoinette?

Alfredo, hubo un pequeño cambio de planes. El novio va a salir de casa de su tío y doña Teresa pensó que lo mejor sería que Antoinette, doña Bernarda y Felisberto fueran a la iglesia cercana a su casa.

- ¿Entonces solo estamos Dirce y yo en la casa?

- Sí. Si me das unos minutos, puedo arreglar el almuerzo.

- Buena idea, Raimundo. Pídales que nos preparen un plato sencillo. Voy a llevar a Dirce a dar un paseo rápido. Pronto regresaremos para prepararnos para la ceremonia.

- Sí, señor.

Raimundo salió a preparar el almuerzo y Alfredo le mostró la casa a Dirce.

– Realmente y muy hermosa. Tu madre tiene un gusto excelente.

– Mamá redecoró la casa. ¡Todo es de ella!

– Los muebles, los objetos, los cuadros son preciosos.

– Cosas de doña Bernarda. A ella le gusta cuidar la casa. ¿No preferirías descansar, querida?

Llegamos temprano. Tenemos mucho tiempo hasta la boda. Ya te peinaste, trajiste tu ropa. También traje la ropa. La llevaré para que la planchen. Podemos aprovechar la oportunidad para ir al centro de la ciudad.

– Excelente. Tengo muchas ganas de salir a caminar.

Los dos almorzaron y Alfredo sacó uno de los autos del garaje. Llevó a Dirce a visitar algunos de los puntos turísticos de la ciudad, entre ellos la Avenida São João, conocida en la época como el *Broadway* brasileño, por su gran número de cines y teatros, y el Museo Ipiranga, cuyos jardines encantaron a Dirce. Regresaron a última hora de la tarde. Alfredo le había regalado a Dirce un vestido verde mar, con cartulina impecable, adquirido en *Maison Dior*. Al oírla bajar, Alfredo silbó:

– Estás hermosa. ¡Una diosa!

– No exageres.

Raimundo traía una bandeja con agua y Alfredo quiso saber:

– ¿No se ve hermosa mi novia?

Raimundo asintió emocionado:

– Muy bonita. ¡Hermosa!

– ¿Estás seguro? – Dirce estaba insegura –. Creo que falta algo...

Alfredo movió los hombros.

– No sé lo que falta. El vestido te quedó muy bien.

Notó que Raimundo la miraba de una manera inusual.

- ¿Qué pasó, Raimundo? ¿Tú también crees que falta algo?

Se aclaró la garganta y dijo en voz baja:

- Si me permites...

- ¿Qué? Claro que puedes dar tu opinión - animó Alfredo.

- Un momento.

Raimundo se fue llevándose la bandeja. Alfredo y Dirce se miraron.

- ¿Qué podría haber ocurrido? - Alfredo no entendió nada.

Raimundo llegó después, jadeando. Llevaba un delicado sombrero, en tonos similares al vestido. Se acercó a Dirce y le preguntó:

- Disculpe - y le colocó el sombrerito en la cabeza.

Alfredo no pudo contenerse:

- Pero, ¿qué es esto? ¡Conseguiste hacerla más hermosa!

Dirce corrió hacia el pasillo y miró su imagen en el espejo.

- ¡Raimundo! Donde conseguiste ese sombrero? ¡Me encanta!

Él se sonrojó.

- Yo lo hice.

- ¿Tú? - Preguntó muy curiosa.

- En mi tiempo libre voy a la ciudad a buscar sobras. Algunos comerciantes me conocen y me regalan tiras, trozos de tejidos. Mi abuelo, un antiguo esclavo, hacía sombreros en casa. Aprendí de él y, con el tiempo, comencé a dedicarme a los sombreros de mujer.

- ¡Eres brillante! - Felicitó Alfredo -. Es un sombrero digno de un hermoso escaparate.

- Y sí, Raimundo - asintió Dirce -. Hermoso. Felicidades.

- Deberías invertir en esta carrera - animó Alfredo.

Él se rio torpemente.

– ¿Yo? ¿Negro y pobre? ¿Trabajar en moda? Solo si voy a ser sirviente en el estudio.

– No te subestimes, Raimundo. Tienes talento.

– Yo sé pero...

– Mira. Animo a Dirce a valorarse a sí misma. No será el color de tu piel lo que te limitará en la vida.

– Ella te tiene a ti para apoyarla. Yo no tengo a nadie.

– ¿Cómo no? – Protestó Dirce –. Me tienes a mí. A partir de ahora seré tu amiga y cliente. Y te voy a dar una sugerencia.

– ¿Cuál?

– Quiero que me hagas dos sombreros parecidos a éste.

– Tú vives muy lejos.

– No hay problema – comentó Alfredo –. Te daré mi dirección en Río. Y no te preocupes. Después de la boda de Antoinette, te pagaré por adelantado para que compres los materiales necesarios. Cuando estén listos, llámame. Arreglaré una manera para que nos envíes los sombreros.

Los ojos de Raimundo brillaron de emoción.

– ¿En serio? ¿Puedo hacerlos?

– No solo puedes, sino que debes – afirmó Dirce –. Tienes un talento y debes usarlo y abusar de él.

Raimundo se quedó sin palabras. Que su trabajo fuera reconocido, aunque tímidamente, fue una gran victoria.

– Puedes llegar lejos – lo animó Alfredo.

Vamos a apoyarte, puedes estar seguro.

Apenas podía contenerse ante tanta felicidad. Nació pobre y provenía de una familia de antiguos esclavos que, tras la firma de la Ley Áurea, ganó la libertad, pero perdió vivienda, comida y trabajo. Los antiguos patrones prefirieron contratar mano de obra extranjera. El gobierno no había creado un plan para que, una vez liberados, pudieran tener condiciones mínimas de vida, como trabajo, salud, vivienda. Simplemente se quedaron por el gusto de hacerlo. Raimundo provenía de una familia que luchaba día tras día por tener una vida con un mínimo de dignidad. Su abuelo le transmitió el oficio de confeccionar sombreros. Su padre había muerto temprano y su madre era lavandera. Consiguieron construir una pequeña casa de dos habitaciones a los lados de Canindé, lugar donde el ayuntamiento, en aquella época, sacaba de las calles y de los edificios a personas sin hogar y pobres, arrojándolas en camiones y arrojándolas en lugares lejanos de las zonas del centro.

De repente, en un pequeño encuentro con el hijo de su jefe, Raimundo empezó a vislumbrar otra vida. Y, a partir de ahora, Raimundo confiaría en ese sueño.

CAPÍTULO 30

Alfredo y Dirce llegaron a la iglesia poco antes de la hora prevista para la ceremonia. Ya sabía, le había dicho su madre, que Antoinette llegaría al menos media hora tarde. Fueron a la sacristía y allí encontraron a Felisberto. Tan pronto como los vio, abrió los brazos.

- ¡Alfredo! Que maravilla que llegaste. Estaba ansioso.

- Aquí estoy. Déjame presentarte a mi prometida. Esta es Dirce.

Felisberto se sorprendió, pero, como no tenía discriminación ni prejuicios en las venas, abrazó tiernamente a Dirce.

- Bienvenida, hija mía.

- Gracias. Mucho gusto.

- El gusto es todo mío.

Felisberto se alejó sosteniendo a Alfredo del brazo.

- Estás preparado para lo que podría pasar, ¿no?

- ¿Lo dices por mamá? - Felisberto asintió -. Por supuesto que lo imaginé. Sé lo que ella podría ser capaz de hacer o decir. Esta es la realidad. Dirce es la mujer de mi vida. A mamá le guste o no.

- Te emparejarán con tu prima Judite.

- Voy a llevar a Dirce a sentarse en la primera fila de asientos. ¿No hay asientos reservados para la familia de los novios? Pues bien. Allí se sentará mi futura esposa.

Dirce sonrió emocionada.

- Gracias mi amor.

– Te llevaré hasta tu lugar – dijo y le pidió a Felisberto:

– Espérame aquí. Vayamos a la puerta a esperar la llegada de la novia.

– Quería venir con Samir en su coche. Despidió al conductor. Cosas de Antoinette.

– Cosas de Teresa, si no intuyo mal.

Felisberto asintió sonriendo. Alfredo tomó a Dirce de la mano y la condujo a la primera fila. Encontró algunos familiares. Tan pronto como indicó el banco a Dirce, notó el disgusto de una tía abuela y dos primas.

– Es mi prometida. Su nombre es Dirce.

Los familiares bajaron la cabeza, avergonzados. Evitaron mirar a Dirce.

– Mi amor, necesito dejarte por ahora. Dentro de poco te veré desde el altar.

Alfredo la besó en los labios y se fue. La tía abuela que estaba allí negó con la cabeza. Los primos se alejaron un poco por lo que ni siquiera tocaron a Dirce, aunque no querían. Ella, algo acostumbrada a este comportamiento, se sentó y miró al frente, observando el altar, la decoración, sintiendo el delicado aroma de las bengalas. Miró al novio y notó que parecía un poco nervioso.

Una prima segunda de Alfredo, sentada a la derecha le comentó a Dirce:

– Me encantó tu sombrero.

– Gracias.

– ¿Dónde lo compraste?

– Es de un modisto aun desconocido.

– Me encantaría tener uno parecido al tuyo – la chica se dio vuelta y se sentó al lado de Dirce. La madre de la chica la miró y se sentó en el asiento trasero.

– No te fijes en mi madre. Ella es anticuada, llena de valores morales obsoletos.

- No me importó. He sentido este malestar desde que nací.

- Mucho gusto, mi nombre es Dalva.

- Mi nombre es Dirce.

- Vi a Alfredo traerte aquí. ¿Son amantes?

- Estamos comprometidos.

- ¡Ah, qué bueno! Y tú, por tu acento, debes ser de Río.

- Sí - Dirce encontró el humor de forma espontánea en que la chica habló.

- ¿Este amigo tuyo tiene un estudio?

- No. De hecho, lo producen de forma casera, de forma artesanal.

- Sabes, trabajo en un estudio. La modista para el trabajo está llena de ideas nuevas, algo modernas. En cuanto vi tu sombrerito, pensé: a la señora Maracas le encantará este modelo.

- ¿Trabajas con Maracas Dubois? Ella es muy conocida en Río.

- Necesitamos encontrar una manera de presentarle a tu amigo para que cosa para ella.

Dirce sonrió. Estaba segura, en ese momento, que el futuro de Raimundo estaba siendo rediseñado. Ellas hablaron emocionadas hasta que empezó a sonar la música, anunciando la entrada de la novia, y todos se pusieron de pie.

Mientras hablaban, ni siquiera notaron el paso del tiempo. Antoinette llegó más de una hora tarde, para disgusto de muchos invitados. Tan pronto como el auto de Samir se estacionó, Felisberto y Alfredo se acercaron. Otro coche, justo detrás, traía a Teresa y Bernarda.

Alfredo abrió la puerta y Antoinette, hermosa, lo miró conmovida:

– ¡Me voy a casar!

– Sí – se rio –. Hoy es tu día.

– Ayúdame a correr el velo.

Alfredo la ayudó y ella saludó a Felisberto. Bernarda lo abrazó efusivamente.

– ¡Qué maravilloso verte!

Estaba a punto de responder, pero poco después apareció Teresa.

– Hola Alfredo – Él respondió asintiendo y ella continuó:

– ¿Has decidido acompañar a la novia hasta el altar?

– Qué pregunta tan infundada. Ya decidimos que Felisberto la va a llevar.

– Preferiría que fueras tú – dijo Antoinette –. Felisberto no es...

Felisberto negó con la cabeza.

– La boda es tuya, Antoinette. Tú eliges con quién entrarás.

– Decidí que voy a entrar con Samir.

Alfredo y Felisberto se miraron asombrados.

– ¿Cómo así? – Alfredo no entendió.

– Mamá, Teresa y yo lo discutimos. Pensamos que sería más prudente que el señor Samir me condujera hasta el altar.

– Como dijo Felisberto, la boda es tuya.

Alfredo jaló a Felisberto del brazo. Bernarda intervino:

– No te enojes. Y como Antoinette no tiene padre, las cosas se ponen mejor...

Alfredo la interrumpió secamente:

– Mamá, no me importa si llevo a Antoinette o no. Simplemente creo que Felisberto debería acompañarla al altar. Es como si fuera su padre.

– Como si fuera... – repitió Teresa –. Pero no lo es.

Él la miró furioso, tomó a Felisberto del brazo y entraron a la iglesia. Aceleraron el paso. Al pasar por la primera fila, le guiñó un ojo a Dirce. Ella notó su disgusto y quedó intrigada, pero no le dijo nada a Dalva.

Samir estaba más lejos del coche, fumaba y ni siquiera se daba cuenta de lo que estaba pasando. Solo escuchó a Teresa llamarlo. Apagó el cigarrillo con el zapato y caminó hacia ellas. Era un tipo tranquilo, no le importaban las órdenes ni los abusos de Teresa. Le tendió el brazo a Antoinette y ambos se detuvieron frente a las puertas. Comenzó a sonar la marcha nupcial, se abrieron las puertas y entraron.

Durante la ceremonia, mientras el sacerdote hablaba, Bernarda paseaba la mirada por la sala. Observó a sus familiares sentados al frente y, más en el medio, vio figuras conocidas de la sociedad.

Había gente de la familia Matarazzo, Crespi, Penteado, Vieira de Carvalho, multitud de apellidos de culto por la sociedad paulista. Más adelante vio a Yolanda, la madre de Decio. La acompañaba su esposo, figura del gobierno de Vargas. Ella sonrió de mala gana.

- Teresa me obligó a invitarla. Paciencia - murmuró, mientras sus ojos seguían captando todos los detalles.

De repente, sus ojos se posaron en una mujer elegantemente vestida, con un sombrero también muy elegante.

¡Pero ella era negra! ¿Qué hacía una negra sentada en el primer banco, reservado solo para las familias de los novios?

Solo podría ser una niñera o una acompañante. Aun así, debería estar sentada en la parte trasera de la iglesia, no en el frente.

Teresa también vio a Dirce. Hizo cara de pocos amigos y miró a Bernarda, como preguntando: ¿Quién es esta ahí? Bernarda se encogió de hombros. No sabía quién era. Después de la ceremonia, la joven pareja se fue entre un aplauso, iniciado por la familia de Samir, que realmente estaba celebrando. Bernarda se sintió incómoda. Más aun cuando notó que la negrita permaneció sentada mientras los invitados se marchaban. Iba a preguntarle a Teresa por la chica, pero no fue necesario. Siguió a Alfredo con la mirada. Se despidió de su prima, bajó del altar y corrió hacia Dirce. La besó amorosamente, ante el asombro de Teresa. Sí, de Teresa, porque Bernarda, petrificada por la escena, se desplomó siendo ayudada por Felisberto y otros familiares que allí estaban.

CAPÍTULO 31

Poco a poco Bernarda abrió los ojos. Creyó que estaba soñando, pero cuando Felisberto le dio unas palmaditas en la cara, miró a su alrededor y estuvo segura que se había desmayado. Estaba sentada en una silla, todavía en el altar. Los novios y la mayoría de los invitados no se dieron cuenta de lo sucedido. La iglesia ya estaba prácticamente vacía. Quienes presenciaron la escena imaginaron que la madre de la novia, dominada por una fuerte emoción, se había desmayado. Y Teresa se encargó de difundir esta versión como causa del desmayo.

- Ella y Antoinette son muy unidas. Es difícil para una madre alejarse así de su hija, así lo explicaron quienes preguntaron por qué Bernarda se había desmayado.

Alfredo y Dirce ya estaban en el altar. Bernarda vislumbró a su hijo y sus ojos lo siguieron y se posaron en Dirce.

- Entonces es verdad...

- ¿Qué es verdad, Bernarda? - Felisberto no entendió nada.

- Tú, hijo mío...

- ¿Qué pasa, mamá?

- ¿Qué tienes, mamá? - Preguntó Teresa, perpleja.

- ¿Aun tienes dudas? ¿No ves que fuiste tú la causa del desmayo?

- ¡¿Yo?! No estoy entendiendo - dijo Alfredo con sinceridad.

- Usted, señor. ¿Dónde se ha visto? Abrazado a una... una...

- ¿Una qué? - Quiso saber Dirce, altiva -. ¿Negra? ¿Eso es lo que iba a decir, señora?

Teresa no dijo nada. Bernarda tartamudeó:

- Alf... Alfredo, ¿y en qué estoy pensando?

- Depende, mamá. No soy un adivino. ¿Qué estás pensando?

- Tú y esa...

- Esa chica y yo estamos comprometidos. Nos vamos a casar. Su nombre es Dirce.

- ¡No! – Exclamó y empezó a gemir.

Deja las escenas, Bernarda – la voz de Felisberto sonaba fría –. Actúa como la mujer de sociedad que eres. Sé gentil. Saluda a tu futura nuera.

Ella se recuperó. Se levantó de la silla y agarró a su hijo por los brazos.

- No puedes darme esta angustia. Podría aceptar todo menos eso.

- De acuerdo – dijo Teresa abriendo una sonrisa sarcástica.

- No tienes que hacer nada – se enojó Felisberto –. ¡Ven!

Él la jaló y la obligó a bajar del estrado del altar.

- Basta ya de perturbar nuestras vidas. Sal de aquí.

Teresa no quería alejarse. Estaba poseída.

- ¿Dónde se ha visto? Sacarme así del altar. ¿Quién crees que eres?

Entonces apareció Samir y tranquilamente sacó a su esposa de la iglesia.

- Ven, Teresa. Sin escenas.

Ella iba a protestar, pero ante la mirada seria de su marido, cumplió la orden. Pensado, maldijo a Felisberto, que ya había regresado al altar.

- Bernarda, y la boda de Antoinette, su hija. No es tiempo de confusión. Por favor.

- Pero...

– No hay más. Ya llegamos tarde a la fiesta. Los novios debieron haber llegado al club. Vamos.

Angustiada, Bernarda se dejó llevar por su marido.

Alfredo abrazó a Dirce.

– Todo se resolverá.

– Te dije que no me aceptaría.

– La conversación aun no ha terminado.

– No necesito ni quiero tu defensa.

– ¿Cómo no? Estamos juntos.

– Pero yo soy la causa del prejuicio – subrayó.

– Seas o no el motivo, estoy de tu lado. No permitiré que mi madre te maltrate así. Todo tiene un límite.

– Es tu madre, Alfredo.

– ¿Y qué pasa con eso?

– Incluso puedes pelear con ella, pero es tu madre.

– Esta vez no me rendiré. Ya verás. Si intenta humillarte, te juro que cortaré los lazos con ella. ¡Ante esta cruz que tenemos frente a nosotros!

Dirce miró al Cristo crucificado justo encima de ellos. Ella hizo la señal de la cruz.

– ¿No crees que será mejor que nos vayamos?

– No. Te presentaré a Antoinette y Rami. Serán tus cuñados.

Bajó la cabeza y siguió a Alfredo, de la mano. Tan pronto como llegaron al club, dos guardias de seguridad los detuvieron.

– Es la fiesta de mi hermana. Fui el padrino de la boda.

– Tenemos órdenes que no entren al local.

– ¡Esto es absurdo!

– No es no – gritó Teresa, que apareció en aquel momento.

- Tú y esta negra no entrarán a la fiesta. A menos que quieras ir de fiesta con tu hermana y papá, bueno, puedo encontrarle un trabajito en la cocina. Una de las criadas no vino.

Alfredo sintió que se le escapaba la sangre.

- Representas lo más sórdido del ser humano.

Ella se encogió de hombros. Dirce contestó:

- No eres más que una chica blanca *snob*. Mi entidad acaba de decir que ya has superado el límite del sentido común. Si persistes en esta actitud arrogante, debes saber que pronto te exigirán todo lo que pediste y sigues pidiendo.

- ¿Además de ser oscura eres loca también? ¿Dejaste que tu insensata hermanita se infectara?

- Todo tiene un límite, Teresa. Los hechizos que ordenes ya no llegarán a tus enemigos. Y si intentas hacer algo contra nosotros, sepa que yo - subrayó -, me esforzaré en devolverte la energía de todo este trabajo directamente - la voz de Dirce había cambiado ligeramente. Alfredo notó que ella estaba semi- incorporada.

Teresa sintió mariposas en el estómago. Se dio cuenta que estaba hablando con una entidad que, además, sabía lo que estaba haciendo. En lugar de discutir o querer saber cómo fue descubierta, giró sobre sus talones y regresó a la fiesta, acelerando el paso.

Alfredo abrazó a Dirce. La alejó de los brutos que bloqueaban su paso. Aparecieron Bernarda y Antoinette y Antoinette, apenas los vio, dijo burlonamente:

- Nunca permitiría que una negra desconocida asistiera a mi fiesta.

- Si fuera conocido, ¿me dejarías entrar? - Preguntó Dirce.

- No te estoy hablando. ¡Cállate la boca!

Alfredo resopló y, con el dedo levantado, miró enojado a Antoinette.

- ¡Te callas! ¿Quién crees que eres para hablar así a mi novia?

— Es mi fiesta de bodas. Dejo entrar a cualquiera que quiero. Y también lo prohíbo si quiero. Tu noviecita, la gente de color no entra a la fiesta.

— Así es – añadió Bernarda –. Te perdono, Alfredo. Soy madre, entiendo que tengas anhelos y deseos. Sé que pronto descartarás a esta negra y conocerás a alguien del mismo nivel que el nuestro.

— ¡Hablaste magnánimamente! La mujer que bajó a la Tierra para decir qué tenemos que hacer y qué no tenemos que hacer. ¡Genial!

— Nada de sarcasmos con mamá – protestó Antoinette –. Y acabemos pronto con este caos porque tenemos que volver a la fiesta.

Antoinette tenía miedo de la gente que aun llegaba a la fiesta escuchara la discusión.

Bueno, ya sabes que no voy a entrar – Alfredo estaba triste –. Hoy perdí una hermana y una madre.

— Tonterías – comentó Bernarda –. Pronto esto pasará. Ya lo dije.

— No madre. No pasará. Dirce será la madre de mis hijos.

— Si te involucra con esta negra, te repudiaré.

— Y cortaré lazos contigo – corrigió Antoinette –. Nunca permitiré que me visites.

— Es una pena. Me estás obligando a elegir un lado.

— ¡Claro! – exclamó Bernarda –. Es correcto quedarse del lado de tu madre. Ella es tu hermana.

Alfredo se rascó la cabeza y apretó a Dirce contra su pecho. La abrazó y la besó con amor. Antoinette volvió la cara y Bernarda sintió que le temblaban las piernas.

— Bueno – se puso serio, sin exaltación –. Elijo quedarme al lado de la mujer que amo.

— Ya dije que te repudio.

– Mamá, puedes hacer con tus posesiones lo que quieras. Son tuyas, no mías. No necesito tu herencia ni tu dinero para vivir. Soy un hombre correcto y trabajador. Por encima de todo, soy un hombre digno, algo que ni siquiera Antoinette entiende. Quiero que me mires bien a la cara.

Las dos no entendieron, pero lo miraron. Alfredo dijo:

– Es la última vez que nos vemos. Tengo la intención de instalarme en Río y formar una familia con Dirce. También tengo allí a mi verdadera familia, o sea a Estelita y la tía Angelina. Solo voy a extrañar a Felisberto.

En ese momento apareció Felisberto. Había escuchado prácticamente toda la conversación. Estaba detrás de un pilar. Bajó el pequeño escalón, abrazó a Alfredo y luego abrazó y besó a Dirce.

– No me los perderé. Los visitaré cuando sea posible.

– Gracias Felisberto – Alfredo sintió una leve emoción.

– Si nos das la espalda, Alfredo, no quiero ni que te quedes en mi casa.

– No se preocupe, doña Bernarda. Dirce y yo simplemente pasaremos por tu casa a recoger nuestras maletas. Vamos a Estação da Luz. Tomaremos el último tren a Río.

– Me voy a casa contigo – ofreció Felisberto –. Entonces te llevaré a la estación.

– ¡Y la fiesta de Antoinette! – gritó Bernarda.

– ¿Qué tengo que ver yo con eso? – Felisberto se encogió de hombros –. Ella no es mi hija.

Los tres se fueron abrazados. Los guardias de seguridad, en cierto modo, se sintieron conmovidos por la conversación. Uno de ellos, de piel oscura, entendió perfectamente lo que estaba pasando con Dirce. Él simpatizó con ella. Dejó a su colega y los acompañó hasta el coche.

Bernarda se puso a llorar. Antoinette la tranquilizó:

– Tonterías, mamá. Eso pronto pasará. Alfredo volverá y comerá aquí de nuestras manos. Puedes apostar.

Suerte que Antoinette no hizo ninguna apuesta. Esa noche fue la última vez que tuvo contacto con su hermano. Nunca volverían a hablarse ni a verse, Alfredo lamentablemente ni siquiera asistiría a su funeral, en unos años.

CAPÍTULO 32

Alfredo y Dirce bajaron las escaleras sosteniendo sus maletas.

Dirce tomó el sombrero y fue a entregárselo a Raimundo.

- Muchas gracias. Tu sombrero fue un éxito.

- Imaginar. Ya dije que es suyo – respondió Raimundo.

- Una mujer que trabaja en un estudio quedó encantada con el artículo. Me dijo que le gustaría mucho conocerte.

- ¿En serio? – Sus ojos brillaron con emoción.

- Sí. Su nombre es Dalva. Aquí está su número de teléfono. Pidió que la llamaras cuando quisiera – Dirce le entregó un pequeño trozo de papel –. Trabaja con Marocas Dubois, ¿la conoces?

- ¡Claro! Estoy enamorado de su trabajo.

- Me quedo feliz. Toma – Dirce le entregó otro papel.

Esta es mi dirección y número de teléfono. Cuando termines de hacer los sombreros que pedí, llámame.

Raimundo dobló el papel e, instintivamente, la abrazó.

Dirce respondió al abrazo. Alfredo se acercó y lo abrazó:

- Tendrás un gran futuro, Raimundo. No dejes que la gente te maltrate o te haga inferior por el color de tu piel. Son personas que todavía tienen mucho que aprender sobre la vida, sobre la amistad, sobre la generosidad.

- Muchas gracias Alfredo.

Ahora vámonos – pidió Felisberto –. El tiempo es urgente.

Se despidieron y subieron al auto. Raimundo se quedó parado en la pequeña puerta y saludó con la mano hasta que el auto giró en la esquina. Levantó la vista, miró las estrellas y, interiormente, agradeció a Dios por haber puesto a personas así en su camino.

Eran buenos y amigables.

~ O ~

En Landres, la vida de Decio giraba en torno a las fiestas. Se había arrojado al desprecio. Su padre le envió dinero y lo gastó todo en juegos de azar, mujeres, hombres y bebida. Mucha bebida. Una vez, al salir de un pub, se cruzó con Sérgio.

– ¡Andas perdido!

– Estoy estudiando y conseguí una pasantía, Decio. El curso es muy exigente. El trabajo también. Además, asisto a una iglesia en las afueras de la universidad. Deberías venir conmigo alguna vez.

Él se rio y dijo:

– No nací para eso, Sérgio. Nunca he sido careta.

– Yo tampoco lo soy. Mi familia está vinculada a la iglesia bautista. Encontré una iglesia cuyos sermones me han encantado. Ellos eran escritos por Charles Spurgeon. Simplemente me gusta escuchar los discursos.

– Nunca lo oí.

Era un predicador bautista inglés. Sus sermones tienen mucho éxito. La iglesia a la que asisto está preparando una gran celebración por su sexagésimo aniversario, que tendrá lugar el próximo año. Se le conoce como el Príncipe de los Predicadores.

– Interesante. Pero no soy religioso. ¿Cómo estás? ¿Bien? Ya sabes, la vida es corta y quiero aprovecharla al máximo. No hay tiempo para ir a la iglesia – se rio.

– Si crees que sí, ten paciencia. Me quedaré aquí hasta fin de año. Luego regresaré a Brasil.

– No sé cuánto tiempo estaré aquí. Tal vez me vaya contigo, en el mismo barco. O tal vez me quedaré... me quedaré...

Si quieres salir a cenar y charlar, sin beber ni jugar, aquí tienes mi tarjeta – Sérgio sacó de su bolsillo una tarjeta con el logo de la universidad y su nombre debajo.

Decio la tomó y la guardó en el bolsillo de su chaqueta.

Un día de estos te llamo, Sérgio Rodrigues de Porto. Y saldremos. Sin beber ni apostar. Lo prometo. Palabra de explorador.

Decio salió tropezando y tropezó con sus propias piernas.

Sérgio quería ayudarlo.

– Te llevaré al lugar donde te hospedas. Solo dame la dirección.

– Estoy en casa de una prima pesada. Vieja y aburrida. Fácilmente podría quedarme contigo en el campus universitario.

– Las habitaciones están destinadas únicamente a estudiantes.

– Lástima... no quiero volver a casa.

– No estás bien, Decio. Tomemos un taxi.

– Está bien.

Decio dio la dirección y Sérgio paró un taxi. Fue en ese momento que Decio vio a una chica al otro lado de la calle. Ella coqueteó con él. Decio, un poco borracho, soltó a Sérgio y cruzó la calle para hablar con ella. El tranvía intentó frenar, pero no pudo. Golpeó fuerte a Decio.

Sérgio corrió, la gente que lo rodeaba corrió. El conductor saltó del tranvía y se tapó la cabeza con las manos. Horrible.

CAPÍTULO 33

Estelita caminó con dificultad y se detuvo frente al gran espejo ovalado del pasillo. Se miró a sí misma y se frotó suavemente el vientre con la mano.

– ¡Dios mío! Mira esa barriga. Si realmente es un niño, como aseguró Dirce, será grande y fuerte. Es saludable. Y lo colmaré de besos y abrazos. Para toda la vida.

– ¿Hablando sola?

Era la voz de Angelina, que venía desde la cocina. Se frotó las manos en el delantal y las colocó suavemente sobre el vientre de Estelita. Con suavidad en su voz, dijo:

– Vendrás al mundo y serás muy bienvenido. Ya sabes, ya que estás por nacer, que eres muy amado por todos nosotros. Eres una criatura hermosa y llegarás en un ambiente pacífico y amoroso. Te enseñaremos a conjugar el verbo amar.

Ella pronunció algunas palabras más hermosas e inspiradoras.

Estelita sintió una gran emoción:

– Mi vida ha cambiado mucho en los últimos meses. A veces siento que llevo aquí años.

– Es porque tenemos muchas afinidades. Tú y yo tenemos una conexión de otra vida. Puedes estar segura.

– Yo también siento lo mismo. Te veo como una madre. La madre que nunca tuve.

– No hables así – la voz de Angelina se ahogó –. Sabes que estoy muy sensible por la llegada de este bebé. ¡Cualquier cosa me hace llorar!

Se rieron y Estelita preguntó:

- ¿Me llevarás a dar un pase mañana?

- Tienes una barriga muy grande. El médico le pidió que descansaras mucho. Solo queda un mes.

- Lo sé, tía. ¡Pero el pase se siente tan bien! Desde que asisto a la Federación duermo como un ángel. Los extraños sueños desaparecieron. Ya no son parte de mi rutina.

- ¿No sueñas con ser arrojada al espacio?

- No. Ya no he soñado con eso. Un dato interesante es que, mientras descanso, me vienen las escenas de este sueño. Como si hubiera experimentado algo similar.

- Alfredo ya quería llevarte a un psicoanalista. ¿Por qué no concertaste una cita?

- Porque primero quería consultar con el amigo de papá, Jorge. Se tomó unas largas vacaciones y no sé cuándo volverá. En segundo lugar, quiero esperar a que esta cosa hermosa venga al mundo.

Se acarició el vientre de nuevo.

- Después que nazca el bebé, cuidaré su cabecita, volveré a estudiar.

- Tendrás un hijo pequeño del que cuidar. Te ocupará prácticamente todo tu tiempo.

- Mientras sea pequeño, solo cuidaré de él. Sin embargo, mientras lo cuido, podré sacar tiempo para estudiar.

- Y quién sabe, tal vez conozcas a alguien...

No me vengas con eso, tía - se rieron ambas -. Es mucho para una persona que pasó años prácticamente encerrada en una habitación.

- Por eso mismo. Necesitas recuperar el tiempo perdido. ¡Hay tantos jóvenes interesantes en esta ciudad!

- ¿Alguno de ellos estará interesado en una madre soltera?

– La sociedad puede tener prejuicios. Pero tú no. Si crees que no, no atraerás a personas que lo condenen. Recuerda lo que escuchamos en la última conferencia: "Tus pensamientos tienen poder. Atraen todo lo que imaginas a tu vida."

– Sí. Le digo muchas cosas bonitas a mi bebé. Y a veces todavía caigo en ideas punitivas sobre mí misma.

– Fueron años escuchando comentarios negativos sobre ti. Ahora estás en el proceso de limpieza mental. Durante estos meses has practicado ejercicios de autoestima y perdón. Son esenciales para que puedas mantener una mente sana, equilibrada, tranquila y en paz.

Sonó el timbre y Angelina respondió. Era Dirce. Se saludaron y ella quiso saber:

– ¿Cómo está mi sobrino?

– Hablas con tanta convicción, Dirce. ¿Qué pasa si nace una niña?

– No sé qué será este niño, pero nacerá del sexo masculino. No tengo dudas sobre eso.

Hablaron hasta llegar a la cocina. Dirce trajo una bolsa.

– Traje los ingredientes para nuestro café de la tarde. Voy a preparar un pastel de fubá. Tal como le gusta a Estelita.

– Entonces voy a explotar. Nunca me había visto tan gorda.

– Estabas muy flaca – observó Angelina –. Ahora pareces una mujer embarazada y sumamente sana.

– Es verdad – añadió Dirce –. Ahora te ves bien. No tienes idea de cómo llegaste aquí.

– Parecía un alfiler – comentó Angelina.

– Hablando de sombreros – Dirce estaba emocionada –, Raimundo me llamó y los sombreros estaban listos. Alfredo le indicó cómo enviar el paquete a Río.

– Nunca me imaginaría a Raimundo como artesano. Siempre tan callado, reservado.

- Para que lo veas, Estelita. ¿Recuerdas que te conté que en la boda de tu hermana - enfatizó- conocí a tu prima Dalva? Ella le está brindando el mayor apoyo.

- Estoy feliz - comentó Estelita -. No me gusta mucho recordar esa vez, pero cuando Decio estuvo en casa por primera vez, insultó a Raimundo. Fue increíblemente ignorante.

- Me lo pregunto - suspiró Dirce, mientras preparaba la masa del bizcocho -. La persona sufre por estar empleada. Y los negros sufren dos veces: por estar empleados y por ser negros.

- Aun no has olvidado lo que pasó en la boda, ¿verdad?

- Ya lo olvidé. Y los perdoné a ellos y a mí misma. Tu madre y tu hermana todavía tienen una forma muy superficial de ver la vida. Prefiero ser negra que enfrentar lo que la vida les depara.

- ¿Qué?

- No mucho, no dijo nada.

Alfredo, lamentablemente, no puede perdonarlas. Nunca imaginó que su madre sería tan poco elegante y lo pondría en una situación embarazosa. ¿Pedirle que elija entre ella y yo? ¿Y su hermana? Ella le habló a Alfredo de cierta manera... él está herido.

- Es muy triste - reflexionó Angelina.

- Realmente triste - asintió Estelita -. El Espiritismo me ha enseñado que lo que vale es el valor, sin etiquetas de ningún tipo. Entre muchas cosas, esto significa, para mí, que juzgar a los demás por su tono de piel, clase social, género, preferencias y cosas por el estilo es de mal gusto. Nunca estuvo de moda. Y nunca lo estará.

- ¡Nuestra vida es tan corta en este planeta! - añadió Angelina -. Solo traemos en nuestro equipaje la suma de lo que fuimos. Esto forma nuestro temperamento; es decir, la forma de ser. Una de las atribuciones del espíritu, al reencarnar, es hacer uso de este temperamento y moldear la personalidad. Es moldeable y puede cambiar o no con el tiempo. Con estos recursos encontramos una familia cuyas características son similares a la nuestra.

- Explícate mejor, tía.

– Imagina que has estado celosa durante muchas vidas. Ya moriste y mataste por celos. Perdiste excesivamente tu equilibrio emocional por su culpa. Atraerás a una familia con características rústicas similares. Con tu bagaje; es decir, temperamento y personalidad, avanzarás hacia ser más celosa o aprender a lidiar con los celos con sensatez.

– No me parezco en nada a mi madre ni a mi hermana. ¿No debería haber atraído a una familia diferente?

– Eso depende. Hay casos y casos. Generalmente, según las instrucciones de los amigos espirituales, el ochenta por ciento de las reencarnaciones ocurren entre espíritus similares; es decir, que se conocen desde hace algunas vidas. Hay casos de quienes por motivos de reencarnación solicitan renacer en una familia diferente que no conocen. Y hay también quienes, demasiado perturbados en el mundo astral, no pueden elegir a su familia.

– En efecto – prosiguió Dirce –, lo que importa es que, nazcamos o no en una familia conocida, seamos animados a revisar creencias y actitudes que, en cierto modo, impiden nuestra madurez espiritual. En tu caso, Estelita, te aseguro que existen conexiones entre tú y tus familiares. Tienes conexiones pasadas con Bernarda, Antoinette, Alfredo y Felisberto. Además, atrajiste a Bernarda como madre para ajustar el pasado y también para que, a través de una educación rígida, pudieras descubrir tus verdaderos potenciales.

– Sufrí mucho. Podría ser diferente.

– Pero no eres. Fue la forma en que tu espíritu lo entendió como un factor de transformación. Tómame, por ejemplo. No nací negra por casualidad. No quiero decir que nacer negro sea un martirio o doloroso. Lejos de eso. Tener conexiones ancestrales con la raza negra es un privilegio.

– Pero sufres – dijo Estelita.

– No es que sufra. Nací en una época en un país donde ser negro es un signo de inferioridad. Aquí somos vistos como menos capaces. Los hombres son estúpidos y carecen de inteligencia. Las mujeres son valoradas si son hermosas. Suelen decir que somos exóticas. Es puro prejuicio. En mi caso siento que elegí renacer de diferentes maneras para eliminar cualquier prejuicio que pueda estar impregnado en mi espíritu.

- Tu madre y tu hermana todavía están muy atrapadas en las ilusiones del mundo – observó Angelina –. Creen que hay una sola vida y que nacieron superiores. La vida a menudo nos ofrece muchas buenas oportunidades, como nacer en una familia rica, ser bella e inteligente. Y entonces la vanidad será puesta a prueba. El orgullo será puesto bajo control. No olvidemos que todos nosotros, en algún momento, seremos responsables de una mayor espiritualidad. Cada uno con su cuota de éxitos y fracasos.

- Así es – respondió Dirce –. Me casaré con Alfredo y les enseñaré a mis hijos el valor del amor. Quiero que caminen siempre con la cabeza en alto. Les enseñaré que la mayor arma contra los prejuicios es el amor.

Siguieron la conversación hasta que la tarta estuvo lista y pronto el característico aroma invadió la cocina abriendo el apetito de las tres. Angelina preparó café recién hecho. Continuaron su conversación y ni siquiera notaron el paso del tiempo.

Allí se formó un núcleo de espíritus afines que se valoraban mucho entre sí. Sus auras eran claras, mostrando que estaban en paz y bien consigo mismos. El aura del bebé traspasó por el vientre de Estelita, revelándose en una tonalidad rosada. Solo Dirce fue testigo del hermoso fenómeno. Miró con cariño esa gran barriga y sonrió.

CAPÍTULO 34

Decio se despertó y parpadeó varias veces. ¿Dónde estaba? Su último recuerdo fue que estaba hablando con Sérgio en la calle y… no recordaba nada más. Le empezó a doler la cabeza y, poco a poco, volvió a dormirse. A su lado, Sérgio hablaba con uno de los médicos que lo habían operado. Su nivel de inglés era muy avanzado, por lo que podía hacer preguntas y entender perfectamente lo que había pasado. Tan pronto como el tranvía lo atropelló, Decio quedó atrapado entre los escombros y tuvieron que amputarle una pierna en el lugar del accidente. Al llegar al hospital se encontró que había tres costillas y uno de los brazos había sufrido una fractura abierta. Después de las cirugías, su cuerpo quedó prácticamente completamente enyesado. También había una venda de gasa que cubría gran parte de su cabeza, donde había sufrido un leve traumatismo. Perdería también la visión del ojo izquierdo.

- ¿Cuánto tiempo más en el hospital, Doctor?

Deberá permanecer hospitalizado durante cuatro a seis meses, hasta que el hueso pueda sanar y consolidarse.

- ¿No es mucho tiempo?

- ¿Comparado con el accidente que sufrió? Negativo. Se suponía que su amigo estaba muerto. Nuestro equipo fue muy competente.

- Sin duda.

- La familia ya fue notificada, ¿verdad?

Sí. Las autoridades se comunicaron con el padre. Me envió la cantidad necesaria para cubrir todos los gastos.

- Perfecto. Lamento que este muchacho, tan joven, haya perdido la vista y le amputaron una pierna.

- Como dijo, lo importante es que está vivo.

El médico asintió y salió de la habitación. Nada más al salir, Sérgio se quedó allí cuidando a su amigo. Recordó uno de los sermones que había escuchado en la iglesia y pronunció una sentida oración. Notó que Decio movía levemente la cabeza. Le estrechó la mano y dijo:

- Va a estar todo bien. Oremos y confiemos.

~ O ~

Hacía mucho calor y Bernarda tocó el timbre. Nadie apareció. Una empleada cocinaba, la otra limpiaba las habitaciones y Raimundo limpiaba la piscina. Ninguno de ellos escuchó el timbre. Bernarda volvió a llamar. Nada. Enojado, se levantó del sillón y caminó a grandes zancadas hacia la cocina. La criada movía las ollas y estaba prestando atención a la radionovela, *El derecho a nacer*, un éxito absoluto que permanecería en el aire durante tres años. Bernarda gritó y a la camarera se le cayó la cuchara. Se llevó la mano al pecho.

- Nuestra Señora, doña Bernarda. ¿Qué pasó?

- Nada. Estoy tocando el timbre y nadie escucha.

- Estoy apurada durante el almuerzo. Sé que pide tener cuidado cuando viene doña Teresa a almorzar.

Ella suspiró. La criada tenía razón. Además, la persona que debía responderle era Raimundo. Gritó:

- Raimundo, ¿dónde estás?

- En la piscina. Usted le pidió dejarla limpio, porque las señora Teresa...

Ella la interrumpió secamente:

- Lo sé, criatura. ¡Lo sé!

Salió rápidamente y vio a Raimundo sacando hojas del agua. Se acercó y él se asustó.

- ¡Doña Bernarda!

- Infeliz. ¿No escuchas?

- No... no. ¿Qué pasó?

- No viniste. No viniste.

- Disculpe, no entendí.

- Toqué el timbre varias veces. Deberías haber ido inmediatamente directamente al salón.

- Mil disculpas. Estoy ocupado limpiando la piscina aquí. Doña Teresa está por llegar y sé que todo debe estar impecable y...

- ¡Basta! Deja todo y sírveme un poco de limonada. ¡Ahora!

- Sí, señora.

Salió y entró apresuradamente a la cocina. La cocinera miró sin comprender. No le gustaba cómo trataba a Raimundo. Ella empezó a ayudarlo, pero Raimundo dijo que no.

- Ella podría enfadarse contigo - murmuró.

Raimundo preparó la limonada y tomó el vaso de la bandeja. Entró en la habitación justo cuando había llegado Teresa. Ella lo miró de arriba abajo. No le gustaba.

- También quiero.

- ¿Disculpe, señora?

- Yo también quiero lo que se sirve Bernarda.

Se mordió los labios.

- No tenemos más limones. Puedo hacer una naranjada...

- Eres responsable del mantenimiento de la despensa - resopló Bernarda -. ¿Cómo que no hay limón?

- Lo siento señora. La cocinera usó un montón de ellos para hacer la tarta de limón que tanto le gusta.

Bernarda iba a acceder y pedir jugo de naranja, pero Teresa - siempre Teresa - interfirió en la conversación e influyó negativamente en su amiga:

- Quiero limonada. ¿Con qué se hace la limonada?

- Con limones - respondió Raimundo, avergonzado.

- ¡Mira solo! Hasta que tu pequeño empleado no es tan estúpido como imaginaba.

- Podría ser naranja, Teresa.

Bernarda quiso llegar a un acuerdo.

- No, Bernarda. No puede. Quiero limonada.

- Entonces, Raimundo, tendrás que salir a comprar limones.

- Sí, señora.

Se retiró inmediatamente. Fue a la parte de atrás - vivía en el edificio durante los días de trabajo -, y se cambió de ropa. Se quitó el uniforme y se puso unos pantalones normales y una camisa. Llamó al conductor y corrieron hacia el mercado.

Ya estaban las dos almorzando cuando Raimundo, con cara atrevida, entró con la bandeja. Le llevó el vaso de limonada a Teresa y ella le dijo que no.

- No quiero más. Las ganas han pasado.

Raimundo iba a empezar a llorar. Y sería el momento en que Teresa comenzaría a pisotearlo. Se levantó nerviosa para pronunciar un discurso apasionado:

- Negro insolente. Empleado poco entusiasta. No eres de ninguna utilidad.

Bernarda no dijo nada. No me gustaba discutir contra mi amiga. Teresa se sintió crecer.

- Puedes llevarte esa limonada de aquí. No la quiero. Rápido.

- Sí, señora.

Raimundo regresó a la cocina con la cabeza gacha. Entró y la cocinera quería saber:

- ¿Qué fue ese grito?

- La señora no quiere más limonada. Ahora prefiere la naranjada, que le ofrecí antes que tuviera que correr como un idiota al mercado.

La cocinera se rio. Raimundo se puso rojo.

- ¿Tú también, Nete?

- Bobo. Haz la naranjada y, a la hora del azúcar, escúpela.

- ¿Sabes que me diste una buena idea?

Hizo la naranjada y escupió en el vaso. Removió el jugo y regresó con la bandeja. Teresa apenas lo miró. Bebió el jugo de una sola vez. Se pasó la lengua por los labios.

- Al menos ese empleado tuyo insolente sabe hacer una buena naranjada.

Raimundo no pudo contener la risa. Bernarda intentó censurarlo:

- ¿Qué modales son estos?

- No es nada - dijo y se rio más fuerte.

- ¿Qué pasó con tu empleado, Bernarda?

- No sé.

Teresa se levantó y levantó el brazo para darle una bofetada a Raimundo. Ella mantuvo su mano todavía en el aire.

- Puedes hacer lo que quieras, insultarme, pisotearme, en fin, usar toda tu ignorancia para atacarme. Pero no me pongas un dedo encima.

- ¡¿Cómo te atreves?! - Intentó liberarse de él, pero Raimundo era más fuerte. La empujó contra la silla.

- ¡Raimundo! - Exclamó Bernarda -. Insolente, te mostraré a dónde perteneces.

Teresa se levantó nuevamente pero fue sorprendida por una actitud inesperada. Raimundo tomó la botella de agua de Bernarda, que estaba llena, y se la arrojó a la cara de Teresa. Los dos apenas tuvieron tiempo de reflexionar.

- Qué... qué... - tartamudeó Teresa.

- No vales el suelo que pisas. Eres una persona reprobable. No tienes amigos. La única que te aguanta es doña Bernarda.

- ¡No admito que trates a mi amiga de esa manera!

- ¿Y permitirle que me trate como ella me trató? Y ¿eso, señora Bernarda? ¿Dos pesas y dos medidas?

Bernarda no supo qué decir. Teresa intentó avanzar hacia él y, nuevamente, él la empujó.

- Ya te dije que no me toques.

- ¡Basta! – Gritó Bernarda –. Está despedido. Fuera. ¡Sal de aquí ahora!

- Después de lo que acaba de pasar, realmente no podía quedarme en esta casa. Es un favor que me está haciendo.

- Haremos que nunca más vuelvas a conseguir un trabajo en una casa decente. Te quedarás en la pobreza – gritó Teresa.

Él se encogió de hombros. Regresó a la cocina mientras ella lo maldecía y espumaba de odio. La cocinera escuchó el final de la conversación y gimió:

- Raimundo, ¿qué hiciste?

- Lo que debería haber hecho hace mucho tiempo.

- Harán de tu vida un infierno. No te permitirán trabajar en ninguna casa.

- No necesito su caridad, Nete. Ha llegado el momento para que tome una dirección en la vida.

Se abrazaron y él salió de la casa. Recogió la poca ropa que tenía y la metió en una bolsa. Tomó otra bolsa y metió en ella retazos, telas y fieltro. Al llegar a la pequeña puerta lateral que servía como entrada y salida de los empleados, Raimundo encontró a Nete y a la otra empleada, María, parados allí. Lo abrazaron, se emocionaron. Nete cogió un puñado de billetes y se los entregó.

- Toma, hijo mío. Creo que es suficiente para un viaje en coche y una noche para pensar.

- Y aquí tienes algo de comida que te he separado - añadió María.

Él las miró, conmovido. Cogió el cuenco con la comida y arregló todo lo mejor que pudo. El conductor cruzó el carril y comunicó:

- Te llevaré a Canindé.

Imagínate, Sebastián. Si la señora Bernarda...

- Ella no lo sabrá. A menos que uno de nosotros cuente. Y yo creo que ninguno de nosotros vamos a abrir la boca.

Raimundo nunca olvidaría este momento y a estas tres almas caritativas. Más adelante, muchos años por delante, cuidaría de Nete en su vejez, pagaría la matrícula del hijo de María y conseguiría un trabajo - bien pagado, por cierto - para la nieta de Sebastián. Como pueden ver, el valor de las verdaderas amistades no tiene precio. Nunca.

CAPÍTULO 35

Ya entrada la tarde, Estelita, casi sin fuerzas para soportar tanto dolor, dio a luz a su bebé. En el hospital.

Estaban Alfredo, Dirce, Angelina y Claudette. Pronto estaban en la guardería, observando al pequeño.

– Se parece mucho a mí – dijo Alfredo con altanería.

– No sé. A veces siento que estoy viendo a Eurico – añadió Angelina.

– ¡Recién nacido! No se parece a nadie, pobrecito – concluyó Dirce.

– Es un niño que no se parece a nadie, pero es hermoso, fuerte y sano – observó Claudette –. Una vez más, Dirce, has acertado.

– Esta sensibilidad para descubrir el sexo del bebé viene de cuando era pequeña. ¡Algo en mí dice que lo es y lo creo!

– Lo mismo podría pasar con los números en el juego de los animales – bromeó Alfredo. La abrazó y le dijo tiernamente:

– Pronto serán nuestros hijos a quienes la familia conocerá.

– Dices esto ahora porque aun no eres padre. ¡Quiero ver cuando nazca el primero! – Dijo Claudette.

– Seré el mejor padre del mundo. Queremos cuatro hijos.

¿No serían tres? – Interrumpió Dirce.

– Cambié de opinión.

– ¡Será mejor que se casen pronto para que no haga más grande su idea! – Bromeó Angelina.

El ambiente allí era festivo. Ellos eran felices. Cuando se les permitió, entraron a la habitación. Estelita estaba tranquila, aunque su rostro mostraba cansancio.

- Todo salió bien, ¿no?

- ¡Claro! - La calmó Alfredo, mientras se acercaba para besarla en la frente -. Tu hijo es hermoso.

- La enfermera ya lo trae - añadió Dirce.

Saludaron Angelina y Claudette. Trajeron flores haciendo que el ambiente oliera a rosas. Entonces llegó la enfermera con el bebé, envuelto en una mantita azul.

Estelita lo levantó suavemente y acercó su rostro al de él. Besó su frente.

- Bienvenido, mi bello.

- ¿Ya tienes un nombre? Siempre nos mantuvo en secreto - quiso saber Claudette.

- Pensé que sería mejor guardar el nombre solo para mí, después de todo, espero que usemos este nombre para llamar hermoso a este niño. Su nombre será Marcilio.

- Hermoso nombre - dijo Dirce -. ¿El nombre se refiere a alguien especial?

- No. Un día escuché el nombre durante un capítulo de a radionovela. Pensé que era hermoso.

Hablaron durante mucho tiempo, hasta que la enfermera volvió a recoger al bebé. Entonces, Estelita dio señales que estaba a punto de dormir. Alfredo y Dirce se escaparon. Claudette los acompañó. Angelina se quedaría allí un poco más, velando el sueño de su querida sobrina.

~ O ~

La recuperación de Decio avanzó poco a poco. Llevaba meses hospitalizado. El resultado de estar hospitalizado durante tanto tiempo le había traído resultados positivos y negativos. Los huesos sanaron, las heridas en la cabeza, a excepción de la pérdida del ojo izquierdo, no afectaron la coordinación ni la inteligencia. La zona que le habían amputado, justo encima del muslo, había sanado correctamente.

Lo malo fue que, con tanto yeso y vendas rodeando su cuerpo, los médicos y enfermeras no se dieron cuenta que estaba en la cama junto a un hombre que hablaba mucho y tosía sin cesar. El resultado fue que Decio fue infectado por este hombre y contrajo paperas, una enfermedad infecciosa que afecta principalmente a los niños. En el caso de un adulto que lo contrae, puede sentir que sus testículos se hinchan y, como consecuencia, se vuelven estériles, impidiéndole tener hijos.

Decio sintió dolor en la región, pero había tantas otras partes heridas, que no alertó a los médicos.

- Lo importante es que te recuperaste muy bien - felicitó Sérgio.

- Mira cómo voy a salir de aquí - se lamentó -. Sin ver bien, y encima cojo.

- Nada que te menosprecie.

- Tullido, imperfecto...

- ¿Qué pasó? ¿Pasaste todo este tiempo en el hospital recopilando adjetivos para describir la pierna que te falta?

- Tú aun tienes ambas. Fácil de hablar.

- Nada de eso. Tuviste un accidente grave. Saliste vivo de milagro. Y fuiste tratado por un equipo médico competente.

- Hubiera sido mejor haber muerto. Yo era hermoso, ahora tengo un ojo de cristal, tendré que usar muletas por el resto de mi vida. Además de eso, contraje esta infección que me dejó impotente.

- No, simplemente no puedes tener hijos. El resto funciona.

Decio se encogió de hombros.

- ¿Querrás salir conmigo? ¿Con un lisiado?

- Siempre hay alguien que está interesado en otra persona. Estás lleno de cualidades, solo necesitas valorarlas.

– Estoy perdido, Sérgio. No sé qué hacer con mi vida. Tengo miedo de volver así a Brasil. No quiero sentirme inútil.

– ¡Ese es excelente! – Exclamó emocionado –. Eres joven y tienes dinero. Puedes volver a estudiar y recuperar el tiempo perdido. Podrá graduarte y trabajar, sintiéndote un hombre útil y valioso, dándole así munición a tu dignidad.

– Gracias – dijo con sinceridad.

Una lágrima insistía en caer por el rabillo del ojo. Luego sondeó:

– ¿Cualquiera puede asistir a tu iglesia?

Sérgio sonrió.

– La iglesia no es mía, es de todos, dirigida a quienes realmente se interesan por momentos de oración y reflexión, con ganas de escuchar buenas palabras y sentirse más fuertes para superar las adversidades.

– ¿Puedes llevarme contigo antes que regresemos?

– ¡Eh! ¿Decidiste volver a Brasil conmigo?

– Al menos tendré buena compañía. Fuiste un buen amigo, Sérgio. Me visitabas en el hospital casi a diario, sin tener en cuenta cuánto estudiabas y trabajabas.

– Siempre habrá tiempo para los amigos. Siempre.

– Mis padres apenas me apoyaron.

– Tu madre estaba bastante conmocionada. Al día de hoy todavía no se perdona haberte propuesto el viaje. Piensas que si no hubieras viajado no estarías así.

– Pobre mamá. Siempre fui el hermoso hijo que ella estaba feliz de presentar a la sociedad. Ahora ya no actuará así. Si conoces bien a doña Yolanda, más le debe preocupar lo que dirán de su hijo a sus espaldas.

– No juzgues a tu madre.

– No la estoy juzgando, solo te digo que la conozco de toda la vida. Está muy conectada con los dictados sociales.

- Tu padre vino a visitarte cuando estabas sedado. Vino una vez y...

Decio lo interrumpió:

- Necesitaba volver a trabajar urgentemente. El gobierno no puede funcionar sin él. Vargas es capaz de volverse loco sin la presencia del señor Evaristo Nunes.

- No es así - Sérgio se sintió avergonzado.

Todo lo que dijo Decio era verdad. La madre le había confesado que prefería que su hijo estuviera muerto a estar así. El padre, por su parte, afirmó urgencia en el trabajo. Solo visitaron a su hijo una vez. Luego regresaron a Brasil, dejando a Decio a su suerte. Designaron a Sérgio como responsable de su hijo.

- Tu padre pagó todos los gastos. Y fueron muchos.

- No hizo nada más que su obligación. De todos modos quiero volver a Brasil y, durante el viaje, me gustaría que me asesoraran sobre carreras y bienes raíces.

- Tan pronto como regresemos, me trasladarán a la oficina de Río, ¿lo olvidaste?

- No hay problema. Solo necesito la guía de un verdadero amigo.

- ¿Tienes intención de salir de casa?

- Sí. Necesito tener mi propia vida. Tengo un dinero en el banco, herencia de mi abuela materna. Nunca toqué ese dinero. Es hora de usarlo, por mi propio bien.

- ¿No sería ese el dinero al que solo tendrás derecho cuando cumplas treinta años?

- Ya pensé en eso. Si quieres saber, tal como es mi madre, creo que la cláusula que me impide disfrutar del dinero no existe. Doña Yolanda nunca me mostró testamento ni papeles, siempre me lo dijeron. En cualquier caso, contrataré a los mejores abogados para impugnar esta cláusula, si existe.

- Si es así, por supuesto que te ayudaré. Si realmente quieres cambiar tu vida, tu entorno, ¿por qué no planteas mudarte a Río?

- ¿Salir de São Paulo?

- ¿Si, por qué no?

- Nunca pensé en esa posibilidad... mudarme de São Paulo.

- Al parecer, tienes los recursos para vivir en otra ciudad. No hay nada que te detenga.

- Es verdad.

- Imagínate vivir en la capital del país, conocer a otras personas, empezar de nuevo tu vida. Allí nadie te conoce. Puedes sentirte libre de vivir como quieras.

Decio entendió el mensaje. Sabía que Sérgio conocía su intimidad. Era tan buen amigo que nunca le preguntó sobre sus preferencias sexuales.

Eres como un hermano.

- Gracias por estar en mi camino.

Y así, intercambiando ideas sobre el futuro, abandonaron Londres en una mañana fría y nublada. Con mucho frío, tratando de acostumbrarse a usar muletas, Decio se equilibró en la cubierta y salió de la ciudad sacudiendo la cabeza. Sérgio lo miró y vio allí a otro hombre, listo para renacer. Había llevado a Decio a ver el servicio en su iglesia y le encantaron los sermones y las hermosas palabras pronunciadas por el pastor. Nunca se había interesado por las Escrituras y ahora quería estudiarlas para comprender mejor el maravilloso mundo de la fe, que es individual y solo alimentado por aquellos que desean fuertemente tener contacto diario y permanente con Dios.

Sérgio sonrió feliz. Le dio una palmada en el hombro a Decio y llegaron a Brasil en una mañana cálida y soleada. Sérgio se bajó en el puerto de Río de Janeiro. Al día siguiente, Decio pondría un pie en el puerto de Santos. Sus padres no vinieron a darle la bienvenida. Enviaron un chofer para llevarlo a la capital.

Decio no tenía dudas que resolvería sus problemas en poco tiempo.

Cuando llegó a casa, notó la mirada de disgusto que le dedicaba su madre. El padre, para variar, no estaba en casa. Aprovechando que su madre estaba muy molesta con su apariencia, la presionó por el dinero en el banco. Yolanda no pudo soportar más la mentira y reveló que el dinero podría haber estado en manos de Decio desde que cumplió veintiún años.

Pasaron unos días hasta que el banco le dio autorización para acceder al dinero que le dejó su abuela, hacer las maletas y despedirse de su madre, porque su padre, bueno, una vez más, tuvo que viajar con el ministro, como era común generalmente.

Dentro de un mes, Sérgio lo recibiría con los brazos abiertos. Decio se había enamorado de la ciudad y, en los años siguientes, se inscribiría en el curso de literatura clásica. Se convertiría en profesor de francés e inglés. Su tesis le garantizaría un lugar para trabajar en una de las universidades más prestigiosas del país.

CAPÍTULO 36

La boda de Dirce y Alfredo se llevó a cabo en una pequeña iglesia cercana a la Federación Espírita de Río. Era una iglesia pequeña, pero hermosa y acogedora. Fue, y sigue siendo, bien conocida porque Tiradentes dijo allí sus últimas oraciones, antes de ser ahorcado. Las veces que Dirce asistió a la Federación en compañía de Angelina o Estelita, intentó entrar y echar un vistazo.

Después de la boda, recepción con tarta y champán. Tuvo lugar en una pequeña habitación alquilada cerca, solo para algunos de los amigos y familiares de Dirce. Del lado de Alfredo solo estaban tía Angelina, Claudette, Felisberto y Estelita, con el pequeño Marcilio en su regazo.

– ¿Ya has decidido dónde vas a vivir? – Preguntó Claudette. Los ojos de Dirce giraban en sus cuencas.

– Elegimos Copacabana. Es encantador, tiene todo a mano.

– ¡No paran de construir edificios! Prefiero mi casita en Botafogo.

– ¡Que también crece visiblemente! – Exclamó Dirce.

– Incluso pensé en vivir en Ipanema – comentó Alfredo –. El barrio sigue siendo muy tranquilo, lleno de casas. Dirce y yo preferimos la comodidad de un apartamento en un barrio que cuenta con excelentes instalaciones. Dimos la inicial de un apartamento que se entregará en un año. Mientras tanto alquilaremos un departamento en la calle de atrás de donde van a construir el nuestro.

– Espero que sean muy felices.

– ¡Lo seremos! – Observó Dirce –. Nosotros nos amamos. A Alfredo no le importa que siga trabajando.

- Así es - dijo -. Dirce necesita ser independiente, utilizar su potencial. Si quisiera que ella solo se ocupara de la casa, el mundo perdería una enfermera excelente y dedicada.

- No exageres, mi amor.

- Es verdad.

- Eres muy moderno, Alfredo - Claudette incluso sintió un poco de envidia -. Dejar que la mujer trabaje fuera de casa.

- Eso es bueno. La ayudaré con las tareas del hogar. Somos pareja, ¿verdad? Compartiremos todo. Incluyendo la educación de nuestros hijos.

Angelina se acercó y escuchó el final de la conversación.

- Estoy muy feliz con su unión. Hacen una hermosa pareja.

- Gracias tía.

Dirce la abrazó y le dijo suavemente:

- Muchas gracias por todo lo que has hecho por nosotros.

Felisberto llevaba al pequeño Marcilio en su regazo. Se acercó y quiso saber:

- ¿Se van de luna de miel hoy?

- Mañana temprano - respondió Alfredo.

- Yo quería ir a Cambuquira o a Puertos de Caldas. Nos decidimos por Cambuquira - reflexionó Dirce.

- Ella ganó - dijo Alfredo abrazándola con cariño.

Felisberto le entregó el niño a Estelita. Comentado con Angelina:

- Muchas gracias por tu invitación para quedarme en tu casa.

- No te dejaría ir a un hotel. Alfredo salió de una habitación vacía...

- La que será de Marcilio, lo sé muy bien.

- Tengo mucho tiempo para redecorar la habitación que será suya. Marcilio duerme en la cuna al lado de la cama de su madre. Entonces hay lugar para ti.

- ¿Señor? ¡Por favor venga! Prefiero que me llames por mi nombre: Felisberto.

Ella se sonrojó y asintió:

- Está bien. Felisberto.

- ¿Qué vas a hacer mañana por la mañana?

- No tengo nada planeado. ¿Por qué? ¿Te gustaría conocer algún lugar específico?

- Sí. Las pocas veces que vine compaginé el trabajo con reuniones rápidas con Alfredo. Conozco algunos bares y restaurantes en Colombo, pero si realmente quieres saberlo, me encantaría visitar el Pan de Azúcar.

- Te llevaré con el mayor placer. Soy la mejor cicerone.

- Estoy seguro.

- ¿Y Bernarda? ¿Cómo está? Estelita me comentó que hace un tiempo te fuiste de casa.

- Sí. Como viajo mucho, cuando vuelvo a São Paulo me quedo en un hotel cercano a la empresa.

- El desacuerdo debe ser temporal, ¿no?

- Pedí la separación.

- Ella debe haber estado conmocionada.

- ¡Qué nada! Suspiró aliviada cuando le pedí la separación.

- Está tan conectada con los dictados sociales... No habría imaginado este resultado.

- Su amiga, una tal Teresa, tomó una decisión. Dijo que para Bernarda era mejor estar separada que no ser amada.

- ¡Dios mío!

- Como si ella no hubiera contribuido también a que lleguemos a este punto. Paciencia.

Claudette miró el estrado y sintió inmensamente celos de Angelina. Se acercó con una sonrisa disimulada.

- ¿Te vas mañana? - Ambos asintieron -. ¿Puedo ir también? Angelina estaba un poco avergonzada. Le dijo que si, cuando Felisberto tomó la palabra:

- Lamentablemente, no será posible. Tengo asuntos privados que discutir con Angelina. Te garantizo que no faltarán oportunidades para que todos salgamos juntos más adelante.

Mientras hablaba, Felisberto se alejó de Claudette e invitó a Angelina:

- Estelita ya tomó el taxi para casa. Necesita amamantar al bebé. Me gustaría que me acompañaras en la recepción. ¿Puede ser?

Ella asintió. Se despidieron de Claudette y, apenas salió el taxi que había pedido Felisberto, ella resopló.

- Él me la va a quitar. No es justo...

Durante un rato se quedó allí, pensando en la vida.

- Qué estúpida fui. ¿Por qué nunca me declaré? Ahora aparece este engreído nativo de São Paulo y fácilmente la lleva a conversar.

Claudette estaba enojada, pero también se sentía herida. Puede que estuviera dotada de una gran sensibilidad, que tuviera muchos guías espirituales como consejeros, pero estaba encarnada, y eso demostró que su espíritu, alojado en un cuerpo femenino, tenía deseos, anhelos, aspiraciones.

Se descubrió a sí misma como lesbiana desde temprana edad. Nada más ingresar en la revista, hace años, conoció a una chica y comenzó un romance con ella. Duró mucho tiempo, hasta que la chica se jubiló y se fue a trabajar a un periódico en Belo Horizonte. Claudette se zambulló en el pozo.

Cuando contrataron a Angelina, Claudette se encargó de enseñarle el nuevo trabajo. La amistad floreció espontáneamente. Pero Angelina veía a Claudette como una amiga. Gran amiga, más nada. Claudette lo sabía; sin embargo, tuvo dificultades para mostrar su afecto. Y también podría. Si hoy en día todavía le resulta difícil a una mujer declararse abiertamente a otra, imagínese hace décadas y décadas. Prácticamente un martirio.

Claudette tenía muy pocas amigas lesbianas. Era muy reservada y esperaba algún día salir con Angelina. Después de ver a Felisberto babeando por su amiga, tuvo plena conciencia que había perdido la batalla.

- Ella no me ve con su media naranja - se quejó para sí -. Será mejor que me aleje de ella. Solo la encontraré en el trabajo. Y mira ahí.

Y Claudette prefirió actuar así; es decir, alejarse sin explicar el motivo. Buscó un nuevo trabajo y, como era la mejor editora, no le resultó difícil conseguir un puesto en un periódico de gran tirada. No se despidió de Angelina y luego se alejó. Tampoco quería correr el riesgo de toparse en el lado sur. Por eso, Claudette alquiló un departamento en Tijuca, en la zona norte.

Tiempo después, cuando Angelina y Felisberto anunciaron su matrimonio en México - estaba divorciado y las leyes brasileñas no permitían nuevos matrimonios -, extrañaron a Claudette en la cena que prepararon para unos amigos. Angelina estaba triste. Fue Felisberto quien le informó:

- Intentamos buscarla, pero nada.

- No sé por qué tomó una acción tan extrema.

No soportaba vernos juntos y felices - declaró Felisberto.

- Bueno, Felisberto. Claudette es mi amiga desde hace años. Trabajamos juntas en la revista.

- ¿Ella no cambió de trabajo? ¿No se ha mudado de casa?

- Sí - dijo pensativamente -. Al poco tiempo de la boda de Alfredo y Dirce, me enteré que ella había renunciado. Cuando fuimos a su casa, había otro inquilino. No supo informar el paradero de la residente anterior.

Y Claudette dejó de asistir a la Federación, supongo.

- ¿Cómo lo sabes?

- Porque está claro que le gustas.

- Sé que le gusto, Felisberto, después de todo... - Felisberto le dio una mirada que le tomó un rato a Angeline descifrar. Se llevó la mano al pecho.

- ¡No puede ser! ¿Crees que Claudette está enamorada de mí?

- Tía, ¿no lo entendiste? - Preguntó Estelita, mientras le daba a Marcilio papilla.

- Nunca...

- Las miradas, los cariños exagerados, en fin, ella siempre actuó apasionadamente contigo.

Ella miró fijamente a un punto indefinido. Ella estuvo pensativa durante mucho tiempo.

- Ahora que me lo han dicho, empiezo a notar detalles que me llevan a creer que ella sentía algo por mí.

- A pesar de todo - aclaró Estelita - debe sentirse muy sola. Si tan solo siguiera asistiendo a la Federación, tomaría medidas para reequilibrar mi cuerpo emocional, escucharía conferencias que nos alientan a reflexionar sobre muchos temas que nos entristecen.

- Ella es tu amiga - dijo Felisberto.

- Mi mente está confundida - reveló Angelina -. Es un asunto delicado. Necesito combinar mejor mis ideas. Todavía no me siento preparada para hablar de ello.

- Prefiero seguir con los preparativos del viaje y de la boda. Cuando regresemos, creo que podré ir tras ella. No necesitamos contratar a un detective.

Una lágrima se deslizó por el rabillo del ojo. Angelina sentía un gran cariño por su amiga. De repente, su pecho se cerró y no le gustó lo que sentía. Felisberto, al notar su estado emocional, intentó disipar la fuerte ola que se había formado. Se enfrentó a Angelina y dijo:

- Ahora tú decides. Aun hay tiempo.

– ¿De qué?

– Ella o yo. ¡Elige!

Ella le dio unas palmaditas en el brazo y sonrió; la opresión en el pecho había desaparecido. Incluso Marcilio sonrió mostrando los dientes que empezaban a salir.

Semanas después de esa conversación, ya en México, Angelina reflexionó y decidió que, en cuanto ella y Felisberto regresaran de su viaje, buscaría a Claudette por toda la ciudad. Era necesario reunirse con ella para una conversación sincera, en la que pudieran desahogar sus sentimientos, poner sus puntos sobre los "íes" y tratar, en la medida de lo posible, de renovar su amistad. Pero esa conversación nunca sucedió.

Cuando ella y Felisberto regresaron de su viaje, Claudette ya no estaba entre ellos. Una noche, espíritus amigos recibieron un aviso que Claudette estaba a punto de cometer una locura. Vinieron a su encuentro, pero ella estaba tan desilusionada de la vida, tan arruinada emocionalmente, que no notó su presencia. Lo único que podían hacer era orar. Y rezaron mucho, con fervor.

Mientras tanto, Claudette se encerró en el baño, colocó una toalla en el umbral y encendió el gas de la calefacción. Luego apagó la llama y no se apagó. Lo intentó de nuevo y la llama no volvió a apagarse. Irritada, lanzó un grito de rabia. Lo intentó más veces… hasta que, poseída, arrancó la toalla con fuerza, abrió la puerta y corrió desesperada hacia la cocina, bloqueando el umbral de la puerta. Giró todas las perillas de la estufa y bajó la puerta del horno. Se arrodilló y apoyó la cabeza dentro. Poco a poco fue perdiendo el conocimiento…

A primera hora de la mañana, los vecinos alertaron al portero sobre el fuerte olor a gas que emanaba de su apartamento. Derribaron la puerta, pero ya era demasiado tarde. Claudette estaba muerta. No dejó ninguna nota ni carta de despedida. Felisberto y Alfredo se encargaron de la liberación del cuerpo y del entierro, sin velorio. Dirce y Estelita oraron mucho por ella. Angelina pasó un rato en estado de shock. Sintió mucha pena por la muerte de quien consideraba su mejor amiga.

CAPÍTULO 37

Poco antes de estos hechos; es decir, antes de la boda de Alfredo y Dirce, Felisberto llegó a casa después de otro agotador viaje por el interior del Estado. Dejó su maleta y su maleta en el sofá, caminó hasta la barra, tomó un vaso y lo llenó de whisky. Luego tomó un sorbo, chasqueó la lengua en el paladar y se aflojó la corbata. Bernarda bajó y al verlo lo saludó con voz fría:

- Hola Felisberto. ¿Ya en casa?

- ¿Así es cómo recibes a tu marido?

- Marido, lo sé. Casada con un viajante de comercio, sí. Nunca te detienes en casa.

- Cuando me conociste, ya estaba viajando. No sé por qué la extrañeza. Este es mi trabajo.

Ella se encogió de hombros.

- Posteriormente habrá cena en casa de Vieira de Carvalho. Prepárate rápidamente.

- Acabo de viajar. Estoy cansado. Quería quedarme en casa, descansar. Podríamos cenar y luego salir un poco - se levantó y la abrazó por detrás.

Ella lo rechazó.

- ¿Estos son modales?

- ¿Qué modales? Estamos casados.

- Ya no somos enamorados. Soy una dama y tú un caballero.

- ¿Y eso? ¿Esto nos impide estar juntos?

- Sinceramente, Felisberto. Qué manera tan poco elegante de hablar.

- ¿De qué manera? Bernarda, tú eres mi esposa. Yo soy tu marido.

- Si no vas a cenar, no hay problema - dijo -. Llamaré a Teresa.

- Tú y Teresa. Teresa y tú. Parece que prefiere su compañía a la mía.

Eso era cierto. Bernarda iba a decir que sí, pero prefirió evitar la discusión.

- No es eso. Es que somos mujeres, y de la misma edad. Nos entendemos una a la otra. Y ella ha sido mi amiga desde la infancia.

- Simplemente no te das cuenta de cuánto te manipula, Bernarda.

- ¡Mientes! Ella siempre quiso lo mejor para mí.

- Si prefieres pensar así, ese es tu problema. Todos a tu alrededor se dan cuenta de cuánto te usa solo por puro deleite. ¿Nunca te has parado a pensar en la envidia que siente esta mujer por ti?

- No puedo creer que me estés hablando en ese tono. ¿Recriminar a mi mejor amiga? ¿Decirme con quién debo o no debo salir? ¿Quién es el manipulador?

- Estás distorsionando mis palabras. No dije eso.

- Siempre recriminándome. Ya no sé por qué me casé contigo.

Terminó su whisky y colocó el vaso sobre la barra. Sacudió la cabeza, disgustado:

- ¿Será que ya hemos llegado a nuestro límite?

- No sé tú, pero yo ya estoy harta de esta relación aburrida. Bien que Tere... - se quedó en silencio.

Él se rascó la cabeza.

- Bernarda, lo siento, por ti y por mí. Lo intentamos, pero creo que es imposible que sigamos juntos.

- Yo sabía que iba a pasar. Teresa me lo dijo bien. Ella misma dijo: "Es solo cuestión de tiempo que se vaya. Estaba en la casa solo por esa chica estúpida."

- ¿Creías eso?

- Por supuesto, Estelita siempre ha sido muy importante para mí. Pero pensé que, después que ella se fuera, Antoinette se casara y Alfredo estuviera a punto de casarse, podríamos empezar de nuevo. No lo sé, al menos intentarlo.

- No soy una mujer que lo intenta. Fracasaste como marido. ¿Cuál es el punto de estar juntos, verdad? Además, realmente dudo que pidas la separación.

- ¿Por qué?

- Bueno, no tienes dónde caerte muerto, Felisberto. Esta casa - miró atentamente las paredes de la habitación -, te da seguridad, estatus. Estoy segura que los amigos del trabajo deben morir de envidia celosos - hizo una voz chillona: "Vaya, Felisberto vive en una casa grande en la Avenida Rebouças."

Apenas podía creer lo que estaba escuchando.

- ¿Crees que estoy casado contigo por tu posición social, por esta casa? - Ella asintió.

Felisberto dejó caer los brazos. Se sintió impotente para continuar.

- Ya no hay razón para que estemos juntos.

- Concuerdo plenamente.

- Bueno, en cuanto vuelvas de cenar, ya no estaré aquí. Me voy a un hotel. Luego averiguamos cómo voy a buscar el resto de mis cosas.

- Solo la ropa y artículos de higiene.

- ¿Pensaste que querría quitarle la porcelana a la Compañía de la India? ¿El juego inglés que heredaste de tu bisabuela? No, Bernarda. Solo quiero mi ropa.

Se giró y subió lentamente las escaleras. Subió los escalones paso a paso, sintiéndose cansado, derrotado, decepcionado. Bernarda, en cambio, cogió el teléfono en el pasillo y llamó a Teresa.

- Él vino con la charla que nuestro matrimonio estaba frío. Dije todo como me dijiste. Sí. ¿Triste? No. Me siento libre. Claro. No me perdería esta cena por nada. Puedes pasar a recogerme, ¿a qué hora? Bien. Voy a subir y prepararme. Besos.

Era más de la una de la madrugada cuando Bernarda regresó de cenar. Se la pasó genial. Entró, las luces estaban apagadas, solo una lámpara en el pasillo iluminaba la habitación. Miró a su alrededor y no vio a Felisberto. Apareció una de las criadas. Ella quiso saber:

- ¿Está Felisberto en casa?

- No, señora. Salió.

- ¿Llevó maletas? - La criada dijo que sí.

- ¿Cuántas?

- Dos. Además de su maleta.

- Subiré y comprobaré qué se llevó. ¿Movió los armarios? ¿Lo viste recoger algo?

- No, señora. Le ayudé a doblar la ropa. Eso es todo.

- ¿Está segura?

- Absolutamente.

Aun así, subiré si solo se llevara la ropa.

Después de esa noche, Bernarda volvería a encontrarse con Felisberto en dos ocasiones: en la firma del acuerdo de divorcio y a los pocos años, cuando ella, llena de amargura por sí misma y por la vida, fue a tener una conversación definitiva con Estelita. Pero esta conversación se describirá más adelante.

CAPÍTULO 38

Marcilio había crecido como un niño lindo, educado, inteligente y travieso, revelando en él un comportamiento común fácilmente detectable en niños sanos y felices. La familia trabajó duro para preparar la fiesta de su séptimo cumpleaños, y él la quiso porque quería recibir como regalo el *Monopoly Bank*, un juego de mesa.

- Es un juego para gente mayor.

- Voy a cumplir siete años, mamá - hizo una señal con los dedos de ambas manos -. ¡Siete!

Ella se rio de buena gana.

- Entonces ya eres un hombrecito.

- ¡Claro! Sé leer, escribir, hacer matemáticas. Y me sé las tablas de multiplicar de memoria. ¿Quieres ver? - Y empezó -. Dos por uno es igual a dos, dos por dos...

- Está bien. Puedes parar. Sé que conoces las tablas de multiplicar. Así que preparémonos para salir y comprar tu juego.

- ¡Hurra!

Corrió al dormitorio y Angelina salió de la cocina.

- Este chico es tan lindo, ¿verdad? ¿El *Monopoly Bank*?

- No sé de dónde sacó esa idea. Algún amigo del colegio debe tener el juego. Lleva meses hablando de eso.

- Tu padre y yo le íbamos a dar ese juego. Ahora estamos pensando en comprarle una bicicleta.

- Gran idea. A Marcilio le encantará -. Angelina asintió y Estelita preguntó:

- ¿Cuándo volverá papá de su viaje?

- Entre mañana y el sábado. No quiere perderse el cumpleaños de su nieto.

- Son muy apegados. Nunca lo había visto así.

- Es verdad.

- Al menos Marci se parece a mí en un aspecto.

- ¿Cuál?

- Le encantan los álbumes de figuritas.

- Es verdad. A Marcilio le encanta pegar figuritas. No sabía que a ti también te gustaba.

- Dejé los álbumes en casa de mamá. Una lástima – miró al horizonte y luego comentó:

- Cuando Felisberto regresaba de su viaje, siempre me traía paquetitos llenos de figuritas. Pasaron los años y ahora Marcilio espera a su abuelo en la entrada.

- Porque me gusta mi abuelo y porque me trae figuritas.

Declaró el niño, que acababa de regresar a la habitación.

Besó a Angelina y dijo:

- Adiós tía. Yo ya vuelvo.

Angelina movió la cabeza hacia un lado. En verdad, era el deleite de niño.

Marcilio le dio la mano a Estelita y, al pasar junto al portero, el muchacho lo saludó:

- Buenos días, señor Jacinto. ¿Estás bien?

- Yo bien. ¿Y tú?

- Muy bien también.

- ¿A dónde vas?

- Mi madre me lleva a comprar mi regalo de cumpleaños.

- Felicidades.

- No. Mi cumpleaños no es hoy. Solo felicítame el domingo.

- De acuerdo.

- Eres muy simpático, hijo mío - dijo Estelita apenas llegaron a la acera y tomaron el tranvía hacia la Avenida Nuestra Señora de Copacabana.

- No sé qué es esto, pero parece ser algo bueno. Entonces soy amigable.

Ella lo besó en la mejilla y pronto estaban caminando por la muy transitada avenida, que en ese momento todavía era una calle de doble sentido. Entraron a la tienda y Marcilio sintió que entraba al cielo. Había todo tipo de juguetes y él le señalaba a su madre los juguetes y juegos que más le gustaban.

- Puedes elegir otro regalo.

- No madre. Con un regalo me basta. Solo quiero el *Monopoly Bank*. Se dirigieron al estante donde estaba la caja con el juego. Se agachó para recoger la caja y, al subir, se golpeó la cabeza en el hombre que también elegía un regalo.

¡Perdón! - Se disculpó -. No fue mi intención.

- Imagina. La tienda está abarrotada. Y los pasillos son estrechos.

- Aun así, fui torpe. Perdón.

- No hay de qué.

Él estaba recogiendo una caja de palitos de colores.

Curiosa, Estelita quiso saber:

- ¿Le vas a hacer un regalo a tu hijo?

- No, no. Es para el hijo de un amigo del trabajo.

- ¿Qué edad tiene el niño?

Se llevó el dedo a la barbilla, pensativo:

- Déjame ver. Creo que dos. Sí, dos años.

Estelita se echó a reír. No entendió nada.

- Perdón por la risa. Es que este no es un regalo adecuado para alguien que cumple dos años. El niño podría pincharse y lastimarse con los palos.

- ¡Ah, efectivamente! - Se llevó la mano a la cabeza -. No sé elegir un regalo para niños. De hecho, soy terrible eligiendo regalos.

- ¿Es un niño o una niña?

- Es un niño.

- Fácil. Podría ser una bola de color.

- Me gustó la idea.

La siguió hasta el otro pasillo. Estelita eligió una pelota pequeña y colorida.

- Aquí está. Estoy segura que al niño le encantará.

- Gracias.

Entonces apareció Marcilio y tiró ligeramente de la falda de Estelita.

- Mamá, ¡qué bola más bonita! - Estaba hipnotizado con la pelota que sostenía el muchacho.

- ¿Te gustó? - le preguntó.

- Es hermosa.

- Así que te lo voy a dar como regalo.

- ¿En serio?

- Sí.

Estelita intervino:

- ¡Imagínate! Marcilio - lo regañó -, viniste aquí a comprar un juego de mesa. ¿Dónde se ha visto? Ni siquiera conocemos al muchacho.

- Nos estamos conociendo ahora - respondió ingenuamente.

El muchacho sonrió y se inclinó:

- ¿Cómo estás? Mi nombre es Sérgio. ¿Y el tuyo?

Marcilio le tendió la mano:

– Mucho gusto, mi nombre es Marcilio. Y esta es mi madre, doña María Estela – se acercó al oído del chico y le susurró –. Pero todos la llaman Estelita.

Sérgio la saludó y se levantó, mirando amablemente a Estelita.

– Encantado de conocerla, Sra. María Estela.

– Un gusto. Puedes llamarme Estelita, de verdad.

– ¿Tú vives aquí? – Preguntó Marcilio.

– Sí, ¿por qué? •

Marcilio intervino de nuevo:

– Ya que me vas a regalar el balón, me gustaría invitarte a mi fiesta de cumpleaños el domingo. A las cuatro de la tarde.

Estelita iba a increparlo, pero Sérgio se apresuró:

– Será un gusto.

Puedes llevar a tu esposa – aclaró Estelita.

– No estoy casado.

Esa frase tocó el alma de Estelita. No podía responder por qué, pero le gustaba saber que este buen chico estaba soltero.

– Anotaré la dirección – Sérgio sacó una libreta y sacó un bolígrafo del bolsillo de su chaqueta y escribió. Luego preguntó:

– No me gusta ir a casa ajena con las manos vacías.

– Ya le diste el regalo al cumpleañero. Es más importante.

– Los dueños de la casa también merecen una cortesía. ¿Qué bebe tu marido?

Estelita se sonrojó ligeramente, pero había aprendido, con los años transcurridos, a afrontar las situaciones descorteses con la cabeza en alto. Dijo inmediatamente:

– No soy casada.

– ¡Oh! – Iba a decir "eso es genial", pero fue educado –. Entonces, ¿qué puedo llevar?

— Tu compañía.

A Sérgio le encantó. Y podemos decirlo con razón. Ambos sintieron mariposas en el estómago. Estelita salió de la tienda radiante y sonriente. Sérgio salió poco después, sonriente y radiante...

~ O ~

La fiesta de Marcilio estuvo muy divertida y ocupada. Los niños del edificio y de la escuela estaban allí, corriendo y jugando por el apartamento. Algunas madres estaban presentes y, cuando llegó Sérgio, llamó la atención incluso de las mujeres casadas.

Fue amable, trajo un ramo de rosas para Estelita. Al recibirlos, inhaló el delicado perfume.

— Me encantan los ramos de flores.

— Un punto para mí.

Ella se rio torpemente.

— Por favor entra. Sé bienvenido.

Marcilio lo vio y vino corriendo a abrazarlo.

— ¡Viniste!

— Claro. Me invitaste y te prometí que vendría.

— Oigan chicos, él fue quien me dio esa pelota — señaló el objeto que saltaba de mano en mano.

— Tu hijo es adorable.

— Gracias.

Ella lo condujo hasta el lugar donde estaban Angelina y Felisberto. Los presentó y pidió permiso para conseguir bocadillos y refrescos. Sérgio pronto inició una conversación con la pareja y así permanecieron por mucho tiempo. De vez en cuando miraba discretamente a Estelita, con los ojos llenos de admiración. Mientras servía a los niños, ella también lo miraba, de manera discreta.

Eran más de las ocho cuando los invitados prácticamente se habían marchado. Cansado de tanta juerga, Marcilio se durmió y Felisberto lo llevó a su habitación. Alfredo y Dirce todavía estaban allí. Tuvieron tres hijos: dos varones, uno de cinco años y el otro de tres años. Dirce sostenía a un bebé en su regazo. Cuando se puso de pie, dejó al descubierto su vientre.

Sérgio los había presentado y quedó sorprendido por esa gran familia.

- Queremos cuatro hijos – dijo Alfredo –. Después de este – acarició el vientre de su mujer –, creo que vamos a cerrar la fábrica.

- ¡Sí señor! – observó Dirce –. Fábrica a punto de cerrar.

- Es que amo a los niños – confesó Alfredo.

- Qué lindo – respondió Sérgio.

Hablaron un rato y los niños empezaron a llorar. Estaban cansados y querían irse a casa a dormir. Dirce y Alfredo se despidieron de todos. En el ascensor comentó:

- Ha llegado el momento que Estelita dé un paso más.

- ¿Otro paso?

- ¿No notaste el intercambio de miradas entre ella y este joven?

- No. Tengo tres hijos que cuidar. ¿Cómo sabría si mi hermana y este chico estaban coqueteando?

- Ellos estaban. Y de este agujero saldrá el conejo.

- ¡Dirce!

- Puedes escribirlo. Se casarán.

Alfredo sacudió la cabeza hacia los lados.

- Solo tu mi amor. Solo tú...

CAPÍTULO 39

Al principio, Estelita evitó salir con Sérgio.

- Deja de hacer tonterías - comentó Angelina -. Se ha enamorado de ti. Es un hombre de familia, trabaja en una buena compañía y es educado. Además, está enamorado de ti.

- Yo también, tía. Estoy enamorada. Creo que lo estoy. Nunca he sentido esto por nadie.

- Por supuesto que estás enamorada. Eso es formidable. Además, él y Marcilio se llevan muy bien. ¿Qué más quieres?

- Todavía me siento insegura. En muchas áreas.

- ¿Qué pasa con las sesiones de terapia? ¿Has estado yendo a ellas desde que Marcilio cumplió un año. ¿No te están ayudando a sentirte más segura?

- Sí. Me han demostrado que apenas me conocía. Pero todavía tengo mucho que hacer por mí.

- No te presiones. Simplemente siente y haz lo que es correcto para ti.

- Sí, tía Angelina. Es verdad.

Estelita fue a su habitación y, al acostarse, se quedó pensativa. Con los ojos pegados al techo, ya no era rehén del insomnio, sino que consideraba que el trabajo de conocerse completamente a sí mismo le llevaba, en realidad, toda una vida. Esto se debe a que siempre hay una angustia, un trauma, un poco de dolor íntimo que no es físico; en fin, abrazó la terapia y fue avanzando en cada encuentro con el terapeuta.

Al principio, Felisberto deseaba encarecidamente que ella consultara con su amigo Jorge. Como se había tomado unas largas vacaciones, la llevó a un conocido psiquiatra que se presentaba como un psicoanalista freudiano; es decir, cuyas sesiones se basaban en los principios del psicoanálisis que Estelita entendía.

A lo largo de muchas sesiones, uno de los principales objetivos del psicoanálisis es establecer un vínculo entre el terapeuta y el paciente, con el fin de comprender los procesos retenidos por el inconsciente, que generan síntomas como la angustia o la ansiedad, por ejemplo. Todo este seguimiento se realiza a través de la interpretación, por parte de un psicoanalista, de los contenidos inconscientes de las palabras, acciones y producciones imaginarias de un individuo, basadas en asociaciones libres, en actos defectuosos, como llamar a una persona por el nombre de otra. El resultado de esta experiencia fue que Estelita mejoró mucho y comprendió que el psicoanálisis, según Freud, era, en definitiva, la cura a través del amor. Dato interesante en psicoanálisis: el paciente no es dado de alta por el psicoanalista, sino por él mismo. Estelita permaneció con este médico durante cinco años, hasta que él, ya anciano, necesitó una cirugía y nunca volvió a ejercer.

En la cama, reflexionó sobre sus encuentros con el profesional.

Las sesiones se realizaron una vez por semana. Durante las sesiones con este psicoanalista, Estelita había comentado la situación en la que se vio lanzada al aire y se dio cuenta que estaba siendo atacada por gotas de agua. Conversación por aquí, sondeo por allá, aunque avanzó mucho con las sesiones – por ejemplo, dejó de tener fobia a las gotas de agua y empezó a bañarse diariamente, incluso dos baños al día –, ese sueño se había convertido en un enigma. Infórmate de aquí, ve de allí, Estelita descubrió que la familia ocultaba algo de su pasado. Cuando su padre tuvo un accidente con su coche, ella, aun una bebé, estaba en la cesta para bebés, colocada en el asiento trasero del vehículo. Con el choque, la canasta salió despedida del auto y, milagrosamente, no le pasó nada. La canasta atravesó la ventana delantera, que ya se había roto, y ella permaneció allí, dentro de la canasta, en el lugar del accidente, hasta que llegó la policía. Mientras tanto, una fina lluvia comenzó a caer golpeando el rostro del pequeño bebé. Después de este descubrimiento, las escenas que quedaron retenidas en el inconsciente se revelaron ante ella y Estelita mejoró significativamente.

Antes de someterse a la cirugía, el psiquiatra la remitió a otro profesional. Estelita hizo una entrevista y no le gustó. Se molestó porque no quería dejar la terapia. No quería dejar de hacer algo que le permitiera reflexionar y cuestionarse constantemente.

Jorge, amigo de Felisberto, finalmente regresó de su largo viaje. Para darle la bienvenida, Felisberto le ofreció una cena. Jorge permaneció en Suiza durante cuatro años y se matriculó en un curso impartido por Jung. Posteriormente, Jorge, que hasta entonces se consideraba un freudiano convencido, quedó encantado con las enseñanzas de Jung, quien había sido discípulo de Freud. Jung y Freud había sido compañeros de trabajo y se habían distanciado por diferentes cuestiones; con la ruptura de la amistad, Jung fundó la Psicología Analítica. La técnica es muy diferente del enfoque freudiano, pero ambos son similares en su objetivo principal: la autocuración del individuo.

Estelita conoció a Jorge y le gustó de inmediato. Actualmente tenía sesiones con él una vez por semana. Salía de la oficina sintiéndose cada vez más consciente de sus miedos, traumas y angustias. De manera didáctica, Jorge le explicó cosas sencillas, como la diferencia entre un tratamiento y otro: El psicoanálisis trabaja con la motivación del individuo. La Psicología Analítica, a su vez, trabaja con el comportamiento del ser.

Estelita tendría sesiones de terapia con Jorge durante años y años. Solo dejaría de acudir a su oficina, una casita con encanto situada en la Rua Montenegro, en Ipanema, cuando él mismo decidió retirarse de la profesión y cambiar de aires. Tan pronto como sus hijos crecieron, se casaron y se ocuparon de sus propias vidas, Jorge pronto quedó viudo y decidió cumplir un viejo sueño: vivir en un monasterio que estaba ubicado a las faldas del Himalaya.

Pasaron muchos años y Jorge cambió de nombre. Se hizo muy conocido, tanto por su amabilidad y simpatía como por las increíbles palabras que pronunció. Cada palabra sirvió como herramienta curativa para el espíritu más testarudo. Había fundado una Orden y, hasta su muerte, muchos años después, sería conocido como "Viejo", el monje de mayor edad en esa institución.

CAPÍTULO 40

Estelita se miraba en el espejo cuando se enojó. ¿Por qué? Quería salir con Sérgio, pero todavía le molestaba lo que había pasado con Decio.

Decidida, llevó sus preguntas a Jorge. Cabe señalar que este paso se produjo unos años antes que partiera definitivamente hacia Asia.

Después de algunas reuniones, se dio cuenta que todavía necesitaba fortalecer su autoestima. Descubrió que había un enorme obstáculo al lidiar con la ira. Había aprendido de Jorge que la ira es una reacción natural y completamente normal.

Aprendió que sentirse enojada es feo. Los bebés se sienten enojados. Lloran, patean. Después de un tiempo, termina.

- Es verdad. Esto lo noté mucho con mi hijo.

- Como bien has dicho, muchos todavía creen que no es elegante ni educado sentirse enojado. Pero es un sentimiento que necesitamos expresar, de lo contrario podría provocar disfunciones orgánicas como dolores musculares, artritis o incluso enfermedades más graves que atacan al cuerpo.

Tengo esta conciencia. Pero, ¿cómo hacerlo? No puedo andar por ahí golpeando a la gente e insultándolas.

- ¡Claro que no! ¡Nunca!

- No entiendo, Jorge.

- Es necesario, Estelita, que apagues tu enfado, sepas expresarlo para que no se acumule energía tan pesada en tu interior. Cuando te sientes enojada, primero debes aprender a expresarlo.

- ¿Cómo por ejemplo?

- Mantenlo simple y directo: "No me gusta lo que me hiciste" o "Eso me enoja muchísimo." Si se vuelve demasiado fuerte, existen alternativas saludables. Puedes correr hacia el mar, nadar mucho y, en el fondo, gritar fuerte; también puedes perforar un cojín, una almohada.

Estelita entendió. Después del nacimiento de su hijo, estudió tallado y costura. Hacía vestidos, conjuntos infantiles, zurcía, ajustaba ropa. La clientela fue buena y ayudó con los gastos. La conclusión es que trabajó en casa y pudo estar más cerca de su hijo. Había instalado su estudio de costura en la trastienda. Los clientes entraban por la puerta de la cocina y no perturbaban la privacidad de la familia. Le gustó mucho su trabajo. Después de unos meses en los que había hecho muchos ejercicios para liberar el enojo que sentía hacia Decio, Estelita le confesó a Angelina:

- Estoy lista para salir con Sérgio.

- ¡Al fin! ¡Esto merece una celebración!

- Jorge me ayudó mucho a entender y tomar contacto con mis debilidades. Las enfrenté y cambié mi forma de actuar y pensar. Ahora me siento más segura para tener una cita.

- ¿Ya has elegido tu ropa?

- ¿Recuerdas ese vestido que doña Isaura ya no quería?

- Sí. Precioso, por cierto.

- Lo reformé. Quedó hermoso.

Después de arreglarse, hasta su hijo la elogió:

- Mamá estás muy hermosa.

- Gracias, hijo mío.

- ¿Vas a demorarte?

- Creo que sí - miró su reloj y anunció -. Deberías irte a la cama pronto. Casi es la hora.

- Sí. Estoy terminando una partida de *Monopoly* con el abuelo.

Felisberto la besó en la frente.

- Vete en paz, querida. Cuidaremos bien de Marcilio. Disfruta la noche.

- Gracias Papá.

Bajó y Sérgio ya la estaba esperando en la entrada. La saludó y la elogió:

- Te ves muy hermosa, Estelita.

- Gracias. Tú también estás muy elegante.

- ¿Vamos? Mi coche está aparcado justo delante de la puerta.

- ¿A dónde?

- Hay un restaurante con mucho encanto que me gusta mucho.
Está en Copacabana.

Ella asintió. Se subió al auto, se puso cómoda y comenzaron a conversar. Se llevaban muy bien. La conversación fluía libre y espontáneamente. Ya sentada y bebiendo un vino, mientras escogía el plato, Estelita narró su vida. Le contó a Sérgio los sueños, las pesadillas, los insomnios, los ataques espirituales. Luego, superficialmente, habló... de Decio, pero no reveló su nombre. Este era un tema que recientemente había comenzado a abordar en terapia. Solo dijo que el padre de Marcilio era de São Paulo y que probablemente no debería haber sabido que era padre.

Sérgio, a su vez, narró su vida. Le habló a Estelita de su estancia en Londres, de un buen amigo que había tenido un accidente.

Ella comentó:

- ¡Dios mío! Pobrecito - sin saber que Sérgio hablaba de Decio.

Naturalmente, el tema pasó al ámbito de las religiones. Ella se declaró espírita y él, bautista.

- Respeto las convicciones religiosas de los demás. Para mí, la religiosidad de una persona es estrictamente personal, íntima. No me corresponde a mí juzgar si esto o aquella religión es mejor.

Para mí la mejor religión es la que calienta nuestro corazón, que despierta nuestros verdaderos valores espirituales, que nos hace personas mejores y dignas, que nos anima a cultivar la fraternidad y el deseo de paz entre todos.

- Es hermoso tu comentario. Pienso de la misma manera. La Doctrina Espírita se alinea con mis convicciones.

- Brindemos, por tanto, por nuestras convicciones.

Brindaron y el resto de la noche estuvo delicioso. Después de cenar, salieron a caminar por la acera de la playa. Estelita respiró la brisa del mar. Sérgio la miró y luego la besó. Estelita respondió al beso. Salieron durante seis meses. Se casaron un hermoso día de primavera. Marcilio caminaba delante de la novia llevando los anillos. Estelita entró en la habitación del brazo de Felisberto.

La ceremonia fue sencilla y única. Deodato y Corina estuvieron presentes.

- Se ve tan hermosa – se maravilló Corina.

- Sí, querida. Nuestra niña transformó muchos comportamientos y actitudes que solo obstaculizaban su crecimiento espiritual.

- En el astral tenemos otra noción de la realidad, ¿por qué no? Tenemos que dejar de afrontar nuestros errores. Somos iguales aquí y allá en el mundo físico, pero aquí, la conciencia se expande y nos invita a reflexionar sobre todo lo que practicamos. Cuando regrese a su patria espiritual, será sintiéndose mucho mejor consigo misma que en su última existencia.

Corina se acercó a Estelita y le susurró al oído:

- El día que descubras la totalidad de tu fuerza interior y la utilices a tu favor, superarás todos los desafíos y creerás en tu propio poder. Te amo.

Ella y Deodato se tomaron de la mano y desaparecieron, dejando un rastro de luz en la habitación. A Estelita se le puso la piel de gallina.

- ¿Sucedió algo? – Preguntó Sérgio.

- No nada – bajó la cabeza y sus ojos se encontraron con los de Dirce. Una le guiñó un ojo a la otra. Dirce había notado amigos espirituales. Sintió la ola de bienestar que allí dejaron.

Al finalizar la ceremonia se fueron a casa. Angelina tenía preparado un delicioso almuerzo. Todo fue celebración y alegría. Hasta que Estelita preguntó:

- ¿Y tu amigo? ¿No lo trajiste a almorzar?

- No sé. No lo creo. Se siente mal porque la gente le habla, mirando la pierna que le falta.

- Entiendo. Pero no actuaríamos así con él. Nunca lo miraríamos de una manera vergonzosa.

- Lo sé querida. Resulta que De...

Marcilio se acercó a ella y le dio un beso en la cara.

Estelita no prestó atención al nombre que había pronunciado Sérgio: Decio.

CAPÍTULO 41

El conductor de Teresa recogió a Bernarda a la hora prevista. El conductor subió hasta Rebouças y condujo hasta Paulista. La reja estaba abierta. Subió al coche, rodeó la entrada y bajó Teresa, bella y perfumada. Subió al auto y se saludaron.

- No creo que me estés llevando a un - bajó la voz - hechicero.

Teresa se rio.

- No importa el nombre que le des. Son personas que tienen contacto con el lado de allá - señaló hacia arriba -, o con el lado de aquí - hizo una señal hacia abajo.

- No creo en eso.

- Tampoco importa si lo crees o no, criatura. El hecho es que este hombre hace un trabajo muy fuerte.

- ¿Qué gano con esto? - Bernarda se interesó.

- Por ejemplo, se puede pedir trastocar la vida de Felisberto. ¿Dónde has visto? ¿Casarse con la hermana de Eurico, tu primer marido? Parece que lo hizo por despecho. Dudo que él la ame.

Bernarda, influyente, coincidió:

- También lo creo. Felisberto apenas conocía a Angelina. De un momento a otro ya está, se casaron.

- Tiene posesiones, vive en un hermoso departamento, según nos contó una vez Alfredo. Felisberto salió de tu casa y fue en busca de otra.

- No le deseo ningún mal a Felisberto. Aunque él es parte de mi pasado, vivimos bien durante muchos años. Solo al final...

Teresa no estaba dispuesta a escuchar. Cambió de tema:

- ¿Y esa chica negra? ¿La que se casó con tu hijo y manchó a la familia? Manchó no solo los valores sino también el color. Todos tus nietos deben ser mestizos, con el pelo feo y puntiagudo.

- No los conozco. Corté lazos con Alfredo, tú bien lo sabes...

- Pero esa negrita debe haber hechizado a tu hijo.

- ¿De verdad lo crees, Teresa?

- Creo y estoy segura. Por lo que sé, tienen cuatro hijos.

- ¿Cómo sabes todo esto? Nunca volví a saber de él.

- Estoy bien informada, Bernarda. Además no quería decírtelo porque fue Yolanda quien me lo dijo.

- Um, la madre de ese inadaptado.

- Ella misma. Sé que rompieron relaciones, pero un día, en el club, ella vino a mí, muy sorprendida, para decirme que su marido se había encontrado a Alfredo con dos mulatos – Bernarda se llevó la mano a la boca. Teresa continuó:

– Y reveló que tenía dos hijas más en casa. ¡Mira la cosa más fea!

Bernarda no supo qué decir. Había cortado los lazos con su hijo debido a su relación con Dirce. Pero si tenía cuatro hijos, era señal que vivía en un matrimonio feliz. Comenzó a reflexionar sobre sus actitudes. Sin embargo, Teresa, familiarizada con las costumbres y manías de Bernarda, pronto se dio cuenta de lo que la otra estaba pensando y dijo, de la nada:

- ¿Y tu Antoinette?

- ¿Qué pasa con ella? – Los pensamientos de Bernarda parecieron confundirse.

- Apenas puede sostener a su hijo. Ya ha perdido dos. Rami, mi hijastro, está perdiendo la cabeza. Si Antoinette no le da un hijo, Rami me dijo que se irá.

- ¿Dejar qué?

- A tu hija. Y luego pedirá la separación.

Bernarda se llevó la mano al pecho, atónita.

- ¡Eso es demasiado! Necesito tener una conversación seria con Antoinette.

- Y es bueno que así sea. Estoy haciendo todo lo posible para asegurarme que Rami no haga ninguna locura.

- Déjalo en paz, hablaré con ella - Bernarda se quedó pensativa por un momento.

– ¿Que pasó?

- Podemos pedirle a este brujo que ayude a Antoinette a quedar embarazada.

- Despierta, criatura. Este hombre solo trabaja para hacer daño a la gente. Él no hace nada para ayudarlos. Quiero decir, podría ayudar a hundirles la vida – se rio Teresa.

- No me gusta meterme con lo que no sé.

- Deja de decir tonterías, Bernarda. Es allí.

El lugar estaba alejado de la ciudad y muy desierto. Estaba más allá de Lados de Santo Amaro Era una casita en una calle de tierra. Pollos, cerdos y otros animales corrían libres.

El chofer se estacionó cerca de la casa. Desde la puerta salió una segunda mujer de mediana edad, vestida con sencillez.

- Hola señora Teresa - dijo angustiada.

- ¿Qué pasó, Iracema? ¿No está Zé aquí? - Preguntó nerviosamente –. Habíamos quedado y...

- Él esta. Pero no está bien. Lleva dos días tirando todo lo que ha comido. Creo que es una cosa de fantasmas.

- Tonterías, Iracema. Tu marido es poderoso. Ha hecho cosas por mí que hasta el diablo duda.

- Puedes pasar. Está tirado ahí en la habitación.

Bernarda negó con la cabeza.

- No tengo valor. No voy a entrar. Me quedaré aquí afuera, disfrutando de los animales.

Teresa también negó con la cabeza. Murmuró:

- Siempre débil. Y mareada.

Bernarda no escuchó. Teresa siguió a la mujer y entró en la casa, que olía a incienso. Pasó por una habitación y había una cortina de cuentas de colores que actuaba como puerta, separando la pequeña casa de la habitación donde Zé atendía.

Teresa, muy acostumbrada al lugar – iba allí desde pequeña –, entró y sacó una silla. Se sentó al lado de la cama. Zé la miró y abrió mucho los ojos.

- ¡Teresa!

- Hola Zé. Tu esposa me dijo que no te encuentras bien.

- No. Ya no quieren que haga este tipo de trabajo.

- ¿Ellos? ¿No quieren?

- Sí. Ellos – apuntó hacia arriba y hacia los lados.

- Aquí solo te veo a ti.

- Está lleno de entidades. Me prohibieron hacer cualquier trabajo.

- Basta, Zé. Te conozco desde hace más de veinte años. Siempre trabajaste correctamente. ¿Qué te ha pasado ahora? ¿Te estás haciendo viejo, gagá? ¿Estás con miedo?

- Quién debería tener miedo eres tú – dijo en tono siniestro.

Teresa sintió la vibración y no le gustó nada. Su corazón se hundió, pero ignoró el sentimiento.

- ¿Yo? Imagina. Tus entidades me protegen.

- Ya no protegen. Dijeron que deberías dejar de hacer esto o podrías sufrir las consecuencias.

- Ah, ah. Ya entendí. Basta de escenas – abrió su bolso y sacó un fajo lleno de billetes –. ¿Es suficiente? – Arrojó las notas sobre la mesa.

- No quiero tu dinero. Si sigo haciendo lo que siempre he hecho, me enfermarán cada vez más y me llevarán a un lugar al que no quiero ir, de ninguna manera.

- Tu futuro ya está sellado – gritó –. Con tantas cosas malas que ha hecho en tu vida, no te saldrás con la tuya.

- ¡Tú tampoco lo harás!

- Nunca hice nada. Solo te pedí. Si lo hiciste, ese es tu problema.

- No lo es. Eres responsable de las desgracias que plantaste.

- Qué conversación más aburrida. Llegué a este fin del mundo y perdí el tiempo. Voy tras cualquiera que lo haga mejor que tú. Siempre hay alguien disponible.

- Es la última advertencia. Si persistes en esto, alterarán tu vida.

- Nadie tiene ese poder sobre mí. Hago lo que quiero y como quiero.

Sus ojos brillaron de odio y Zé sintió miedo. Hacía muchos años que no veía a alguien como Teresa. Ella no se dejó asustar por nada. Algo realmente raro. Teresa se levantó furiosa. Recogió el dinero, lo puso de cualquier manera en su bolso y se alejó pisando fuerte. Al pasar junto a Iracema, casi la derriba.

Tan pronto como pasó, Iracema hizo la señal de la cruz. Zé le pidió:

- Enciende una vela y ora por Teresa. Ella lo necesitará.

Mientras tanto, Teresa salió de la casa como un huracán. Bernarda estaba asustada:

- ¿Qué pasó?

- Nada. Este Zé es un estafador. Ya no nos sirve.

- ¿Por qué?

- Nada. Entrar en el coche. Vamos. Este lugar ya no me sirve.

El pedido de Zé para que Teresa dejara de pedir trabajos fue inútil. Después que ella salió de su casa, furiosa, fue a buscar a alguien más que hiciera trabajo espiritual, incluso mejor que Zé. Encontró un ciudadano dispuesto a perturbar la vida de las personas, con la ayuda, evidentemente, de entidades desequilibradas y perturbadas.

~ O ~

Cuando el auto se alejó levantando polvo, Iracema hizo la señal de la cruz. Nunca le había gustado la forma en que su marido utilizaba sus dotes mediúmnicas. Dos días después que él cayera enfermo, ella oró fervientemente y tuvo la intuición de encender una vela blanca. Desde entonces, oró por todas las personas que utilizaron los servicios de Zé. Todos los días, durante más de una semana, Iracema repetía el ritual: encendía la vela a las seis de la tarde en punto, por tanto, para muchas personas ligadas a corrientes espiritistas, y momento en el que las energías benéficas del equipo espiritual de María, madre de Jesús, se derraman sobre el planeta, como lluvias de luz. Iracema creía firmemente que este equipo estaba presente en ese momento, con el objetivo de fortalecer los corazones y alejar del individuo los sentimientos de ira, odio e incomprensión.

El día antes de la visita de Teresa, Zé pidió una conversación seria. Acostado en la cama, confesó:

- Estoy cansado de hacer estos trabajos. He estado orando para que dejes de hacer esto.

- La ropa que lavo y plancho nos da buen sustento. No necesitamos mal dinero para vivir.

- No es mal dinero.

- Ya que estamos teniendo una conversación seria - Iracema sacó la silla y se sentó a su lado -, te revelaré que siempre he admirado tu capacidad para comunicarse con el más allá. Pensé que era hermoso porque, cuando nos casamos, siempre estabas dispuesto a ayudar a los demás.

- Y lo hice gratis.

- Deberías seguir haciendo estas obras para el bien – enfatizó –, y de forma gratuita. Mira que, después que comenzamos a realizar estos servicios para afectar negativamente a los demás, nuestra vida se estancó. ¿Para qué sirvió el dinero que ganaste a lo largo de los años? ¿Para agregar un poco más de arroz y frijoles a la olla?

- Es verdad.

- Además, tu mediumnidad es excelente. Estoy segura que si empiezas a hacer el bien nuevamente usando tu don, nuestras vidas cambiarán para mejor.

- Iracema, eres una gran compañera. Doy gracias a Dios por tenerte a mi lado.

- Gracias querido. Tú también lo eres. Esta enfermedad, como bien lo sabes, fue una llamada de atención y simplemente reflexiona sobre las cosas buenas que aun puedes hacer por los demás y por nosotros. Vamos, no duele intentar.

- Gracias también por las velas. Un buen espíritu estuvo aquí y me informó que tus oraciones están llegando beneficiosamente a muchos corazones endurecidos.

- Qué bueno. Me alegro de saber.

- Esa mujer rica vendrá aquí mañana.

- No te rindas, Zé. Sabes lo manipuladora que es y vil. Hoy encenderé dos velas: una por aquellos por quienes oro y la otra solo por ella.

- Teresa es un hueso duro de roer.

- No debemos temer al mal. Queremos abrazar el bien y permanecer en él. Rezaré por su bienestar y para que tú te mantengas firme en tus nuevas metas.

Zé asintió. La esposa tenía razón. Era hora de detener esos trabajos. Tan pronto como se recuperara y se levantara de la cama, ayudaría a las personas que necesitaban un pase o una bendición. Era un gran sanador. Había aprendido de su abuela, una ex esclava, quien había recibido muchos conocimientos del mundo espiritual y le transmitía sus conocimientos, además de enseñarle a manipular la esencia de ciertas plantas para facilitar la curación de los pacientes.

De esta manera, Zé comenzó a atraer a mucha gente para recibir tratamiento espiritual. Su casa era demasiado pequeña para tantos cuidados. Trabajaba, si podemos decirlo, de lunes a sábado. El domingo era un día reservado para el ocio con su esposa y la meditación. Al final de ese día recibió instrucciones de los espíritus y se preparó física y emocionalmente para los tratamientos que comenzarían el lunes. No cobró nada. Al cabo de un tiempo, transmitió a su esposa los conocimientos que había recibido de su abuela. Pronto, Iracema también aprendió a bendecir y se convirtió en una excelente sanadora. Tenía un don especial para bendecir a bebés y niños.

Dos años después de este cambio, llegó allí un rico empresario, con su pequeña hija en brazos, desesperado porque ya había ido a todos los médicos que conocía y no había solución para sus fuertes dolores de cabeza. Después de muchas sesiones de bendiciones, mejoró mucho. Después de un mes de pasar tiempo en la casa de Zé, definitivamente estaba libre del dolor. Ella creció hasta convertirse en una niña hermosa y saludable. El empresario, en agradecimiento, ofreció una importante suma de dinero. Fue una prueba. Zé habló con Iracema y, de común acuerdo, no aceptaron el dinero. Conmovido por tanta amabilidad, el empresario quiso saber si, si tuvieran buen dinero en la mano, qué harían con él. Iracema inmediatamente declaró que su sueño era vivir en una casa mejor y tener un espacio exclusivo para brindar atención espiritual a las personas.

A Iracema se le presentó una casa adosada de dos dormitorios en Bela Vista. El empresario les cedió una bodega a dos cuadras de la propiedad, para que no tuvieran que desplazarse para llegar de la casa al "trabajo." La pareja quedó inmensamente agradecida por el generoso gesto del hombre. Trabajaron con amor y dedicación a los demás durante cuarenta y siete años seguidos. Iracema falleció primero. Diez años después, Zé dejó el mundo y fue recibido por una horda de espíritus que acudieron a felicitarlo por el magnífico trabajo que había realizado durante casi medio siglo.

CAPÍTULO 42

Antoinette llevaba unos dos años casada cuando perdió a su segundo bebé. Había abortado espontáneamente.

- Si sigues las indicaciones de tu médico, descansa, trata de no estresarte.

Rami había contratado una cocinera, una lavandera y una chica para limpiar la casa. Aun así, el otro bebé no sobrevivió.

Esta segunda vez, Rami, siempre comedido, explotó.

- ¡No lo puedo creer! - él gritó -. Estuviste tres meses prácticamente tumbada, descansando, sin hacer nada. Contraté sirvientas para que no te preocuparas por los asuntos del hogar. Y mira lo que pasó: ¡perdiste a otro hijo mío!

- Nuestro hijo - respondió ella -. Perdí a otro de nuestros hijos.

- ¡Que sea! Pero, ¿qué pasa? ¿Ni siquiera eres buena para tener hijos?

El comentario llegó profundamente a su corazón. Antoinette se sentía la peor criatura del universo. Necesitaba apoyo y cariño de su marido, después de todo, había perdido otro hijo. Su cuerpo había sufrido transformaciones y se sentía frágil.

- ¿Quizás no me entiendes? No tengo ningún problema. El médico dijo que esto podría pasar, porque el ovario...

Él la interrumpió secamente:

- ¡Ya sé todo este bla- bla- bla! Para.

- ¿Qué es eso, Rami?

- Para poner excusas. ¿No te das cuenta que tú eres la culpable de esta situación?

- ¡¿Yo?! - Se llevó la mano al pecho con la boca abierta.

- ¡Sí, tú! Tu cuerpo debe tener algún problema. Veamos a otro médico.

- Ya es el segundo médico que me ha atendido. ¿Vas a cambiar de nuevo?

- Es mejor cambiar de médico que de esposa.

Antoinette se llevó las manos a la cara y lloró. Rami estaba furioso:

- Si el próximo no se venga, me separaré de ti – dijo y salió de la habitación dando un portazo. Antoinette se sintió arruinada.

- No puede dejarme por esto. No es mi culpa, Dios mío. No es mi culpa... – y rompió a llorar nuevamente; un grito sentido que comenzó a llegar, silenciosa y subrepticiamente, a su cuerpo físico.

Desesperada, sin saber cómo actuar, llamó a su madre.

Concertó una visita con ella al día siguiente.

- Mamá, Rami...

- Ahora no, Antoinette. Teresa acaba de llegar. Cenemos y luego vayamos al cine.

- Por favor, estoy muy angustiada.

- Así es, mi princesa. Mañana hablaremos. Si lo prefieres, puedes llegar antes, sobre las once.

- Pero mamá, yo...

- Que duermas bien, hija mía. Hasta mañana.

Antoinette colgó el teléfono y abrazó la almohada.

Se sentía profundamente infeliz y sin perspectivas.

~ O ~

Tan pronto como colgó, Bernarda suspiró y regresó a la habitación.

Teresa la sondeó:

- Era Antoinette, ¿verdad?

- Sí. Viene a almorzar conmigo mañana. Ella se queja mucho.

- Me comentó Rami. Está cansado de la actitud infantil de Antoinette.

– ¿Cómo así?

- Se pasa todo el día en la cama, no hace nada. Se queja de los empleados por la forma en que realizan el servicio. Desde que perdió a su segundo hijo...

– Ella siempre tuvo problemas de salud menores.

- Lo recuerdo porque la vi nacer. ¿Recuerdas lo pequeña que era? Casi no tuvo éxito.

- Calla esa boca, Teresa. Antoinette nació sana.

- No es lo que parece. ¡Apenas queda embarazada y ya pierde al niño!

- Debe ser un problema hormonal.

- No lo sé – dijo Teresa en tono sospechoso.

- ¿No sabes qué?

- Será que Antoinette...

- No, mejor quédate callada.

- ¿Qué quieres decir, Teresa? ¿Será que mi hija es qué?

- Olvídalo. Vamos a comer. Estoy hambrienta.

- No, señora. Puedes hablar.

- Bueno – ensayó bien las palabras para darle veracidad a las tonterías que vendrían después -. ¿Tal vez Antoinette no lo hizo a propósito?

- ¿Cómo así?

- Sabrás si tiene en cuenta todas las recomendaciones médicas. ¿Descansar todo el día? No estoy allí para ver. Tú tampoco lo haces. El marido, pobrecito, se pasa todo el día trabajando. No lo sé. A veces pienso que Antoinette no quiere tener hijos.

- ¡No puede ser! ¡Ella siempre hablaba de tener dos hijos!

- Debe haber cambiado de opinión después de casarse. No creo que estos abortos sean espontáneos.

- ¿De verdad? – Bernarda siempre crítica a la conversación de Teresa.

- No me parece. Estoy segura. Y sería lindo darle la bienvenida a Antoinette a casa y hablar seriamente con ella.

- No sé exactamente qué decir.

- ¡La verdad! Solo di la verdad. Confiesa que sospechas de la forma en que ella maneja el embarazo. Abre los ojos de tu hija, porque si no le da un hijo a Rami, él le pedirá el divorcio.

- ¡No puedes hablar en serio!

- Ya mencioné esto cuando acudimos a ese brujo.

- Olvidé de qué hablamos ese día. No vuelvas a llevarme a lugares así nunca más. Por favor.

Teresa puso los ojos en blanco en sus cuencas.

- "Tan débil, tan estúpida. ¿Cómo puede una persona vivir así...?" - pensó. Pero volvió:

- Fue el propio Rami quien se abrió conmigo. No lo escuché de nadie más.

- ¡Dios mío! Esto es más serio de lo que pensaba.

- Sí. Lamento decírtelo, amiga mía, pero es así. Solo te faltaba este...

- ¿Qué es lo que solo me faltaba? Puedes completar.

- Soy tu amiga, ¿sabes? Casi una hermana.

- Eso es todo. Pero, ¿qué ibas a decir?

- Que tú, lamentablemente, ya has sido coronada como la peor madre del mundo.

Bernarda la abrazó.

- Me alegro de tenerte, Teresa. Menos mal.

~ O ~

Eran las once en punto cuando Antoinette entró en la casa de su madre y la abrazó llorando. Apenas fue llevada a la mesa, ella soltó, angustiada:

- Rami ha cambiado, mamá. Ya no es el hombre amable y cariñoso que siempre fue.

- No te pongas triste. Es común tener desacuerdos. Hace parte del matrimonio.

Antoinette sacudió la cabeza y explicó:

- Perdí dos bebés. Fue espontáneo. No fue mi culpa. Dice que soy culpable. Que soy débil, que ni siquiera puedo sostener a mi hijo.

- Eso es un problema. ¿Consultaste correctamente al médico?

- Fui a dos especialistas de renombre. Dicen que no tengo ningún problema. Pero Rami me echa en cara que yo...

- Que no tienes capacidad para tener un hijo.

- ¡Sí! - exclamó ella, angustiada -. Empecé a sentirme traumatizada. A veces evito entregarme a él. Tengo miedo.

- ¿Miedo a quedar embarazada?

- Sí, mamá. Mucho miedo.

- Ese es el problema. Miedo. Deberías consultar a un terapeuta.

- ¡Nunca! No estoy loca. La única loca de la familia era...

Bernarda puso su mano sobre la de su hija:

- No pronuncies su nombre en esta casa. Ella murió para nosotras, ¿lo olvidaste?

- Es verdad. Prometí que no hablaría más de Estel... de ella.

- Pues bien. El miedo te impide tener un buen embarazo.

- ¿De verdad piensas eso?

Por supuesto.

- En los otros dos embarazos no sentí ningún miedo. Yo era feliz. Siempre quise ser madre.

- ¿En serio?

– ¿Qué?

- ¿Que quieres ser madre?

- ¿Cómo así? No estoy entendiendo.

- ¿De verdad quieres ser madre? A veces me parece que no sigues exactamente las recomendaciones de tus médicos.

- ¡Mami! – exclamó Antoinette nerviosamente –. ¿De dónde sacaste esta idea?

Iba a decir que fue idea de Teresa, pero prefirió no comentar.

- No es idea. Si fuera solo un embarazo interrumpido, estaría bien. Sucede. Pero, ¿dos?

- No tengo culpa – Antoinette se echó a llorar.

- Necesitas ver a otro médico.

- Rami ya ha concertado una cita. Voy mañana. A la una.

- ¡Qué bueno!

- ¿Puedes acompañarme?

- Mañana no puedo. Tengo una cita. Uñas y cabello. Fue muy difícil conseguir atención. Hace meses que quiero ser atendida por las manos de *Madame* Line.

Antoinette intentó ocultar su resentimiento. Su madre no la apoyó y, después de separarse de Felisberto, ella no se quedó quieta, subiendo y bajando, aferrándose a Teresa, poniéndola en segundo lugar. Antoinette había roto deliberadamente los lazos con sus hermanos y Rami no parecía entenderla. No se dio cuenta que ella también sufría mucho por los abortos espontáneos. No tenía nadie a quien recurrir. La angustia corroía su desamor. Estaba a punto de cometer una locura.

CAPÍTULO 43

Dalva se bajó del tranvía y caminó unos metros. Pronto ingresó al estudio de Maracas Dubois. Una amable vendedora vino a ayudarla.

- ¡Dalva! - la saludó efusivamente -. ¡Cuánto tiempo!
- ¿Cómo estás Ana?
- Bien. ¡Cómo te extrañé!
- Extraño esto - miró a su alrededor con nostalgia.
- La vida cambia, nosotros cambiamos. De todos modos...

Hablaron mucho porque el estudio estaba sin clientes. Después de una agradable charla, Ana quiso saber:

- ¿Te puedo ayudar en algo?

En realidad vine a hablar con Raimundo.

- ¡Qué chico tan fantástico! Doña Marocas lo anima mucho. Lo deja trabajar sin molestarlo. Gracias a él, aparecieron nuevos clientes.
- Me quedo feliz.

Él está arriba. Te llevaré.

– Gracias.

Dalva se dejó llevar y subió una escalera de caracol. Entró a la habitación de arriba y Raimundo ni siquiera notó su presencia. Estaba inclinado sobre un sombrero y le cosía un brocado. Dalva le tocó ligeramente el hombro. Se dio la vuelta y sonrió con una gran sonrisa. Se abrazaron y él dijo:

- ¡Dalva! ¡Cuánto tiempo!

- Estoy muy ocupada. Después de casarme, ¡el tiempo se hizo más corto!

- ¿Cómo va la vida matrimonial? Desde el rostro y la piel parece que va muy bien.

- Ves - se rieron -. ¿Y cómo has estado?

- Muy bien.

Raimundo la agarró del brazo y la llevó al otro lado de la habitación donde trabajaba. Las habitaciones estaban separadas por una bonita cortina de terciopelo en tonos verde musgo. Las apartó suavemente y dijo con orgullo:

- ¡Conoce mi casa!

- ¡Es linda! ¿Cómo lograste todo esto?

Doña Marocas me dio los muebles. Aquí hay todo lo que necesitas: cama, sillón, lámpara, mesita, armario para la ropa. En un rincón, detrás de ese biombo, están el fregadero y la estufa. Allí – señaló –, está la puerta que da al baño. Y ese otro - volvió a señalar –, es el que está en el patio trasero.

Él la llevó allí. Abrió la puerta y Dalva quedó deslumbrada por las plantas y flores.

- ¡Esto es maravilloso! Un rincón con plantas y flores. ¡Se siente como un pedacito de cielo!

- Y lo es. Vengo aquí a reciclar los conceptos aplicados al trabajo, a tener nuevas ideas.

- Vi uno artículo sobre ti en la revista. Te estás volviendo famoso.

- Eres parte de todo esto. Sin ti...

Ella le puso el dedo en la boca:

- Sin tu talento esto no sucedería - él asintió y ella preguntó:

- ¿Y tu familia? ¿Cómo están los tuyos?

- Están muy bien. Ahorré algo de dinero en estos pocos años. Les compré una casita en Janana. Estoy pagando las cuotas, pero un día ella será solo nuestra.

- ¡Qué bueno!

- Es una pena que este pequeño rincón pronto ya no sea mío...¿Por qué? – Ella se preocupó –. ¿Hubo algún roce entre tú y la señora Marocas?

- ¡No! Ha sido una gran jefa. Doña Marocas me da la libertad de hacer los moldes y realizar las piezas a mi manera. De vez en cuando sugiere cosas. Y siempre lo hace bien.

- Tiene un ojo hermoso. Se fija en los detalles que pueden enriquecer o empobrecer una pieza. Uh, si todo va bien, ¿por qué te vas de la esquina? Es tan lindo.

- Un cliente me propuso una asociación. Tendré mi propio estudio y mi tienda.

- Eso es maravilloso.

- Sí, Dalva. Eso es maravilloso.

Se abrazaron y Dalva se quedó allí hasta que Raimundo terminó otro de sus hermosos sombreros. Todavía se reunirían durante unos años más. La llegada de sus hijos hizo que Dalva extendiera las visitas, pero siempre se llamaban para hablar. Raimundo había sido invitado a ser padrino de uno de sus hijos.

Pasaron los años y, diez años después de aquel encuentro en el estudio, Raimundo fue sorprendido por una noble e irrefutable invitación: la diseñadora Coco Chanel quedó encantada con los modelos que producía y le ofreció trabajar con ella en su estudio de París. Raimundo se despidió de sus amigos y familiares y, con mariposas en el estómago, tomó el avión a la Ciudad Luz. Amaba su trabajo y rara vez aparecía en eventos o se dejaba fotografiar. Se enamoró de una argelina, se casaron y tuvieron tres hijos, siete nietos y una bisnieta, a quien Raimundo tuvo la agradecida satisfacción de poder tener en sus brazos. Moriría al día siguiente, a los ciento un años de edad.

CAPÍTULO 44

Rami y Antoinette almorzaron en casa de su padre. El de Teresa, obviamente. Estaban charlando agradablemente, cuando Teresa, a propósito, preguntó:

- ¿Cuándo piensas volver a quedar embarazada, Antoinette?

Rami miró a su esposa con cara amistosa y centró su atención en la comida. Samir comentó lo feliz que sería tener un nieto. Antoinette, sintiendo temblar su cuerpo, se secó los labios con la servilleta y dijo, insegura:

- Estamos intentando.

- Ha pasado más de un año desde que perdiste a tu segundo bebé.

- ¿No crees que pronto será demasiado tarde para volver a quedar embarazada?

- Apenas completó veintiséis años. ¿No es así, Antoinette? – Comentó Samir, siempre feliz.

- Sí, todavía hay tiempo – respondió Rami, sin perder de vista la comida.

Teresa notó el malestar e iba a hacer una nueva pregunta embarazosa, pero Antoinette se levantó rápidamente y salió corriendo sintiéndose muy enferma. Todos se miraron sorprendidos.

- "Solo podría estar embarazada! ¡Vamos al tercer aborto, pobrecita" - pensó Teresa, pero dijo:

- Esto me huele a embarazo.

Rami empujó el plato hacia adelante y se levantó, eufórico:

- ¡Antoinette está embarazada!

- Corre al baño, hijo mío – lo animó Samir.

Rami corrió al baño. Teresa negó con la cabeza para los lados.

- Lo siento por mi hijastro.

- ¿Por qué?

Sufrió mucho en la vida. No es justo que Rami pase por este nerviosismo. Merece ser padre.

- Tienes razón – Samir puso su mano sobre la de ella –. Sufrió mucho. Merece ser padre y ser feliz.

A lo largo de la historia, escribimos muy poco sobre Rami. Solo informamos que era un niño rico y enamorado de Antoinette. De hecho, él era todas esas cosas. Sin embargo, hasta ahora, su vida había estado marcada por muchos altibajos. Para empezar, el nacimiento de Rami fue complicado. Duró mucho tiempo y, tras agotadoras horas confinada en cama para dar a luz, la madre no pudo resistir y falleció, sin al menos conocer a su hijo. Samir se había casado tarde y, tras perder a su esposa, con un bebé recién nacido a la espalda, se desesperó. Una prima lejana fue invitada a vivir en su casa para cuidar del niño. Raja era viuda y no tenía hijos.

Según su familia, era una mujer seca. Ella no era muy amable y era una mujer con poca paciencia. Crio a Rami con mucha agresión física y psicológica. Samir no notó nada porque trabajaba mucho. Solo estaba en casa para comer, bañarse y dormir. Apenas le prestó atención a su hijo.

Un día, Raja abofeteó al niño justo cuando Samir llegaba a casa. Discutieron y él gentilmente le pidió a Raja que se fuera. En ese momento, Rami tenía siete años. Samir no tuvo otra alternativa y lo matriculó en un internado. Cinco años después conoció a Teresa y se enamoró de ella. Se casaron y posteriormente Samir heredó una gran suma de dinero de un tío soltero. Teresa lo manipuló hasta el punto que él cedió y, en lugar de usar el dinero para ampliar el negocio, hizo que Samir comprara el terreno a una familia que había quebrado y exigía la construcción de una mansión en un terreno en plena Avenida Paulista. De mala gana, acogió a su hijastro. Rami tenía doce años y Samir lo sacó del internado; Rami se vio obligado a dejar sus estudios para trabajar con su padre en la tienda de telas. Rami, ingenioso y muy inteligente, pronto se hizo cargo de la caja registradora. Utilizó la sabiduría del cajero para conseguir nuevos negocios. Diez años después, ya poseían diez tiendas de telas.

Teresa no quería que se casara con Antoinette, pues su objetivo era destruir a Bernarda. Rami era un buen partido y no le convencieron las palabras de Teresa, lo que le disuadió de llevar la relación más lejos. Él estaba enamorado. Ella sabía lo que era esto. Es imposible luchar contra el amor, dedujo. Y así Rami se casó con Antoinette y acarició el sueño de ser padre. Quería ser padre a toda costa, porque quería ser diferente a Samir. Criaría a su hijo o hija con mucho amor y cariño. Tenía esta necesidad. Rami no era mal hombre, todo lo contrario. Amaba a Antoinette y besaba el suelo que ella pisaba. Pero deseaba tanto tener un hijo que, con cada aborto espontáneo, se sentía más frustrado. En el fondo, pensó que él mismo tenía algún problema que impedía a Antoinette llevar a cabo el embarazo. Para no explotar de culpa y frustración, descargó su ira contra su esposa, culpándola.

Al volver a almorzar, todos estaban seguros que Antoinette estaba embarazada y quedó embarazada, y nació el bebé. Y se sentía la mujer más feliz del mundo. En el hospital, Rami rugía de felicidad.

- ¡Nació mi hijo! – Gritó a todo pulmón –. ¡Mi hijo!

Su alegría, lamentablemente, no duraría mucho. El pequeño Abdul tardó un poco en gatear y, cuando empezó a hablar, las palabras le salían confusas.

Consideremos que el hijo de Antoinette y Rami nació con un desarrollo mental más bajo que la mayoría de los niños.

En aquella época, existían pocos estudios sobre niños con algún tipo de discapacidad. La historia, lamentablemente, ha presentado diferentes formas de dirigir nuestra mirada hacia las personas con discapacidad: mística, brujería, pecado, abandono, exterioridad, maldad, lástima, exclusión... La mirada siempre ha sido negativa, y solo en los últimos años esta mirada se ha vuelto menos prejuiciosa, creando y fortaleciendo procesos para la inclusión de las personas con discapacidad en la escuela, el trabajo y la vida social.

Al principio, Rami se negó a creer que su hijo tuviera alguna discapacidad.

- El pediatra dijo que con el apoyo adecuado podremos criar a nuestro hijo hasta que pueda vivir con cierta independencia - celebró Antoinette -. ¡Nuestro pequeño bebé será muy querido!

- No quiero tener un hijo discapacitado. No lo merezco.

- No es discapacitado, Rami. Es solo un niño que necesitará mucho de nuestro apoyo, cariño y atención.

- Teresa dijo que nunca se imaginó que mi padre tendría un nieto retardado.

- ¡No te atrevas a decir tal palabra! - Le reprochó Antoinette -. Nuestro pequeño Abdul tendrá un proceso de desarrollo más lento, eso es todo.

- ¿Solo eso?

- No seas así, querido. Aprovecha y cárgalo un poquito. Apenas lo sostienes.

Rami sintió repulsión por el chico. Mintió:

- No puedo manejarlo. Todavía es muy pequeño.

- Pronto será fuerte y cada vez más como tú.

Rami hizo una mueca. Se llevó la mano a la cabeza y se alisó el abundante pelo negro.

- ¿Será que esto no vino de tu familia?

- ¿Qué?

- Este retraso mental.

- ¡Imagínate! Le puede pasar a cualquiera.

- Menos a mí. Pero te lo pregunto porque me acordé de tu hermana Estelita.

- ¿Qué tiene ella?

- ¿No estaba un poco loca?

Antoinette se quedó sin palabras. Estaba tan acostumbrada a no recordar a su hermana menor... y ahora que mencionaba el comportamiento de Estelita, tenía dudas. Una vez más se dejó consumir por la culpa.

- Crecerá fuerte y sano. Ya verás.

- Y tonto. Será estúpido por el resto de su vida.

Rami salió de la habitación extremadamente enojado. Quería tanto tener un hijo y, cuando nació, según él, era defectuoso. De hecho, no pensó todo eso en su hijo o su esposa, ni siquiera en la genética de la familia. Era Teresa quien, siempre que podía, le metía ideas en la cabeza. Declaró que el nieto de Samir estaba discapacitado. Y eso probablemente se debía al hecho que Antoinette tenía una hermana loca. Ella fue quien dijo "retrasado" la primera vez. Y siempre, a lo largo de su vida, se referiría al niño como "ese niño retrasado." Antoinette lo intentó, pero su relación con Rami se volvió amarga. Llegó el punto en que dormían en habitaciones separadas. Rami entró en la habitación de invitados y ella y el niño permaneció en la habitación de la pareja. Asaltada por dudas, temores, miedos, angustias y mucha culpa, Antoinette comenzó a debilitarse y enfermó gravemente. Murió de cáncer de útero, antes de cumplir los treinta años.

Solo después de la muerte de su esposa Rami se dio cuenta de lo mucho que la amaba y de lo mucho que amaba a su hijo. Se arrepentía amargamente de haber maltratado a Antoinette, de haberle dicho tantas barbaridades, tantos insultos. A partir de entonces se convertiría en un padre cariñoso y devoto. Contrató a un empleada extremadamente competente para gestionar el negocio y pasó más horas al lado del pequeño Abdul.

El tiempo avanzó un poco; sin embargo, debido a sus limitaciones, el niño tuvo una vida corta. El pequeño Abdul falleció el día antes de cumplir trece años. Luego Samir también falleció y Rami se sintió como el hombre más triste sobre la faz de la Tierra.

Se alejó de su relación con Teresa. No quiso volver a saber nunca más sobre casarse o tener hijos. Se dedicó ferozmente a su trabajo y moriría prematuramente, víctima de un infarto masivo, a la edad de cuarenta y cuatro años, para regocijo de sus familiares que heredaron toda su fortuna.

CAPÍTULO 45

Era un hermoso día. El cielo azulado y despejado invitaba a un paseo al aire libre. Marcilio se despertó y se estiró de placer. Hacía mucho tiempo que no dormía tanto, ya que estaba en su último año de universidad. Estudió literatura y, debido a su excelente desempeño como estudiante, fue invitado a trabajar como asistente de uno de los profesores de la institución.

Miró el despertador y se asustó. Llegaría tarde. Se levantó rápidamente y corrió al baño. Se lavó la cara, se lavó los dientes, se arregló y estaba a punto de irse cuando Estelita se le acercó en el pasillo:

- Acabo de hacer café.

- No puedo, mamá. Me retrasé y perdí la hora. Podrías haberme despertado.

- Pasé por tu habitación temprano en la mañana, pero dormías tan bien...

- Necesito irme – dijo, mientras ordenaba algunos papeles en la carpeta que sostenía.

- Después de empezar a trabajar y estudiar, te cansas mucho. ¿No pudiste empezar a trabajar después de terminar la carrera?

- Gracias a Dios conseguí este trabajo. Estar al lado del profesor Nunes es el sueño de nueve de cada diez estudiantes.

Parecía que tenía pocos amigos. No le gustaba que Marcilio hablara de este maestro. Pensó que estaba abusando de su hijo, exigiéndole una dedicación absurda. Mientras pensaba, llevó a su hijo a la cocina. Angelina estaba allí, sentada a la mesa, tomando café. Felisberto estaba de viaje volvería por esos días. Sérgio ya se había ido a trabajar.

- Buenos días, querido – saludó Angelina.

- Hola tía. Llego muy tarde.

- Cinco minutos más no harán la diferencia.

Olió el café y se dio por vencido.

- Está bien. Rápidamente.

Mientras él se sentaba, Angelina se adelantó y cortó una barra de pan por la mitad, la untó con mantequilla y la colocó en un plato pequeño. Marcilio se sirvió café, bebió la taza de un trago y comió un trozo de pan. Se levantó rápidamente y besó a Angelina.

- Hasta la noche.

- Buen trabajo y buenos estudios – añadió.

- Ya he dicho que este maestro abusa de la dedicación de Marcilio.

- ¡Mamá, cómo te burlas de él! Ni siquiera lo conocen y ya lo tratan mal.

- No sé. Cuando me hablas de él, no me gusta.

Es un hombre sufrido y discapacitado. Hay un pequeño grupo que lo apodó Profesor Cojo. No me gustan estos comentarios. Se burlan de los problemas de otras personas.

- Ese no es un buen tono– comentó Angelina –. Independientemente de si asistimos a la Federación, tu madre y yo no somos de reírnos de las desgracias ajenas. El respeto es fundamental.

- Yo también lo creo – añadió –. Por eso me llevo bien con el profesor. Me llamaron imbécil, porque muchos se postularon para la selección de pasantías. Pasé la entrevista porque mi artículo estuvo muy bien escrito y porque nunca hice comentarios despectivos sobre las condiciones físicas del profesor. Debe ser difícil vivir con discapacidad – dijo Angelina, reflexiva.

- No es fácil.

Marcilio besó a su madre y se fue con su maletín. Estelita cerró la puerta y volvió a la cocina.

- Has estado molestando a este profesor desde que Marcilio empezó a hablar de él.

- No lo sé, tía. Es algo extraño.

- ¿Cómo así? ¿Qué es extraño?

- Cada vez que Marcilio hace un comentario sobre este maestro se me cierra el pecho. No lo puedo explicar.

- Este hombre ha sido muy generoso. Parece que le gusta mucho Marcilio. Le está dando la oportunidad, incluso antes de graduarse, de empezar una carrera. Marcilio será un gran profesor de portugués y de idiomas.

- Eso me enorgullece. Marcilio mostró habilidades lingüísticas desde temprana edad. Aprendió inglés y francés con extrema facilidad.

- Estudió español por su cuenta y domina el alemán. Realmente nació para el área de Humanidades – corrigió Angelina, orgullosa –. Fuiste bendecida.

– ¿Yo?

- Sí. Marcilio siempre ha sido un buen estudiante. Por supuesto, un niño travieso, que hizo mucho. ¡Gracias a Dios era un niño normal. Y se convirtió en un gran tipo. Es educado, amable, coqueto...!

Estelita se rio.

- Estaba saliendo con la hija de Cacilda, del 602. Parece que rompió, citando demasiado estudio y trabajo. Cacilda me dijo que la chica estaba triste.

- La hija de Cacilda, la chica de la panadería, el amigo de la universidad...

- Marcilio conquista a la gente, no sólo a sus amigas, porque es galante, simpático, guapo...

Estelita se quedó pensativa por un momento. Angelina quería saber:

- ¿Qué pasó?

- Se parece mucho a su padre.

- Tengo un vago recuerdo de él. Sólo lo vi brevemente en la fiesta de tu hermana. Han pasado tantos años.

- El padre era muy guapo. Marcilio, desgraciadamente, tiene mucho de él: el pelo, la forma de la cara, los labios. A veces me sorprendo. Creo que estoy frente a De... - dejó de hablar.

- ¿Aún es difícil decir su nombre? - Ella asintió y Angelina preguntó:

- Después de practicar tantos ejercicios, hacer terapia, leer tantos evangelios, ¿todavía no lo has perdonado?

- ¿Cómo puedo perdonar a un monstruo, sinvergüenza? - Escupió las palabras.

Angelina se sirvió más café con leche. Invitó a Estelita a sentarse. Se sentó en la silla de al lado y su tía continuó:

- Te convertiste en espírita hace muchos años.

- Desde que vine aquí.

- Aprendiste tanto sobre el amor, el perdón, la venganza... ¿A cuántas conferencias has asistido? Incontables. Y muchas de ellas nos hablaron del verdadero significado del perdón.

- Es fácil de decir, tía. Es difícil perdonar cuando fui atacada, maltratada.

- Sólo perdonamos a quienes nos lastiman. Lo que te dije hace mucho tiempo sobre ser espíritas es que entendemos que nacemos y renacemos muchas veces. Además, generalmente reencarnamos junto con nuestros afectos y aversiones. Los afectos nos ayudan a continuar con fuerza y coraje para alcanzar nuestros objetivos de vida. Los desafectos aparecen para que podamos desatar los nudos que hicimos con ellos en el pasado, cuando creamos o participamos en situaciones sagradas que no pudieron ser aclaradas ni perdonadas en el pasado. ¿Quieres llevar esta situación no resuelta más allá de tu vida? Con todo lo que has aprendido y absorbido a lo largo de los años, ¿preferirías arrastrar este mal sentimiento para deshacerte de él en otra oportunidad?

- No sé.

- Tú eres quien sabe. La vida fue muy generosa contigo. Te dio un hijo maravilloso, una familia que te quiere y un marido que es un compañero excepcional. ¿Por qué sigues insistiendo en conservar esta herida que te devora en el pecho?

- Tuve a Marcilio y, cuando me casé con Sérgio e intenté quedar embarazada, me sorprendió que ya no podía tener hijos. Frustré a mi marido. Le quité su sueño de ser padre.

- ¿Sérgio alguna vez se quejó contigo de esto?

- Nunca. ¡Nunca! Él siempre fue comprensivo y me dijo que ser el padre de Marcilio fue y es un gran regalo.

- Entonces, ¿por qué culparte a ti mismo? - Ella no respondió. Angelina continuó:

- ¿Te das cuenta que tienes una familia maravillosa y solo miras el lado negativo de las situaciones? No importa cómo sucedió todo, pero el hecho de quedar embarazada cambió tu vida. Viniste a vivir conmigo, despertaste a la vida, aprendiste un oficio, criaste un hijo, te casaste.

- Pensando así...

- Pero este es el pensamiento válido, el que la vida fue muy generosa contigo, que te dio todo lo que querías. ¿Y ahora estás atrapada en esta falta de perdón?

- No sé si está vivo; no dijo nada.

- No importa. Haz el ejercicio del perdón con más frecuencia.

- Lo intento, tía.

- Simplemente siéntate cómodamente en un sillón, sofá, silla, borde de la cama, no importa dónde, siempre que te sientas cómoda – Angelina quería que Estelita recordara vívidamente cómo hacer ejercicio -. Yo lo hago así...

Sigue mi forma de hacer el ejercicio. Como te decía, en cuanto te sientas cómoda, cierra los ojos, céntrate en la persona con la que tienes, digamos, un problema no resuelto y habla con ella. Imagínala parada frente a ti. Di todo lo que sientes, cuenta todo lo que lleva atascado en tu garganta, reprimido durante años. Una vez que te sientas más tranquila, di en voz alta que la perdonas y que te perdonas a ti misma. Luego, libéralo de tu vida, imaginando a esa persona desapareciendo en un rayo de luz.

- Ya lo intenté. No lo conseguí.

- O no quisiste.

- ¡Tía!

- Es así, Estelita. Aprendiste mucho del Espiritismo y tuviste maravillosas sesiones de terapia con Jorge. Es una pena que haya decidido empezar de nuevo su vida lejos de nosotros. Pero sus enseñanzas siguen presentes. No permitas que toda la ayuda que has recibido a lo largo de los años se esconda debajo de la alfombra. Reacciona.

Una lágrima se deslizó por el rabillo del ojo de Estelita.

- Tienes razón, tía.

- Necesitas hacer este ejercicio con más ganas. Ya has visto los resultados. Perdonaste a su madre. No fue fácil, pero lograste perdonarla.

- Es verdad. Nunca más la volví a ver; sin embargo, logré perdonarla y también perdonarme a mí misma, después de practicar innumerables veces...

- Si pudiste perdonar a tu madre, ¿por qué no puedes perdonar al hombre que te dio el regalo más grande que jamás hayas recibido en tu vida?

– No lo puedo negar. Decio me dio un tesoro.

- ¿Viste?

- ¿Qué?

- Después de muchos años, dijiste su nombre.

Estelita ni siquiera se había dado cuenta que había pronunciado el nombre de Decio desde que hizo terapia con Jorge.

- ¡Ay tía! ¡Logré hablar! ¡De nuevo! Y lo confieso, no me sentí tan mal.

- Gracias a Dios por eso. Diste el primer paso hacia la verdadera curación de tu espíritu.

- Sí. Prometo que haré y reharé el ejercicio del perdón, como me mostraste hace un rato. Me centraré en Decio. Empiezo a sentirme cansada de llevar este peso en mi corazón.

- ¡Eso mismo!

Recogieron la mesa y Estelita, cambiando de tema, comentó:

- El otro día soñé con Antoinette.

- He estado orando mucho por ella y el espíritu de su hijo. Es una pena que nos hayamos enterado de las muertes después que ocurrieron. De lo contrario, podríamos haber ayudado a Rami a superar este sufrimiento, en la medida de lo posible.

- Es una lástima, de verdad, no me informaron de la muerte de mi hermana y, lamentablemente, no conocí a mi sobrino.

- Fue su elección, ¿no? Antoinette se alejó completamente de nosotros. Cortó relaciones con Alfredo, a quien quería. Se dejó llevar por las impresiones del mundo, por los prejuicios y tomó sus decisiones.

- Pero el sueño fue muy interesante.

- ¿Qué soñaste? ¿Puedes recordar?

- Sí. Estaba envuelta en una luz dorada y me sonrió. Me dijo que, después de conocer nuestro pasado, pudo perdonarse a sí misma y perdonarme. Que estaba muy feliz porque tanto ella como su hijo estaban planeando una nueva reencarnación. Que nos volveremos a encontrar, posiblemente, dentro de un tiempo. Estoy feliz con este sueño.

- Una señal que, muy probablemente, se está preparando para un nuevo viaje por el planeta. El espíritu de Antoinette nació para ser lúcido y aparentemente feliz. ¿Viste a su hijo?

- No. Solo a ella. ¡Pero habló del niño con tanto amor! Recuerdo que cuando fui a abrazarla me desperté. Me desperté con una ligera sensación de bienestar.

- Hoy es el día para ir a la Federación. Podemos poner su nombre y el de su sobrino en la caja de oración.

Excelente idea, tía.

También podemos rezarle a Rami. Debe estar bastante golpeado. Me siento muy triste.

De hecho, Rami estaba muy triste. Su muerte les sería comunicada al cabo de un año.

CAPÍTULO 46

Marcilio caminó con pasos firmes hasta la entrada de la Universidad del Estado de Guanabara (UEG) – actual UERJ –, y saludó al portero. Caminó hasta la oficina del profesor Nunes. Llamó a la puerta y escuchó "puedes entrar." Abrió la puerta y el profesor estaba sentado, analizando unos papeles. Marcilio entró disculpándose:

- No sé qué me pasó, profesor. Terminé perdiendo la hora.

- Qué bueno – respondió –. Una señal que necesitabas descansar. Escuché que dejaste la universidad muy tarde.

- Como estoy al final del curso, hay más tareas que entregar. Llego a trabajar más allá de mi horario previsto y no quiero acumular nada – explicó.

- No te exijo nada más que lo que ya has hecho. No tienes que matarte para entregarme todo a tiempo. Te contraté para experimentar el trabajo de la rutina dentro de una institución educativa. Hice esto porque sentí que tenías el potencial para hacer una carrera en el mundo académico. Por lo tanto, es necesario valorar el final del curso y el trabajo, de lo contrario, no tiene sentido sacrificarse o cansarse mucho. Tú eres joven y debes disfrutar de lo que haces.

- Lo hago. Le juro que me encanta pasar todo el día en la universidad. Este es mi mundo – dijo, mientras lanzaba una mirada inquisitiva por la oficina.

- Qué maravilloso, muchacho. Me alegro.

Marcilio le entregó al profesor la carpeta con los artículos corregidos.

- Aquí están.

- Gracias - El profesor miró los papeles y preguntó:

- Después de terminar la última clase, caminemos hasta aquí y almorcemos.

- Estoy atrasado en mi trabajo sobre estudios de idiomas.

- Un almuerzo no viene nada mal.

- Tienes razón. Ha pasado un tiempo desde que salimos a almorzar. La cantina...

Nunes lo interrumpió:

- No. Almorcemos en un restaurante cercano. Necesito salir un rato y aclarar mi cabeza. Me gustaría de tu compañía para conversar.

- De acuerdo. Estaré aquí - miró su reloj -, alrededor de la una de la tarde.

- Perfecto. Estaré aquí esperando por ti. Que tengas una buena clase.

Marcilio sonrió y salió de la oficina. Le gustaba el profesor Nunes. Lo conoció en el segundo año de la carrera, en su clases de francés. Pronto la amistad entre los dos floreció espontáneamente. Ahora, en el último año, debido a su competencia, Nunes había invitado a Marcilio a hacer prácticas en su oficina. Fue el pasaporte que ayudaría a Marcilio a ingresar al mundo académico. Estaba feliz de poder ayudar a un estudiante tan competente y por quien tenía sentimientos nobles.

~ O ~

Marcilio regresó a la oficina alrededor de la una de la tarde. Nunes estaba de pie, apoyado en sus muletas. Quería ayudar al maestro y recibió una negativa:

- Estoy muy acostumbrado - miró las muletas -. He vivido con ellas durante muchos años. Ya estaba muy enojado con ellas, ahora las muletas son grandes amigas. Me permiten la libertad de ir a donde quiera.

- Realmente admiro la forma en que tienes que lidiar con tus limitaciones.

- Realmente pensé que era limitado. Me sentí muy enojado cuando descubrí que me quedaría sin una pierna. Perder la visión no me causó tanto sufrimiento. Un ojo compensa la falta del otro. Y que me llamen Profesor Cojo tampoco me molesta en absoluto.

- Semejante comentario es extremadamente poco elegante, profesor.

- No me importa. No tienes idea de cuántos chistes he escuchado desde que me volví así. Ya no me hacen daño. Aprendí de un gran amigo, Sérgio.

- Es el nombre de mi padre.

- Qué interesante.

- Entonces tienes un buen amigo.

- Es una pena que no nos volvamos a ver. Hace muchos años que no lo veo. Se casó y las reuniones escasearon. Extraño nuestras conversaciones.

- ¿Por qué no lo buscas?

Buena idea. Necesito saber si todavía vive en el mismo lugar.

Caminaban y Nunes realmente tenía buena habilidad para usar muletas. Tomaron un taxi y se detuvieron frente al restaurante. Se calmaron y la conversación continuó:

- Nunca me contaste mucho sobre tu vida – comentó Nunes.

- Mi madre vivía en São Paulo. Vino a vivir con una tía y luego nací yo. Unos años más tarde, conoció al hombre al que ahora llamo mi padre. Nuestra relación es muy buena.

- Entonces no conoces a tu verdadero padre.

- ¿Biológico? No. Fui y soy tan amado por mi padre que nunca tuve curiosidad por saber quién me engendró.

Nunes bajó la cabeza. Recordó que hoy, si hubiera sabido de su hijo, si hubiera tenido el bebé, habría tenido la misma edad que Marcilio.

El caballero de repente se puso triste.

- No es nada. Es que recordé el pasado. Hay cosas de las que me arrepiento, ¿sabes?

- ¿Cómo qué? – Quiso saber Marcilio.

En ese momento, el camarero se acercó y se acercó a anotar los platos.

- Pediré este – Nunes señaló un plato del menú.

- Excelente elección, señor. ¿Y su hijo? – Preguntó, mirando a Marcilio.

- No es mi hijo – se rio Nunes.

- Perdóname. Y el chico es una copia suya, solo que más joven. Son muy similares – anotó el nombre del plato de Marcilio y se alejó.

Nunes observó atentamente a Marcilio. ¿No era que el muchacho se parecía mucho a él cuando era joven?

- ¿Por qué me miras de esa manera? – Marcilio estaba preocupado.

- Nada. Es que el camarero hizo el comentario y se quedó mirándote a la cara.

Marcilio también lo observó y dijo de manera divertida:

- ¡Mira cómo son las influencias! Solo fue el camarero el que hizo el comentario y estamos aquí, mirándonos, a ver si tenemos rasgos similares...

- ¿Sabes? Creo que te pareces a mí cuando era joven.

- ¿De verdad? – Se rio Marcilio.

Nunes sacó su billetera de su chaqueta y luego le entregó una foto a Marcilio.

- Mira. Este soy yo hace muchos años, antes del accidente.

Marcilio tomó la foto y, al verla, quedó asombrado. Era muy parecido a ese joven de la foto.

- Bueno, mirando esta foto, parece que soy yo... ¡Qué gracioso!

- Bastante interesante - Nunes guardó la foto en su billetera.

Marcilio quería saber:

- ¿No tuviste hijos?

Los ojos de Nunes se entristecieron. Sacudió la cabeza hacia los lados.

- Fui muy irresponsable en el pasado. Era el tipo de niño rebelde que se metía en muchos problemas. No era consciente de las tonterías que estaba haciendo.

- Es interesante que digas eso. Al verte en la sala de clase o trabajando junto a ti, nunca hubiera imaginado que hubieras tenido este tipo de comportamiento. Eres tan competente en su trabajo, tan educado. Eres uno de los profesores más populares.

Él sonrió.

- Lo sé. He cambiado mucho a lo largo de los años. El accidente me transformó en un hombre más, que empezó a valorar las pequeñas cosas de la vida. Fui muy imprudente, dejé embarazadas a chicas jóvenes cuando era joven...

Nunes comenzó a describir la vida que había tenido. Le dijo todo a Marcilio, incluido el acercamiento que le hizo a Estelita, sin revelar su nombre. Marcilio se sorprendió mucho más cuando sabiendo que el hombre frente a él tenía una vida plena de desgracias.

- Lo mejor que puedes hacer es perdonar.

- ¿Cómo así?

- Debes perdonar a estas personas y perdonarte a ti mismo.

- Ya no sé ni dónde está esta gente. No sé si están vivos o no.

- No importa - dijo Marcilio.

- ¿No?

- No, profesor. Mi tía es espírita y me enseñó un gran ejercicio sobre el perdón. Lo necesitaba cuando era adolescente. Me rebelé porque quería conocer a mi abuela materna.

- ¿Qué pasó?

- A los catorce años quería conocerla. A mi madre al principio no le gustó la idea, pero luego, al darse cuenta que era mi deseo, decidió facilitar la reunión. Llamó a casa de mi abuela y ella no quería hablar ni con mi madre ni conmigo. Eso me entristeció mucho. Fue entonces cuando aprendí a practicar el perdón, aunque nunca había tenido contacto con ella.

- ¿Puedes enseñarme cómo hacer este ejercicio?

- ¡Claro! Es fácil de hacer, pero requiere mucha voluntad para deshacerse de ese mal sentimiento. Cuando no perdonamos a quienes nos lastiman o no nos perdonamos a nosotros mismos, nos ponemos muy tristes. La vida se vuelve pesada. Por eso creo que, para tener una buena vida, es sumamente importante que aprendamos a practicar el perdón.

Los platos llegaron y el almuerzo transcurrió sin problemas. Ambos hablaron mucho de sus vidas pero sin mencionar nombres. Cuando ya estaban de regreso en la universidad, el profesor agradeció la reunión.

- Fue muy bueno salir un rato. Tu compañía es sumamente agradable.

- Digo lo mismo, profesor. Eres también una gran compañía.

- Puedes estar seguro que tienes en mí, además de un maestro, un amigo – le tendió la mano a Marcilio –. Amigos.

Marcilio respondió:

- ¡Amigos!

- Por favor. No me llames más profesor Nunes.

- Puedes llamarme Decio.

- Sí, profesor... – se rieron y Marcilio finalizó –. Sí, Decio.

Salió para ir a la oficina a resolver algunos asuntos.

Finalizó el curso y Decio se acomodó en la silla. Permaneció pensativo durante mucho tiempo. Si tuviera la oportunidad de conocer a su hijo y si estuviera vivo, le gustaría que fuera como Marcilio. Se encariñó con el chico. Se sentía muy bien al lado de este estudiante. Desde el primer día que lo vio en el aula. Decio creía que se estaba enamorando del muchacho. Incluso podría serlo. Aunque era educado y nunca había permitido tal acercamiento, había estado íntimamente interesado en los estudiantes. Era normal. Había cambiado su comportamiento, ya no era compañero de farra y su condición a menudo asustaba a la gente. Todavía era hermoso.

Su cabello ligeramente gris y el uso de gafas le daban un encanto único. Había tomado una decisión: no quería más tener una relación íntima con nadie. Prefirió dedicarse exclusivamente a su carrera docente, demostró que tenía otro sentimiento por Marcilio – el de padre –, y se sorprendió al pensar eso. Nunca había experimentado la paternidad, de hecho, la había despreciado innumerables veces. Ahora sentía un deseo loco de ser padre.

A veces se sorprendía recordando a Estelita. Lamentó amargamente la forma en que la había tratado. Era un canalla, sinvergüenza. ¡Reconocía que era un sinvergüenza! Si estuviera donde ella estaba, se arriesgaría a pedirle perdón. Hasta que lo intentó. Poco antes que su madre falleciera, le pidió que intentara descubrir el paradero de Estelita. A Yolanda no le interesó, pero a él sí le interesaba mucho. Hizo una pregunta aquí y otra allá. Habló con Bernarda, pero ella no quiso comentar sobre Estelita.

Derrotado, sintiéndose impotente, Decio pensó en pedir ayuda a Sérgio. Pero se había casado... con una muchacha llamada María Estela. Gran coincidencia. ¿Seguro? Decio movió la cabeza hacia un lado y apartó sus pensamientos con la mano.

- Lo que estoy pensando sería una locura. Nada como esto podría pasar en una película... – dijo y volvió a concentrarse en su trabajo.

Sin embargo, durante la jornada laboral, el comentario del camarero no escapaba de sus pensamientos. Decio intentó disipar esa idea:

- No puede ser. Me encantaría tener un hijo como Marcilio. ¡Y por eso tengo estos pensamientos absurdos!

CAPÍTULO 47

Poco después de la muerte de su nieto, Samir tuvo complicaciones derivadas del mal funcionamiento de sus riñones y murió. Teresa quedó conmocionada por la muerte de su marido. Aunque era una mujer llena de contradicciones y muy manipuladora, quería mucho a Samir. Mientras vivieron juntos, él satisfizo todos sus caprichos, todos sin excepción.

El hombre podría estar enamorado de una mujer tan sórdida. Pero el caso es que Samir estaba loco por ella, pero ella no estaba loca por él, pero tenía en Samir un gran compañero.

Su muerte inicialmente la desestabilizó. Después de recomponerse, llamó a Rami, informándole de su muerte.

Rami apenas podía mantenerse en pie. Era muy frágil. Apenas había terminado de enterrar a su hijo y ahora perdió a su padre. Teresa lo consoló un poco y fue a hacer los preparativos del velorio y el entierro. Pronto volvió a ser la que todos conocían. Porque Teresa era... Teresa.

Después del funeral, se sentó con Rami para ocuparse con las cuestiones de inventario, de los bienes dejados por Samir. Rami estaba tan insatisfecho con su vida que apenas tenía ganas de hablar del asunto.

– Y es necesario – dijo Teresa, práctica.

– ¿Qué sugieres?

– Te dejó todo a ti.

– ¿Todo?

– Sí. Quiero decir... con la excepción de dos cosas.

– ¿Cuáles?

- Quiero la mansión Paulista y una pensión. Dinero que pueda cubrir los gastos del hogar y darme un poco de consuelo.

- Está bien. Pero yo digo: si fuera por mí, vendería esta casa.

- ¡Nunca! – Habló un poco más alto.

- Las mansiones están siendo derribadas para dar paso a edificios. No es más elegante vivir en Paulista. Los vecinos se están trasladando a Pacaembú, otros a Morumbi. ¡Dios no lo quiera! ¡No saldré de aquí muerta!

Se levantó y movió los hombros.

- Está bien. Le pediré al abogado que arregle todo. Puedes quedarte en la mansión. En cuanto al dinero mensual, puedes fijar la cantidad que creas necesaria para mantener tu buena vida – dijo con amargura.

Rami se despidió de Teresa y esa fue la última conversación que tuvieron. Porque, al cabo de un tiempo, la secretaria de Rami entraría en su despacho y encontraría su cuerpo, sin vida, tirado en el suelo al lado del escritorio.

El abogado había anotado todos los acuerdos firmados por Rami antes de morir. Los primos heredarían prácticamente todo, a excepción de la mansión y una gran suma de dinero para su madrastra. Algunos familiares, queriendo todo y más, amenazaron a Teresa, pero ella, irreductible y legalmente protegida, los hizo correr. Se llenó de felicidad cuando se sintió dueña de la mansión.

- ¡Finalmente! Ya nadie me saca de aquí.

Aprovechó el dinero extra y utilizó parte para redecorar la casa. Una vez terminado el trabajo de los decoradores, invitó a Bernarda a tomar el té. Tan pronto como Bernarda entró a la mansión, notó los cambios y quedó asombrada:

- Hiciste lo imposible. Lograste hacer la casa más hermosa que antes.

- Tengo este don – se felicitó Teresa –. Siempre supe mezclar bien colores y tonos, combinando lo antiguo con lo nuevo. Después de todo, ¿no fui yo quien te ayudó a remodelar tu casa?

- Es verdad. Eres sensible a este tipo de cosas. A mí me gusta la decoración, pero a veces me falta paciencia para prestar atención a tantos detalles.

La conversación transcurrió agradablemente. El sirviente entró en la habitación donde estaban y trajo consigo el carrito del té. Les sirvió y luego se fue. Bernarda quiso saber:

- Eres viuda desde hace algún tiempo. ¿Qué vas a hacer con las cosas de Samir?

- Iba a enviar muchas cosas a la casa de Rami. Estaba pensando en qué enviar.

- ¿Y no era que el corazón del hombre era débil?

- No hables en ese tono. Perdió a su esposa, a su hijo...

Bernarda se emocionó un poco, al fin y al cabo, Antoinette había sido su hija y el pequeño Abdul, aunque mentalmente limitado, había sido su nieto.

Teresa se dio cuenta y comentó:

- Lamento mucho el fallecimiento de tu hija. Antoinette era una buena chica. Un poco voluble, pero buena chica. Ahora, ¿te sientes triste por el fallecimiento de esa pequeña criatura? Esa criaturita era tu nieto.

- ¡Nunca! - Teresa subió el tono -. Rami era mi hijastro. Su hijo no significaba nada para mí.

- Era hijo de Antoinette, por tanto, tu nieto. Y, seamos realistas, él tampoco te importaba mucho.

- No. ¡Eso no es así! Visitaba a Antoinette jugaba con el niño.

- Visitabas al niño, jugabas con él. ¡Qué maravillosa abuela eras! - Dijo en tono irónico -. Apenas podía conectar un dedo índice con el otro, era retardado. No conseguía atrapar una pelota. Nunca saliste con él. Nunca lo sacaste a pasear ni pasaste el día en su casa.

Bernarda se mordió los labios. No supo qué responder, porque Teresa, lamentablemente, tenía razón. La verdad es que no le gustaba ser abuela de un niño al que, en ese momento, llamaban retrasado. Tenía miedo que lo asociaran con Estelita. Solía decirle a la gente que su nieto estaba muy débil, apenas podía moverse. Creía que esta excusa ayudaría a la gente a olvidarse del niño.

En el fondo, Bernarda contó esta historia una y otra vez, una y otra vez, solo para creer, con el tiempo, que el niño en realidad era simplemente débil. Era una forma de no afrontar la realidad. Durante el poco tiempo que Antoinette vivió con su hijo, Bernarda no permitió que su hija la visitara ni llevara al pequeño Abdul a ver a su abuela. Por el contrario, aproximadamente cada quince días visitaba a su hija y saludaba al niño. Nunca le preguntó a su hija si tenía dificultades para educar a su hijo, si necesitaba ayuda, cosas así. Nunca quiso saber si Antoinette estaba sufriendo o no. Nunca le importó, ni una sola vez, saber si Antoinette estaba bien emocionalmente o no. Solo prestó atención a su hija cuando Antoinette le habló de la enfermedad. Pero, cuando Antoinette descubrió que estaba enferma, ya era demasiado tarde. Su cuerpo estaba muy débil, muchos órganos ya habían sido afectados por el cáncer. Tras el diagnóstico, su relación no duraría ni seis meses.

Dejó que una lágrima se deslizara por el rabillo del ojo. Después de reflexionar, respondió:

- Hoy admito que no sabía cómo lidiar con un niño diferente. Después que Antoinette se fue, me cerré un poco. No visitaba a mi nieto con frecuencia. Cuando falleció, a mí tampoco me conmovió. Creo que, en las condiciones en las que vivió, duró mucho tiempo. Pobre Rami.

- Entonces, todo esto ya es parte del pasado. Antoinette se ha ido, tu nieto, Rami y mi Samir – le temblaba un poco la voz.

Bernarda se dio cuenta y comentó:

- Realmente te gustaba Samir.

- Sí. Era un buen compañero. Nunca lo amé, pero me gustaba. Él me entendía, ¿sabes? Él nunca peleó conmigo.

- Samir fue un excelente chico. Bueno, ¿qué hiciste con sus cosas?

- Doné todo lo que poseía, a excepción de sus joyas y relojes. También guardé una caja con fotografías y papeles. Están ahí – señaló la caja.

- ¿Qué vas a hacer con eso?

- No sé.

Teresa se levantó y se dirigió hacia una hermosa caja de madera. Era una cómoda. Quitó la tapa y sacó una foto. El retrato los mostraba a ella y a Samir, hacía unos años. Le entregó la foto a Bernarda y le dijo:

- Fue entonces cuando nos conocimos. Fue hace un par de años.

- Hacían una hermosa pareja.

- Eso creo – respondió ella, sin mucha convicción.

- ¿Puedo ver los demás?

- Claro –. Teresa cogió la caja, no pesaba tanto, y la colocó en el sofá, al lado de Bernarda –. Mira todo lo que quieras.

- Saqué todo de un cajón y lo tiré. Aun no he tenido tiempo de mirar ese papeleo. Pero siéntete a gusto. Voy al baño y regreso ahora.

Teresa se alejó y Bernarda empezó a mirar las fotos. Eran fotos de Samir antes de la boda, él con Rami, fotos de las tiendas, retratos en los que él y Teresa estaban siempre abrazados. Admiró las fotos y fue cogiendo lo que había dentro. De repente encontró un montón de cartas. Eran pocas, pero estaban muy amarillos por el tiempo. Había una cinta de raso azul que las mantenía unidos.

- Esas son cosas de Samir – se dijo –. No vale la pena mirar.

Pero el deseo fue más fuerte y Bernarda se encontró deshaciendo el lazo. Cogió un sobre y sacó una carta; sus ojos se abrieron como platos. Era una carta de Eurico a Teresa. ¡¿Eurico?! Bernarda se sorprendió.

- "¿Por qué Eurico le habría escrito una carta a Teresa? No estoy entendiendo..."

Llena de ideas, Bernarda leyó la carta. En ella, Eurico le pedía tiempo a Teresa. Tan pronto como naciera su hija, pediría el divorcio. Bernarda se tapó la boca con la mano. No fue porque estuviera asombrada, sino porque el té le revolvía el estómago. Sentía fuertes náuseas. Cerró los ojos, respiró hondo y levantó la cabeza.

- "No puedo rendirme ahora. Necesito entender lo que pasó frente a mis narices y no lo vi."

- Cogió otra carta y empezó a leer en voz baja:

Estimado Eurico,

¡No sabes lo angustiada que estoy, repetición de noches de insomnio! Creí que nuestra vida comenzaría este año, ya que hacía algunos meses que llevábamos a nuestro hijo en mi vientre. ¡Yo estaba tan feliz! Nunca hubiera imaginado que al cabo de unas semanas sufriría un aborto espontáneo. Si no fuera porque eres mi amigo en el hospital, no creo que tendría fuerzas para seguir con vida.

Sin embargo, lo que me puso más aprensiva fue saber que, después del procedimiento por el que pasé, Bernarda anunció que estaba embarazada. ¡Embarazada! ¿Cómo? Tienes hijos mayores, de siete y cinco años. Me aseguraste que tenías cuidado y que Bernarda no volvería a quedar embarazada. ¿Y ahora? ¿Qué estás intentando hacer?

Me quedo aquí, ansiosa y llena de preocupación. No quiero imaginar que un embarazo pueda obstaculizar o incluso retrasar nuestros planes de seguir juntos. Sabes que te amo más que a nada en esta vida. Por nuestro amor soy capaz de hacer locuras.

Espero que me escribas lo antes posible.

Con todo el amor del mundo,

Teresa.

Bernarda no tuvo ninguna reacción emocional. Simplemente se quedó allí, mirando las palabras escritas allí, y mil pensamientos cruzaron por su mente. Eran como relámpagos que iban y venían, sin parar. Al mismo tiempo, sintió como si un cuchillo le atravesara el corazón.

CAPÍTULO 48

Al principio, Bernarda, mareada, no lograba coordinar sus ideas. Fue Teresa quien la sacó de aquel estado rígido:

- ¡Ey! ¿Qué te pasó? Regresé hace un tiempo y parece que estás hipnotizada.

Bernarda abrió y cerró los ojos muchas veces. Dejó la carta en su regazo. Miró a Teresa:

- Es de Eurico...

No pudo terminar. Teresa hizo una mueca de incredulidad:

- ¡Sabía que Samir había cogido esas cartas! – Exclamó para sí misma, sin darse cuenta del estado de su amiga –. Las leyó, pobrecito. Debe haber estado celoso. Pero todo esto sucedió antes que lo conociera. Pensé que las había tirado.

- ¿Estás interesado en conocer mi estado?

- ¿Qué condición, Bernarda?

- Eras la amante de mi marido. Me traicionaste.

- Eso es parte del pasado. Eurico murió hace mucho tiempo.

- ¿Por qué pensar en ello ahora?

Siempre hemos sido las mejores amigas – replicó Bernarda.

- ¿Y eso? Eso no significa nada.

Bernarda se levantó, enfurecida.

- ¿Cómo que no? ¿Tratar un caso de trampa a mis espaldas como algo natural y común?

- Esa no es la cuestión. Eso sucedió hace muchos años. ¿Cuál es el punto de luchar ahora? No vale la pena.

- ¡Por supuesto que vale la pena! Querías robarme a mi marido.

Teresa se rio burlonamente.

- Bueno, Bernarda. Eurico se casó contigo porque yo no tenía una casa grande en Rebouças. Vivía bien, pero vivíamos en Bela Vista. Me hice rica después de casarme con Samir. En la época de Eurico, yo era una chica acomodada; sin embargo, tú ya eras rica. ¡Muy rica!

- ¿Qué estás insinuando?

- No estoy insinuando nada, porque digo la verdad. Eurico tenía muchas ganas de casarse conmigo, pero su situación económica era mucho mejor que la mía. Poco después de la boda, nos convertimos en amantes.

- ¿Hablas con esa cara descarada? Entonces, ¿como si fuera algo natural? – La voz de Bernarda temblaba.

- Fue natural porque siempre nos amamos. Solo dejé de buscarlo cuando se casaron. Tan pronto como regresaron de su luna de miel, nos volvimos a encontrar.

– Tú...

Teresa la interrumpió:

- Dije volvimos – enfatizó –. Nosotros, en plural. Entonces no hice nada solo. Cuando Antoinette estaba por cumplir cinco años, quedé embarazada. Eurico iba a pedir la separación, pero lamentablemente perdí al bebé.

- ¡No lo puedo creer!

- Bueno, créeme. Luego quedaste embarazada – puntualizó.

- Y tuviste a esa chica odiosa.

- María Estela...

- Sí, esa chica desvencijada y débil. Estaba deseando con todas mis fuerzas que muriera, pero Dios no escuchó mis oraciones.

Bernarda estalló y le dio una bofetada a Teresa.

- No te doy derecho a hablar así de mi hija, ni a usar tu boca sucia para hablar de Dios.

- ¿Y? Eso no cambia el pasado en absoluto - dijo Teresa, masajeándose la cara.

- ¡Ahora entiendo! Solo eras mi amiga porque querías estar cerca de Eurico.

- No. Nunca fui tu amiga. Siempre te odié, desde que estábamos en la escuela secundaria.

- No puedes mentir tanto. Acompañaste fases difíciles de mi vida, lloraste conmigo, me apoyaste...

- Todas mentiras. Siempre te encontré esnob y engreída. Una chica inútil que tenía todo lo que quería. Entonces, un día pensé: ella lo tiene todo, es hermosa, es rica... y se me ocurrió una idea.

- No puedes ser tan desagradable, Teresa. ¿Qué quieres decir con una idea?

- Eurico me gustaba. Le agradaba. Pero también tenía sentimientos por ti. Por supuesto que me quedé con él y, como tú eras pura, virgen y devota de no sé cuántos santos, aproveché todas estas hermosuras y me entregué a él. Si quieres saber la verdad, de verdad... nos convertimos en amantes incluso antes que te casaras.

- Nunca noté nada... ¡Dios mío!

Porque siempre fuiste tonta, un poco deslumbrada. Te casaste y tuviste un hijo, luego una hija. Hasta entonces, no me importaba que estuviera casado contigo y tuviera dos hijos pequeños. Fui decidiéndole y, cuando creía que viviríamos felices para siempre, apareciste embarazada de Estelita.

- María Estela y...

- ¡Cállate! – Gritó Teresa –. Esa desgraciada se llama Estelita y se acabó. Me enfurecí tanto que le deseé todo tipo de desgracias. Incluso le hice un "trabajo", ¿sabes?

- ¿Trabajo? Teresa, ¿querías hacerle daño a mi hija?

- Para que veas hasta dónde tuve que arriesgarme. Hice muchos trabajos de magia para que tu hija no se vengara. Incluso cuando ocurrió el accidente.

Bernarda abrió mucho los ojos y la miró enojada:

- ¡No me digas que estuviste involucrada en el accidente que mató a Eurico!

Teresa se burló:

- No solo prácticamente protagonicé la escena. Estaba con Eurico en el auto.

- El accidente en Bariloche...

- Idea de mi madre. Cuando se enteró en lo que me había metido, bueno, ya sospechaba de mi conexión con Eurico. Le prometí que nunca lo volvería a ver. Ella creyó y me ayudó. Fui internada, recibí tratamiento y, aunque estaba herida, me llevaron a Bariloche. El resto ya lo sabes.

- ¿Estabas con Eurico cuando murió? Por favor, no...

Bernarda se dejó secar en el sofá. Las lágrimas la devastaron.

Teresa se rio con desdén:

- Sí. Ese día me dijo que iba a pasear con Estelita. Me hice comprensiva y pedí acompañarlo, porque, seamos sinceros, Eurico no era muy bueno tratando con niños.

- Ese día me pidió que me quedara tranquila porque la nana lo acompañaría en el camino.

- Despedimos la baba. Yo era la niñera – se rio histéricamente –. No le hice nada importante a tu pequeña. En el parque pensaban que formábamos una hermosa familia. Después, cuando estábamos camino a mi casa, llegó Eurico con la conversación que teníamos que esperar un poquito más, que Estelita necesitaba crecer y bla– bla– bla. Estaba cansada.

- ¿Cómo así? ¿De qué estabas cansado?

- Ya tenía en mente lo que haría si intentaba retrasar nuestra unión.

- ¿Qué hiciste? – Bernarda, entre lágrimas, se llevó la mano a la cara –. Vamos, ahora cuéntamelo todo.

- Sin problemas. Esto ha estado atrapado en mi garganta durante tantos años... y espero finalmente poder vomitarlo todo –. Suspiró Teresa y continuó:

- Empezamos a discutir. Eurico me pidió que tuviera paciencia, que ese no era el momento ni el lugar para discutir. También recuerdo... que me dijo que Estelita estaba durmiendo en el asiento de atrás y que lo discutiéramos en otro momento. Ah, Bernarda, ya me había cansado de todas esas tonterías. Renuncié a todo.

- ¿A qué renunciaste?

- A Eurico, a mí. Si él no iba a estar conmigo, yo no estaría con nadie más. Solo recuerdo girar la dirección de su mano. El resto también es historia.

- No fuiste encontrada en el lugar del accidente. Podrías estar mintiendo...

- Era cosa de Dios.

- - Ya lo dije...

Deja de ser idiota, Bernarda. Por supuesto que fue obra de Dios. Solo me rasqué un poco y me disloqué el tobillo. Tu pequeña bebé también fue salvo por Dios. La pequeña canasta avanzó por el espacio de la ventana delantera que se había hecho añicos por el impacto y cayó directo al suelo. Pensé que la lluvia que comenzaba a caer podría causarle algún daño... finalmente, tambaleándome, logré llegar a una pequeña casa cercana y pedí ayuda. Por supuesto la mujer, ya anciana, ganó una buena suma de dinero para no soltar la sopa. De hecho, quien se llevó la peor parte fue Eurico.

- No estoy creyendo. Hablas de Eurico como si fuera...

- Como si alguien fuera tan estúpido como para preferirte a ti antes que a mí. Cuando lo vi sin vida y la cestita en el suelo sentí algo diferente. No sentí su pérdida. Al contrario, me emocionó pensar que quedarías viuda y tal vez perderías a tu pequeña hija. A partir de ese momento quise apasionadamente destruirte a ti, a tus hijos y, sobre todo, a esa estúpida de Estelita.

- Teresa, ¿estás intentando decir que, incluso después de provocar la muerte de Eurico, querías aniquilarnos a todos?

- Corrijamos el discurso. Primero, no causé la muerte de Eurico. Fue desatento y estrelló el auto contra una pared. En segundo lugar, necesitaba darle un nuevo significado a mi vida. Cuando yo te vi sufrir, me mantuve feliz. Entonces conocí a Samir, y mi vida mejoró.

- Nos hiciste mucho daño a todos, especialmente a María Estela.

- Sí. Realmente lo hice. Nunca me gustó esa chica. No sabes lo emocionada que me puse cuando Decio la violó. ¡Vamos! Quedó embarazada, fue separada de su familia y debe seguir sufriendo hasta el día de hoy. Y fuiste inducida por mí a hacer todo lo que quería. Conseguiste ser la peor madre que esa pobrecita pudo tener en la vida.

Bernarda dejó sus brazos caer sobre el sofá. Se sintió impotente. En este punto, Teresa dijo la verdad. Ella se dejó llevar por esa mente sádica y tremendamente negativa.

- Bien que me lo advirtió Felisberto. No fuiste buena compañía.

- ¿Y ese sinvergüenza tenía poder sobre ti? Nunca lo tuvo. Fue a besarse con tu ex cuñada. Ni siquiera si hiciera el mejor trabajo podría pensar en un final tan maravilloso. ¡Ser cambiada por tu cuñada!

- Eres la criatura más horrible que he conocido en mi vida. Eres baja, amoral. No quiero volver a verla nunca más.

Bernarda se levantó y recogió su bolso. Con pasos firmes y decididos salió de la mansión. Deambuló por las calles sin rumbo, intentando asimilar toda aquella barbarie. Cuando las luces de la ciudad empezaron a encenderse, indicando el comienzo de la noche, Bernarda tomó un taxi y se fue a su casa. Al llegar allí, decidió: buscaría a Estelita y le pediría perdón.

Teresa, por su parte, puso cara de burla en cuanto Bernarda se fue. ¿Le había gustado ella en algún momento de su vida? Tal vez, pero ya no quería preocuparse por Bernarda. Estaba segura que a partir de ese día no volverían a verse nunca más. Si se cruzaban, ya no se hablarían, lo que en realidad ocurrió cuando falleció un amigo en común y apenas se saludaron. El resentimiento, por parte de una, y la hostilidad, por parte de la otra, irían más allá de la muerte.

CAPÍTULO 49

Era más del mediodía cuando Jacinto, el portero, vino a tocar el timbre de la casa de Angelina. Ella le respondió con aprensión:

- ¿Sucedió algo?

- ¿Sabe qué pasa, señorita Angelina? Hay una señora muy emocionada ahí abajo. No puede dejar de llorar. Dijo que vino aquí porque necesitaba hablar con su hija menor. Juró que no abandonaría la recepción hasta ver a su hija.

Angelina sintió quién estaba ahí abajo.

- ¿Se llama Bernarda por casualidad? – Sondeó.

- Sí. Dijo que venía de São Paulo. Pensé que doña Estelita ya no tenía madre, porque su padre se casó contigo y...

- Está bien, Jacinto. Vamos a bajar.

Angelina estaba intrigada. ¿Qué hacía allí Bernarda? Tomó el ascensor y se dio cuenta que no había nadie en casa. Felisberto estaba de viaje y Marcilio estaba en la universidad. Sérgio, como siempre, llega temprano al trabajo. Estelita había salido a comprar telas y no tardaría en llegar. Ella y su tía siempre almorzaban juntas.

Cuando llegó a la planta baja y abrió la puerta del ascensor, Angelina vio a una mujer con las manos en la cara, gimiendo, angustiada. Se acercó y le tocó el hombro. Bernarda se sobresaltó y, al reconocerla, se levantó inmediatamente. La abrazó y se emocionó:

- Qué bueno que todavía vives aquí. Ni siquiera lo pensé. Cogí la bolsa y vine.

- Cálmate, Bernarda. ¿Qué pasó? – Apenas podía articular las palabras. Angelina notó su estado emocional y dijo:

- Subamos.

- Gracias.

Subieron sin hablar. Bernarda sollozó un poco, se pasó el pañuelo por los ojos, se sonó la nariz. Cuando entraron al apartamento, Angelina la condujo hasta un sillón. Sin preguntar, corrió a la cocina y tomó un vaso de agua con azúcar.

- Toma, Bernarda. Te hará bien.

Ella tomó casi todo y agradeció:

- Gracias Angelina.

- ¿Te sientes mejor?

Sí. El portero me dijo que María Estela vive aquí contigo. Es verdad, ¿no?

- Claro que sí.

- Necesito verla. Seré rápida. Entonces me iré.

- ¿Cómo así? Sales de São Paulo como una loca, vienes a mi casa, ¿quieres ver a tu hija e irte? ¿Qué es esto?

- Solo vine porque necesitaba pedir perdón a mi hija. Apenas eso.

Angelina quiso saber qué había pasado, pero Estelita abrió la puerta en ese momento y entró alegremente, cargando una bolsa llena de telas.

- Tía, no tienes idea de cómo ir a la ciudad... - se detuvo mientras miraba a su madre, sentada en el sillón, con los ojos rojos de tanto llorar.

Bernarda se sorprendió al verla. Estelita estaba hermosa, llena de cuerpo. Mayor, evidentemente, pero su rostro denotaba tranquilidad, armonía y belleza. Una belleza que nunca había notado. Corrió hacia Estelita y la abrazó fuertemente, al punto que el bolso cayó al suelo. Angelina tomó los pañuelos y los volvió a guardar en el bolso, mientras Bernarda seguía aferrada a su hija.

- ¡Perdóname, María Estela! Por el amor de Dios, perdóname. Aunque fui inducida a hacer mal contra ti, también cometí errores. ¡Perdón!

Estelita no entendió nada. Intentó abrazar a su madre y Bernarda se alejó mirándola:

- ¡Cómo has cambiado! Estás tan sonrojada, tan bonita. Quería saber sobre toda tu vida desde que te fuiste de casa; sin embargo, no tengo ese derecho. Realmente vine a pedirte perdón.

Las palabras salieron a ráfagas. Angelina fue a su habitación y tomó el Evangelio. Abrió el resumen y su dedo se dirigió al capítulo 28 – "Colección de oraciones espirituales." Dirigió su mirada al punto 3 – "Oraciones por los encarnados" y leyó la rígida oración por alguien que está en apuros. Angelina primero dijo una breve oración, pidiendo ayuda a sus amigos espirituales. Rezó para que Bernarda pudiera calmarse.

Mientras Angelina decía la oración, Deodato y Corina aparecieron radiantes en un rincón de la habitación. Bernarda, todavía abrumada por una fuerte emoción, al principio no se dio cuenta de nada. Estelita notó la presencia de espíritus amigos y pensó que ayudaría a su madre. Pronto Bernarda se calmó y ambas se sentaron en el sofá.

- Mami, necesitas calmarte.

- Necesitaba verte. Es que...

Las palabras salieron de Estelita como miel:

- Sí. Me alegra que hayas venido a verme. En primer lugar, debes calmarte. No tiene sentido tanta angustia.

Bernarda asintió. Interiormente, desde que decidió viajar, lo único que pensaba era en lo injusta y cruel que había sido con su hija, en cuánto había contribuido Teresa a que actuara de esa manera con Estelita.

Más tranquila, Bernarda contó toda la conversación que había tenido con Teresa. Mientras tanto, Corina se acercó a Estelita y llegó Deodato a Bernarda. Ambos cerraron los ojos y de sus cuerpos irradiaban chispas verdes que penetraban hasta la parte superior de sus cabezas, brindándoles calma y bienestar.

- Me alegra que tengan la oportunidad de hablar – dijo Corina –. Estelita ya perdonó a su madre hace años. El arrepentimiento de Bernarda será beneficioso para ambas.

- Estelita y Bernarda están a punto de perdonarse. Afortunadamente, por lo que vimos, Bernarda no se lo perdonará. Este remordimiento, si insiste en habitar tu corazón, la destruirá emocional y espiritualmente. El perdón a uno mismo es fundamental para la curación completa del espíritu.

En cualquier caso, Bernarda sabe, en el fondo, que recibirá ayuda cuando llegue el momento de dejar este mundo.

- Sí, mi amor. Estaremos listos para ayudarle a hacer la transición al otro lado.

Estelita escuchó el emotivo relato de su madre. Años antes, a través de terapia, descubrió que estaba en el auto de su padre cuando ocurrió el accidente. Ahora, en detalle, se dio cuenta de lo agradecida que había sido la vida para con ella. También se dio cuenta de por qué se sentía incómoda con la presencia de Teresa. La explicación ahora parecía tan clara como el agua cristalina. Después de una larga conversación, llena de recuerdos sumamente conmovedores, Estelita afirmó:

- Después de convertirme en espírita, tuve una mejor comprensión de la vida; la terapia me enseñó a tener más paciencia conmigo misma. Aprendí a valorarme, a liberarme de los pensamientos que me menosprecian. Tuve un hijo maravilloso y, unos años más tarde, me casé con un hombre igualmente maravilloso.

- Estoy feliz y triste a la vez. Feliz porque tu vida fue bien y triste porque no seguí nada.

- Siempre hay tiempo para darnos un nuevo comienzo. Estoy aquí. Sabes dónde vivo, también sabes que soy madre y esposa. Nuestro hogar siempre te habría recibido con las puertas abiertas.

Bernarda se emocionó.

- Gracias. Pero, después que Antoinette se fue, perdí un poco de deseo de reunir a la familia.

- Puedes aprovechar estar en Río y visitar a Alfredo. Él y Dirce no viven muy lejos y...

- No. Vine a verte y pedirte perdón. Nada más.

- Sí. Ya lo hiciste. Yo te perdoné. Y también me perdoné a mí misma. Ahora también necesitas perdonarte a ti misma. Lo mejor que podemos hacer es mirar el pasado como un momento en el que necesitamos madurar y aprender el valor del perdón.

- ¿Cómo lograste perdonarte a ti misma? Me resulta muy difícil.

- Mamá, el secreto del perdón es mirar sin juzgar, sin condenar al otro ni a sí mismo.

- No puedo mirarme sin condenarme. Fui muy estúpida, estúpida, insensible, me dejé llevar por las apariencias, fuertemente influenciada por los demás. Pensé lo mejor que pude que mi mejor amiga era como una hermana. ¡Qué tonta fui!

Angelina llegó a la habitación en ese momento. Solo sonrió y dijo:

- Bernarda, te equivocaste. ¡Es tan común! Sepan que nosotros también vinimos al mundo para aprender a valorar las buenas amistades.

- Lo cual pensé que tenía. Una buena amistad. Fui tan idiota...

- Mamá, deja de culparte. Maldecirte a ti misma no cambiará nada de lo que pasó. Sin embargo, si empiezas a verte como una persona falible, pero que está dispuesta a perdonarse y vivir de otra manera, verás que fácilmente podrás perdonarte y, en consecuencia, quitarte un enorme peso de encima.

- Eso es todo – añadió Angelina –. Solo el perdón es capaz de conducirnos a la tranquilidad, a la verdadera paz de espíritu.

- Creo que solo tendré paz cuando me vengue de Teresa. Y eso es lo que necesito, venganza.

- Mamá, debes saber que solo el bien es capaz de producir bien. Nada más. Querer venganza es reproducir el mal, y el mal nunca debe ser imitado.

Bernarda se quedó allí un rato más, reflexionando sobre toda la conversación que había tenido con su hija. Se negó a almorzar.

Quería irse inmediatamente. Fue a Río a pedir perdón a su hija y lo recibió. Se alegró por Estelita, pero la culpa y el remordimiento que sentía por dejarse llevar por una mente sádica y negativa la atormentaba. Se sentía tan avergonzada de sí misma que le era imposible darse la oportunidad de vivir con su hija, ni quería conocer a su yerno ni a su nieto. El arrepentimiento la pinchó como la punta de un cuchillo afilado.

La oración de Angelina fue para que madre e hija finalmente pudieran entenderse. La presencia de amigos espirituales ayudó a Estelita a mantener la paz interior y comprender las locuras de su madre. Por otro lado, la presencia de los espíritus hacía vibrar una luz tranquilizadora para que Bernarda tuviera más amor por sí misma. Lamentablemente, se dejó llevar por la siniestra sentencia que su propia mente le impuso.

Bernarda se fue de Río y nunca más se comunicó con su hija. Tampoco tuvo el valor de buscar a Alfredo y pedirle perdón. Estaba cansada de haber cometido tantos errores, de haber llevado, según ella, una vida de locura. Absorbería con fuerza la idea que ella fue, en realidad, una mala madre y desafortunadamente, nubló su corazón, haciéndole extremadamente difícil tener una mirada más amorosa de sí misma.

- "Si hay una nueva vida, deseo fervientemente no volver a tener hijos nunca más. No lo merezco."

Profesó la frase día tras día. Hasta que, unos años después de visitar a su hija, Bernarda enfermó gravemente.

Regresaba a la iglesia y, al final de cada misa, pedía a Dios que la castigara. En el confesionario, el sacerdote trató con amor de inculcarle buenos pensamientos sobre la vida, el amor y el perdón. Bernarda asintió, pero al salir de la iglesia se culpó por creer que era una mala madre. Se trató a sí mismo con palabras negativas y clamó por el castigo divino. Acogió la enfermedad como un signo: finalmente, según ella, Dios había escuchado sus oraciones y cumpliría la misión de alejarla del mundo. ¿Para dónde? Ella no quería saberlo. Él solo quería morir. Y un día, Bernarda dejó esta vida con la intención de no volver nunca más. Pero ella volvería...

CAPÍTULO 50

Mucho tiempo después de la discusión que tuvo con Bernarda, Teresa decidió viajar. Quería cambiar de aires y ya no quería encontrarse con Bernarda. Formaban parte del mismo círculo social y Teresa ya no quería tener que enfrentarse a una Bernarda, tal vez desequilibrada emocionalmente, que saldría al público a dar satisfacción. Por supuesto que Teresa extrañaba a su amiga. Afirmó que nunca le había gustado Bernarda, lo cual era mentira. Había sentido odio, envidia, pero, en un rincón de su corazón, había un sentimiento de amistad por su vieja amiga. Estaba ahí, escondido, pero existía. Ella lo ignoró. Nunca se rendiría para ayudar. El orgullo pesaba más.

Pospuso el viaje porque había fallecido una querida amiga. Cuando vio a Bernarda en el velorio, no se sintió bien. Apenas se saludaron. Al salir del cementerio murmuró:

- Necesito viajar. Muy lejos de aquí.

Hizo las maletas y cogió un avión con destino a Italia.

Extrañaba Roma, la primera ciudad que visitó cuando se casó con Samir. Mientras paseaba por la ciudad, conoció a una amiga en común que la invitó a pasar unos días en Nueva York. A Teresa le encantó la invitación. Nunca había viajado a Estados Unidos. Además, se había acostumbrado a estar siempre al lado de Bernarda. Aunque el viaje valió la pena, extrañó la compañía. Agarró a ese amiga y se fue de Roma.

Teresa simplemente amaba Manhattan. Emocionada, recibió otra invitación, ahora para quedarse en la casa que tenía esta amiga en Miami, Florida. Teresa estuvo de acuerdo. Se quedaría en casa de su amiga por una semana y luego regresaría a Brasil. Empezó a extrañar la mansión.

El avión que los transportaba no llegó al aeropuerto de Miami. Cayó en un pantano, en el estado de Florida. De las 176 personas a bordo, entre pasajeros y tripulación, más de un centenar murieron en el accidente. Teresa falleció en este accidente. Su amiga sobrevivió. Allí se colocó un equipo de ayuda espiritual para recibir a los recién desencarnados. La mayoría, todavía perdida y sin saber exactamente lo que había sucedido, se dejó guiar. Teresa se negó a irse.

- ¡Mi casa! Necesito ir a casa. Voy a pasar el último día del año en mi mansión.

Los rescatistas todavía intentaron llevársela.

Hablaron, explicaron, señalaron el avión en llamas, en fin, intentaron por todos los medios mostrarle lo que estaba pasando.

Teresa pidió unirse a su amiga; sin embargo, al enterarse que la mujer había sobrevivido al accidente y ella no… bueno, Teresa tuvo rabietas y no quiso que la llevaran al Puesto de Socorro astral. Porque, vale recordar, los espíritus salvadores solo prestan asistencia a aquellos que realmente quieren partir. Nadie está obligado a hacer nada.

Teresa estaba tan nerviosa que, en una fracción de segundo, se sintió transportada a los jardines de su casa. Sintió una felicidad indescriptible. Pero su alivio duraría poco. Los espíritus que habían trabajado para ella en el bajo astral parecieron cobrarle por los trabajos. Ella los enfrentó con sangre en los ojos:

- ¡Son todos unos idiotas! Me atendieron porque no tenían nada más que hacer. Yo solo lo pedí. Fue Zé quien hizo todo. ¡Vayan tras él, ahora!

- Ha cambiado y ahora está al lado de la luz. No podemos atacarlo.

- ¿Y qué tengo que ver yo con eso? Es su problema.

Estuvieron paralizados por algún tiempo. Estaban tan acostumbrados a meter miedo en los desencarnados, y Teresa se mostró fuerte y valiente. Continuó, con un tono de voz aterrador:

- Nunca pensaron en sus vidas. Nunca quisieron saber de sus seres queridos. Pasan su tiempo molestando a los demás. Simplemente me aproveché de aquellos que estaban disponibles para hacer el trabajo.

- Ella está toda, toda, sintiéndose poderosa – gritó uno. Somos más fuertes que tú.

- ¿Y qué vas a hacer? ¿Eh? – Amenazado –. ¿Crees que pueden venir a por mí porque soy mujer? ¿Es eso?

Ella los encaró, mirándolos fijamente, sus ojos rojos brillando con odio.

- Vinimos a recogerte...

- ¡Cállate! Están en mi casa. ¡Mi casa! O se van ahora o los mato. ¡De nuevo!

Algunos se fueron. Otros se quedaron. Teresa se encogió de hombros. Poco después de la discusión, hubo un accidente entre dos autos que circulaban por la avenida y uno de los conductores murió. Debido al contenido alcohólico y a la total falta de religiosidad, el hombre, ya desprendido del cuerpo físico, era presa fácil de aquellos espíritus perturbados que se alimentaban únicamente de la energía vital de las personas recién desencarnadas. Teresa aprovechó su llegada y corrió hacia la casa.

- ¡Aquí no entran! ¡No es que tenga que usar toda mi fuerza!

Y no entraron. Ella tenía un poder de pensamiento tan fuerte que los espíritus que deambulaban cerca no entraron a la mansión. Llegaron lejos. Algunos incluso tuvieron miedo y cruzaron la acera. Pasó el tiempo y la casa empezó a perder su aura de pompa y belleza. A Teresa; sin embargo, ya no le importaba la estética de la casa. Quería vivir allí para siempre. Hasta que un día escuchó un estrépito proveniente de los jardines frente a la casa. Ella salió enojada, lista para iniciar una pelea. Se encontró con máquinas, excavadoras y hombres con cascos. Ella luchó, maldijo, despotricó a esos hombres. Solo dos de ellos, más sensibles a las energías del mundo espiritual, sintieron un fuerte dolor de cabeza. Los demás ni siquiera se dieron cuenta de la entidad que gritaba y pateaba.

Todo en vano. La mansión fue derribada y pronto se erigió un edificio comercial para odio de Teresa. Aunque parecía que había pasado mucho tiempo, el período entre el accidente aéreo y el derribo de la casa fue de solo tres años. Derrotada y agotada, sin fuerzas para luchar, un día Teresa se convenció de permitir que dos espíritus bondadosos la llevaran a un Puesto de Socorro en el astral.

Los espíritus la colocaron suavemente sobre un jergón y ella dijo agradecida:

- Finalmente recibí ayuda. Ahora quiero descansar. ¡Para siempre!

Los rescatistas se la llevaron. Corina le guiñó un ojo a Deodato.

- Dejémosla pensar eso.

- Sí, creyendo que permanecerá desencarnada muchos años, Teresa nos dará menos trabajo.

Dijeron la verdad. Teresa descansaría unos años antes de ser invitada a regresar al planeta. ¿Aceptaría?

CAPÍTULO 51

A lo largo de los años, Marcilio siempre contó la misma historia: que quedó impactado y muy emocionado cuando descubrió que su maestro y amigo Decio Nunes era el mismo hombre que había dejado embarazada a su madre. Evidentemente, con el tiempo, la historia cobró vida propia. Los hijos lo contarían de una manera, los nietos lo contarían de otra. Los bisnietos no se entusiasmarían con la narración y, poco a poco, iría desapareciendo de la memoria familiar.

Sin embargo, describamos cómo se desarrolló todo...

Se acercaba otro fin de año. Marcilio se encariñó con Decio y pasaba su tiempo libre con él, lo que ponía celosa a su madre.

- Ya no sales con nosotros. Toda tu vida se trata de estar con este maestro. ¿Qué tiene él que yo no tenga?

- No es gran cosa, mamá. Se convirtió en un gran amigo. Tan pronto como me gradué, desafortunadamente me nombró para ocupar el puesto de profesor asistente.

- Bien. ¿Recibes un ascenso y crees que fue desafortunado?

- Es porque no sabes lo que pasa en este gobierno - comentó Felisberto -. Murió el profesor asistente.

- Lo mataron – corrigió Marcilio, entristecido.

- ¡Así que, dime ahora! ¿Por qué éstas caras? ¿Mataron a un maestro? ¡¿Cómo?! ¡Explícame qué está pasando! – Exigió irritada, mirando al padre y al hijo al mismo tiempo.

Después de mucha discusión, Marcilio le reveló a su madre lo que sucedió detrás de escena del país que tanto amaban. Felisberto estuvo al tanto de lo sucedido. Había ayudado a los amigos de Marcilio a escapar de la policía. Aprovechaba sus viajes profesionales y, en su baúl, siempre escondía a una persona buscada, prófuga de la policía. Marcilio pensó en una manera de ayudar al maestro que había sido capturado, pero no pudo hacer nada. Encontraron su cuerpo tirado en un arbusto, atravesado por balas.

Después de escuchar los reportajes, mientras la dictadura impedía que los hechos salieran a la luz de cualquier forma, cerrando los medios de comunicación de forma truculenta, Estelita rompió a llorar. A partir de ese día rezó por aquellos que fueron perseguidos, huían y eran asesinados. Principalmente por los muertos. Ella y Angelina crearon en secreto un grupo de damas que, una vez a la semana, se reunían en el apartamento de Angelina y rezaban. Rezaron fervientemente por todos los afectados por la brutalidad y el mal que una dictadura es capaz de producir y reproducir.

Fue una época en la que se olvidó incluso del profesor Nunes. De repente, un día, Marcilio llegó a casa atormentado, casi sin aliento.

- ¿Qué pasó? - Quiso saber Estelita, angustiada.

- Arrestaron al profesor Nunes. Estaba llegando a la universidad cuando vi que lo esposaban y se lo llevaban para interrogarlo.

Felisberto se llevó la mano a la cabeza.

- ¡Esto ya no puede pasar! ¿Qué será de nosotros?

- No lo sé - observó Marcilio -. Necesitamos hacer algo. El padre del profesor Nunes era un funcionario gubernamental de alto rango. Murió hace unos años, pero es un hombre que mucha gente aun recuerda.

- No servirá de nada - se compadeció Felisberto -. Su padre es parte del pueblo perseguido por el gobierno. Voy a llamar a un amigo mío de la policía.

- Es digno de confianza, ¿verdad? - Marcilio estaba preocupado.

- Será mejor que nos arriesguemos – dijo Felisberto –. Si lo arrestaron... debe estar en mal estado. Prefiero llamar a mi amigo.

Así se hizo. Felisberto llamó y su amigo, deseoso de ayudar, localizó a Decio. Estaba en DOPS, una organización creada por el gobierno con la función de velar y disciplinar el orden militar en el país. Fue ampliamente utilizado para encarcelar y torturar a presos políticos durante la dictadura militar que prevaleció en el país entre 1964 y 1985.

Después de muchas llamadas telefónicas, conversaciones y sobornos, Decio fue liberado. Marcilio fue a recibirlo y lloró al encontrarlo. Decio había sido salvajemente torturado. Había perdido la otra visión y, como resultado, había quedado completamente ciego. Los cortes profundos desfiguraron su rostro y tuvo que someterse a dos cirugías. Desafortunadamente, después de la segunda cirugía, el cuerpo se debilitó cada vez más, incapaz de seguir viviendo.

Marcilio lo visitaba todos los días en el hospital. Angelina empezó a visitar a Decio y no se dio cuenta que era el mismo Decio que había conocido en la fiesta de Antoinette muchos años antes. Tenía la cara vendada y el cuerpo gravemente magullado. Los pocos pelos que cruzaban la diadema eran blancos. Ella se compadecía y oraba suavemente cada vez que lo visitaba.

Durante una de esas idas y venidas, Sérgio invitó a Estelita a visitar a su amigo con él.

- Perdimos el contacto hace muchos años. Fue mucha coincidencia saber que él y el profesor Nunes son la misma persona.

- Es verdad – asintió Estelita –. Además, Marcilio está muy deprimido. Parece que el hombre está relacionado con él. Impresionante..

- Es que ayudó a Marcilio en la universidad. Gracias a él, nuestro hijo tiene un puesto en la universidad. Decio le abrió las puertas a Marcilio. Se hicieron grandes amigos.

Estelita sintió un malestar incomparable. Escuchar ese nombre, incluso después de decirlo de vez en cuando para hacer sus ejercicios de perdón, todavía le hacía sentir mal del estómago. Apartó ese pensamiento con las manos.¡

- ¡Imaginar! Eso resuena demasiado. Le doy un nombre como cualquier otro.

Una vez decidido, acompañó a su marido al hospital. Al llegar allí, encontró a Marcilio sentado en una silla contra la cabecera de la cama. Tomó la mano de Decio y lloró suavemente. Estelita estaba en la puerta. Se sintió mal y tuvo que apoyarse en el tope. Sérgio no se dio cuenta de su estado y entró, acercándose a Marcilio.

- ¿Y luego, hijo mío?

- El médico dijo que él se va... en cuestión de horas o minutos. El corazón está muy débil. No te resistirá...

Dejó de hablar y empezó a llorar suavemente otra vez.

Sérgio apretó el hombro de su hijo y puso su mano sobre la de Decio.

- ¡Amigo mío! Me entristece verte en este estado.

Decio movió la boca. Murmuró algunas palabras y, volviendo el rostro hacia la voz, susurró:

- Ha llegado el momento, amigo mío. Mi hora. ¿Puedo pedirte un favor?

- ¡Claro! – exclamó Sérgio en voz baja.

Me gustaría escuchar uno de los sermones de Charles Spurgeon.
¿Me harías este favor?

Sérgio estrechó la mano de Decio. Entonces recordó uno de los sermones y comenzó a narrarlo, acercando sus labios al oído de Decio. Mientras Sérgio estaba ocupado con su amigo, Estelita sintió que alguien le tocaba suavemente el hombro. Ella se dio vuelta y se sorprendió:

- ¡Dirce!

- Hola Estelita. ¿Qué estás haciendo aquí? – Preguntó, todavía sorprendida.

- Desde que supimos lo que le había pasado al maestro de Marcilio, aunque no lo conocíamos, le dirigimos oraciones.

- Pero, ¿por qué estás aquí?

- Recibí instrucciones de amigos espirituales para ir al hospital. Su fin está cerca.

Estelita comentó:

- Hay algo extraño en la habitación. No puedo entrar.

- No hay problema. Toma mi mano fuerte y ven. Necesito que estés a mi lado para apoyarme.

Estelita asintió, moviendo la cabeza de arriba a abajo. Le dio la mano a Dirce y, aun temblando, se dejó llevar.

EPÍLOGO

El ambiente rezumaba tranquilidad y paz. Solo Marcilio sintió fuertes emociones. Los rescatistas que acompañaban a Dirce ya estaban listos. Deodato y Corina estuvieron presentes.

- Esperemos la llegada de Magda, ella ha vuelto – ella dijo con voz delicada.

- Magda no vendrá ahora. Prefiere esperar a que sucedan los acontecimientos para, más tarde en la noche, poder sacar a Estelita de su cuerpo para una conversación.

- Espero que Estelita esté bien.

- Ella se quedará, mi amor. Ella y Magda son amigas desde hace mucho tiempo.

- ¡Cómo esperaba este ajuste! – Dijo Corina ligeramente conmovida, mientras Deodato energizaba a Marcilio, equilibrando sus energías y apaciguando su espíritu.

- Ambas están dispuestas a deshacerse del peso acumulado a lo largo de los años. Estelita ya no es esa mujer fría y rígida, solo interesada en sí misma. Parece otra persona, más cariñosa, comprensiva.

Decio también cambió. Esta experiencia terrenal lo transformó en una persona dócil, bondadosa y consciente de los errores y equivocaciones que cometía. El hecho que haya reconocido cuánta fuerza imprudente le ayudará en gran medida a encontrar la paz.

- Él realmente cambió. Realmente lo apoyé – comentó Deodato emocionado –. No es fácil ver a un ser querido meterse en un lío de tonterías y no poder intervenir.

- Muchos piensan que tenemos la fuerza para cambiar situaciones, cambiar de rumbo, mover el destino hacia un lado o hacia otro, como si fuéramos magos o deidades llenas de poder - dijo Corina, mientras terminaba de irradiar una luz rosada hacia el corazón de Marcilio.

- Así es. Solo somos espíritus que, por ahora, no estamos en el mundo físico. Después de la muerte, desencarnados, seguimos siendo los mismos. Por supuesto, a partir de aquí tenemos una mejor percepción de nuestras actitudes y comportamientos. Pero la percepción y la lucidez no tienen nada que ver con poderes mágicos. Los atributos que el espíritu adquiere a lo largo de sus encarnaciones son los que le ayudan a reflexionar mejor sobre todas las situaciones, buenas o malas, que ha vivido. A través de ellos, se libera de la negatividad y mejora su percepción de sí mismo y del mundo, volviéndolo más lúcido, gentil y amoroso.

- Sin embargo – añadió Corina – esta capacidad de reflexión también puede ocurrir, aunque más lentamente, en el mundo de los encarnados. Véase el caso de Estelita y Decio. Ya empiezan a transformar sentimientos difusos aunque están encarnados.

- Tienes razón – Deodato encaró a los rescatistas. Se acercaba el momento de llevarse a Decio. Él y Corina se tomaron de la mano y oraron.

Mientras tanto, Sérgio terminó de recitar un hermoso sermón.

- Gracias amigo – le agradeció Decio, su voz casi inaudible.

Sérgio también le agradeció y comentó:

- Mi esposa y mi cuñada se encuentran aquí. Vinieron a orar por ti.

- No merezco tanto – susurró.

Aunque todavía sentía una sensación extraña, Estelita no se dio cuenta de quién estaba en la cama. Dirce, inspirada por los espíritus allí presentes, afirmó:

- Querido amigo. Se acerca el momento de partir. Estamos aquí para ayudarte a caminar con nosotros hacia donde todos van después de completar el ciclo de reencarnación. No te asustes, ya que es un lugar muy conocido. Y a él volvemos cada vez que termina nuestro tiempo en el planeta. Cuando estamos encarnados, olvidamos que cada uno de nosotros tiene su propio tiempo en el planeta. Este tiempo puede variar desde segundos hasta muchos años. Independientemente del tiempo que se dedique, siempre será utilizado para mejorar el espíritu. Asuntos, cuestiones no resueltas, cuestiones existenciales difíciles, reencuentros no deseados, todo está planeado para que podamos, con cada nuevo viaje nos deshacemos de todo aquello que nos impide crecer como espíritus creados y destinados al autoconocimiento, al autocontrol emocional y a la paz interior constante.

Decio, con voz espesa e irreconocible, interrumpió:

- Cometí barbaridades, lastimé y lastimé a la gente.

- Reconocer el error es un paso hacia el perdón a uno mismo. Es necesario entender que hiciste lo mejor que pudiste, dentro de tu nivel de lucidez e inteligencia. Nadie da lo que no tiene. Sin embargo, esto no te exime de tus responsabilidades hacia aquellos a quienes has lastimado, ofendido o castigado. Porque el espíritu, en esencia, siempre sabe y sabe la verdad. Reconoce a aquellos a quienes ataca o protege. Solo el espíritu es capaz de reflexionar verdaderamente sobre los actos realizados, tanto en relación con uno mismo como con los demás. Esto implica decir que la conciencia, que nos acompaña más allá de la vida, actuará en nosotros como juez.

- Merezco ser castigado.

- No. Nadie merece castigo. Somos almas que todavía necesitamos experimentar situaciones de amor, odio, perdón e ira, repulsión y aceptación. A través de estos contrastes, nuestro espíritu es estimulado a tomar decisiones que a veces lo mantendrán atrapado en un mundo de ilusiones y decepciones, y otras veces lo conducirán a un mundo de amor y comprensión hacia uno mismo y hacia los demás. Así es la vida en la Tierra. Créeme amigo mío, tendrás tiempo para reflexionar sobre todo lo que hiciste y recibiste durante tu viaje. Solo confía y déjate llevar.

El vendaje que cubría el rostro de Decio se humedeció alrededor de sus ojos. Si hubiera sido sin la gasa, todos los presentes habrían visto las lágrimas que fluían. Decio había cometido muchos errores, había cometido muchas atrocidades; sin embargo, después del accidente, se había transformado en una persona diferente. Comenzó a comportarse oportunamente, se convirtió en un hombre amable, paciente, consciente de sus locuras. Deseaba fuertemente liberarse de todo lo que consideraba que había hecho mal a cambio de realizar buenas obras. Haciendo cuentas, vivió la primera mitad de su vida de forma intrascendente y la otra mitad, consciente de sus actos, intentando, siempre que fuera posible, caminar por el camino del bien. Sin embargo, el equilibrio de la conciencia todavía no había decidido qué camino tomaría después de desencarnarse: el camino del remordimiento o el camino de la redención.

Dirce le dio un pase en la región cardíaca de Decio y el espíritu que la acompañaba finalizó la visita con una hermosa oración. Entonces Estelita abrazó a Marcilio:

- Todo va a estar bien, hijo mío.

Decio escuchó la voz y, espontáneamente, tartamudeó:

- ¿Estelita? ¿Eres tú?

Dirce permaneció con los ojos cerrados, en oración. Sérgio y Marcilio se miraron asombrados. Fue Sérgio quien le preguntó a su amigo:

- ¿Conoce a mi esposa?

- Estelita, cuéntame, ¿eres tú? – Volvió a preguntar Decio, sin prestarle atención a Sérgio.

Estelita sintió que su corazón iba a estallar. Había pensado en ese encuentro innumerables veces. Fueron noches y noches en las que se debatió sobre cómo se comportaría si tuviera la posibilidad de un posible reencuentro con Decio. ¿Qué diría? ¿Cómo actuaría? Fueron tantos ensayos... pero ahora, cara a cara, le falló la voz. Se aclaró la garganta y dijo en voz baja:

- Sí, Decio. Soy yo. Estelita.

Levantó la mano hacia la voz. Ella tomó su mano y lanzó un grito sentido, Decio, muy emocionado, suplicó:

- Perdóname. Por favor, en el momento de mi muerte próxima, lo que más deseo es tener tu perdón.

- Sí, Decio. Te perdono. Después de todo, me diste el mejor regalo que nunca soñé recibir. Cambié mucho en estos años, pero el amor que siento por mi hijo fue el estímulo que necesitaba para seguir con vida y llegar aquí.

Sérgio y Marcilio todavía estaban intentando procesar sus ideas. Estelita estrechó levemente la mano de Decio. Él le devolvió el apretón. Luego, se alejó de Decio y abrazó a Sérgio.

Decio, sorprendido e impactado por la revelación, volvió la cabeza hacia Marcilio y murmuró:

- Marcilio, hijo mío... – suspiró, y su mano cayó sobre su cuerpo.

Decio se había ido. Su periespíritu, dormido, fue llevado a un Puesto de Socorro por los espíritus que acompañaban a Dirce.

A Marcilio lo asaltó una mezcla de sentimientos. Nunca imaginó que algún día conocería a su verdadero padre. Una ola de fuertes emociones hizo que su cuerpo temblara. Dejó atrás sus pensamientos y abrazó el cuerpo inerte de Decio, entre lágrimas.

Dirce se fue silenciosamente y fue a buscar al médico. Sérgio se soltó del abrazo de su esposa y siguió a su cuñada. Estelita tocó el hombro de su hijo. Marcilio la abrazó y ella también se permitió llorar. Por fin, después de tantos años, ella y Decio estaban dándole paz a un pasado lleno de desencuentros, agresiones físicas y emocionales, enojos y venganzas. El reencuentro permitió, en ese momento, que una luz tuviera espacio para alcanzar y tocar sus corazones. El pasado de dolor podría convertirse en un futuro de alegría. ¿Sería? ¿Qué camino elegirían?

No sabemos. Pero el tiempo... ¡ay, el tiempo! Es solo por su intermedio que todo en la vida se resuelve. Ahora que lo pienso, el tiempo cuida de todo...

EXPLICACIÓN

En general, un romance espírita está construido por tramas, destinos y mensajes que tocan profundamente nuestra alma y nos llevan a la reflexión. A medida que nos involucramos con la narrativa, amamos o no nos gustan ciertos personajes. Nuestro sentido de observación elige a aquellos que nos cautivan y trata de evitar aquellos cuyo comportamiento desaprobamos.

El tiempo se encarga que todo tuviera un principio, un desarrollo y un final. La mayoría de los personajes reencarnaron y desencarnaron en la primera mitad del siglo XX. Sin embargo, si creemos que la vida es eterna y nos ofrece sucesivas idas y venidas, ¿hubo realmente un principio o un final? Si la mayoría de estos personajes fueran bendecidos con la posibilidad de una nueva encarnación, ¿cómo regresarían? ¿Se estrecharían más los lazos de afecto? ¿Qué pasa con los vínculos formados por el dolor y el resentimiento? ¿Se muestran presentes en una nueva vida?

Debido a tales interrogantes, decidimos narrar la vida de estas personas, experimentando nuevos logros, superando viejos desafíos sin precedentes, en el siglo XXI. ¿Cuáles de los personajes reencarnaron? ¿Cómo regresaron? ¿Cuál es la nueva relación entre ellos? ¿Qué pasó con los que no reencarnaron?

Estas y otras preguntas serán respondidas en una especie de continuación de esta novela. Pronto tendrás en tus manos una historia original y apasionante, y de ella podrás sacar tus conclusiones: ¿realmente el tiempo cuida de todo o hay hechos que marcan el espíritu de tal manera que ni siquiera el tiempo lo hará olvidar? Espera el segundo libro de esta apasionante trilogía: *El poder del tiempo*...

La riqueza del tiempo consiste en valorar el ahora. Y eso es todo lo que tenemos. Y el momento en que cada uno de nosotros nos haga que suceda. Así que honremos el tiempo como es debido.

FIN.

Grandes Éxitos de Zibia Gasparetto

Con más de 20 millones de títulos vendidos, la autora ha contribuido para el fortalecimiento de la literatura espiritualista en el mercado editorial y para la popularización de la espiritualidad. Conozca más éxitos de la escritora.

Romances Dictados por el Espíritu Lucius

La Fuerza de la Vida

La Verdad de cada uno

La vida sabe lo que hace

Ella confió en la vida

Entre el Amor y la Guerra

Esmeralda

Espinas del Tiempo

Lazos Eternos

Nada es por Casualidad

Nadie es de Nadie

El Abogado de Dios

El Mañana a Dios pertenece

El Amor Venció

Encuentro Inesperado

Al borde del destino

El Astuto

El Morro de las Ilusiones

¿Dónde está Teresa?

Por las puertas del Corazón

Cuando la Vida escoge

Cuando llega la Hora

Cuando es necesario volver

Abriéndose para la Vida

Sin miedo de vivir
Solo el amor lo consigue
Todos Somos Inocentes
Todo tiene su precio
Todo valió la pena
Un amor de verdad
Venciendo el pasado

Otros éxitos de Andrés Luiz Ruiz y Lúcio
Trilogía El Amor Jamás te Olvida
La Fuerza de la Bondad
Bajo las Manos de la Misericordia
Despidiéndose de la Tierra
Al Final de la Última Hora
Esculpiendo su Destino
Hay Flores sobre las Piedras
Los Peñascos son de Arena

Otros éxitos de Gilvanize Balbino Pereira
Linternas del Tiempo
Los Ángeles de Jade
El Horizonte de las Alondras
Cetros Partidos
Lágrimas del Sol
Salmos de Redención

Libros de Eliana Machado Coelho y Schellida

Corazones sin Destino

El Brillo de la Verdad

El Derecho de Ser Feliz

El Retorno

En el Silencio de las Pasiones

Fuerza para Recomenzar

La Certeza de la Victoria

La Conquista de la Paz

Lecciones que la Vida Ofrece

Más Fuerte que Nunca

Sin Reglas para Amar

Un Diario en el Tiempo

Un Motivo para Vivir

¡Eliana Machado Coelho y Schellida, Romances que cautivan, enseñan, conmueven y
pueden cambiar tu vida!

Romances de Arandi Gomes Texeira y el Conde J.W. Rochester

El Condado de Lancaster

El Poder del Amor

El Proceso

La Pulsera de Cleopatra

La Reencarnación de una Reina

Ustedes son dioses

Libros de Marcelo Cezar y Marco Aurelio

El Amor es para los Fuertes

La Última Oportunidad

Nada es como Parece

Para Siempre Conmigo

Solo Dios lo Sabe

Tú haces el Mañana

Un Soplo de Ternura

Libros de Vera Kryzhanovskaia y JW Rochester

La Venganza del Judío
La Monja de los Casamientos
La Hija del Hechicero
La Flor del Pantano
La Ira Divina
La Leyenda del Castillo de Montignoso
La Muerte del Planeta
La Noche de San Bartolomé
La Venganza del Judío
Bienaventurados los pobres de espíritu
Cobra Capela
Dolores
Trilogía del Reino de las Sombras
De los Cielos a la Tierra
Episodios de la Vida de Tiberius
Hechizo Infernal
Herculanum
En la Frontera
Naema, la Bruja
En el Castillo de Escocia (Trilogía 2)
Nueva Era
El Elixir de la larga vida
El Faraón Mernephtah
Los Legisladores
Los Magos

El Terrible Fantasma
El Paraíso sin Adán
Romance de una Reina
Luminarias Checas
Narraciones Ocultas
La Monja de los Casamientos

Libros de Elisa Masselli
Siempre existe una razón
Nada queda sin respuesta
La vida está hecha de decisiones
La Misión de cada uno
Es necesario algo más
El Pasado no importa
El Destino en sus manos
Dios estaba con él
Cuando el pasado no pasa
Apenas comenzando

**Libros de Vera Lúcia Marinzeck de Carvalho
y Patricia**

Violetas en la Ventana

Viviendo en el Mundo de los Espíritus

La Casa del Escritor

El Vuelo de la Gaviota

**Vera Lúcia Marinzeck de Carvalho
y Antônio Carlos**

Amad a los Enemigos

Esclavo Bernardino

la Roca de los Amantes

Rosa, la tercera víctima fatal

Cautivos y Libertos

Libros de Mónica de Castro y Leonel

A Pesar de Todo

Con el Amor no se Juega

De Frente con la Verdad

De Todo mi Ser

Deseo

El Precio de Ser Diferente

Gemelas

Giselle, La Amante del Inquisidor

Greta

Hasta que la Vida los Separe

Impulsos del Corazón

Jurema de la Selva

La Actriz

La Fuerza del Destino

Recuerdos que el Viento Trae

Secretos del Alma

Sintiendo en la Propia Piel

Otros Libros de Valter Turini y Monseñor Eusébio Sintra

Isabel de Aragón, La reina médium

El Monasterio de San Jerónimo

El Pescador de Almas

La Sonrisa de Piedra

Los Caminos del Viento

Si no te amase tanto...

World Spiritist Institute

www.ingramcontent.com/pod-product-compliance
Lightning Source LLC
LaVergne TN
LVHW091713070526
838199LV00050B/2379